教育文化学视域下的教育家精神研究

周爱群　著

中国财富出版社有限公司

图书在版编目（CIP）数据

教育文化学视域下的教育家精神研究 / 周爱群著 . -- 北京：中国财富出版社有限公司，2025. 3. -- ISBN 978 - 7 - 5047 - 8426 - 1

Ⅰ. G40

中国国家版本馆 CIP 数据核字第 2025MT8434 号

策划编辑	李　丽	**责任编辑**	雷晓玲	**版权编辑**	武　玥
责任印制	苟　宁	**责任校对**	杨小静	**责任发行**	敬　东

出版发行	中国财富出版社有限公司			
社　　址	北京市丰台区南四环西路 188 号 5 区 20 楼		**邮政编码**	100070
电　　话	010-52227588 转 2098（发行部）		010-52227588 转 321（总编室）	
	010-52227566（24 小时读者服务）		010-52227588 转 305（质检部）	
网　　址	http://www.cfpress.com.cn	**排　　版**	宝蕾元	
经　　销	新华书店	**印　　刷**	北京九州迅驰传媒文化有限公司	
书　　号	ISBN 978-7-5047-8426-1 / G·0826			
开　　本	710mm×1000mm　1/16	**版　　次**	2025 年 3 月第 1 版	
印　　张	20	**印　　次**	2025 年 3 月第 1 次印刷	
字　　数	348 千字	**定　　价**	68.00 元	

前　言

在人类文明的浩瀚星河中，教育始终是文明传承的枢纽与创新的引擎。中华文明绵延五千余载，其教育传统如长江大河，既承载着先民对天道人伦的深邃思考，又不断吸纳时代的激流，形成独具东方智慧的教育家精神。这种精神不仅塑造了中国传统社会的文化品格，近代以来，还在中西文明的碰撞与交融中，展现出强大的韧性与创造力。本书以教育文化学为方法论视角，探究教育家精神的生成逻辑、核心特质及其现代性转化路径。

我国教育家所展现出的独特精神风貌与内在特质，根植于"修身齐家治国平天下"这一世代相承的文化脉络之中。从孔子"有教无类"的平民教育理想，到朱熹"格物致知"的理学探索；从王阳明"知行合一"的心学实践，到张之洞"中体西用"的近代转型，历代教育家始终在"道"与"器"、"传统"与"变革"的张力中寻找平衡。这种精神既非凝固的教条，亦非简单的经验叠加，而是一种动态的文化基因。它以"仁爱"为底色，以"经世致用"为旨归，在书院讲学的弦歌中，在乡村教育的篝火旁，始终保持着对人性尊严的守护与对文明命脉的担当。

近代以降，我国教育家的精神世界经历了前所未有的震荡与重构。蔡元培"兼容并包"的北大革新、陶行知"生活即教育"的平民实践、黄炎培"职业陶冶"的社会活动，无不体现着中西文化对话中的创造性转化。这种转化绝非被动的文化适应，而是在文明危机中迸发出的主体性觉醒——他们既以开放胸襟接纳现代教育的科学理性，又以文化自觉坚守中华教育的价值内核，最终凝练出"以文化人，以德润心"的教育哲学。

本书的写作，试图突破传统教育史研究的线性叙事框架，转而从文化符号学、精神现象学与跨文明比较的维度，重新审视教育家精神的深层结构。通过对《论语》《礼记》等经典的细读，对书院制度、科举文化的社会学分析，对教育家思想观点、教育实践的文化学解读，本书试图揭示：我国教育家精神中"师道尊严"与"民胞物与"的辩证统一，"家国情怀"与"个体觉醒"的张力共生，以及"守正"与"创新"的动态平衡，如何成为文明赓续的关键密码。

　　在全球化与数字文明深刻重塑教育生态的今天，追溯教育家精神的文化本源，不仅关乎教育传统的现代诠释，还是对"培养什么人、怎样培养人、为谁培养人"这一根本问题的有力回应。本书愿作引玉之砖，期待与读者共同开启这场跨越古今的文化对话，在教育的星河中寻找属于中华文明的永恒坐标。

周爱群

2025 年春于江苏淮安高教园区

目　录

第一章 绪 论

随着全球教育改革的不断深化，教育家精神作为一种引领教育发展的重要力量，逐渐成为学术界和实践界关注的焦点。在当前社会快速变迁的背景下，教育面临着前所未有的挑战，传统的教育理念和方法已无法完全适应新时代的需求。研究教育家精神有助于理解在教育领域做出卓越贡献的个体所具备的特质及其行为模式，并为培养新一代教育工作者提供理论支持和实践指导。

1.1 教育家精神的文化研究的背景与意义

1.1.1 研究背景

（1）教育家精神的政治背景

我国教育家精神的形成与发展深受多重因素的影响，其研究背景涵盖了历史积淀、社会变迁及文化传承等多方面内容。自古代起，教育家精神便与儒家思想紧密相连，强调师道尊严与育人使命。随着近代社会的动荡与变革，特别是在西学东渐的背景下，教育家精神逐渐融入了更多开放、创新的元素，开始注重个性发展与社会责任。

进入20世纪后，我国教育经历了多次重大改革，教育家精神在这一过程中不断被赋予新的内涵。从民国时期的教育救国思想到中华人民共和国成立后的科教兴国战略，教育家始终肩负着引领社会进步的使命。尤其是在改革开放以来，随着经济的快速发展和全球化进程的加快，教育家精神在面对多元文化冲击的同时，也在不断寻求自我更新与突破。

当前，我国社会正处于转型发展的关键时期，教育被视为实现民族复兴的重要基石。2018年，中共中央、国务院印发的《关于全面深化新时代教师队伍建设改革的意见》指出："到2035年，教师综合素质、专业化水平和创新能力大幅提升，培养造就数以百万计的骨干教师、数以十万计的卓越教师、数以万计的教育家型教师。"

党的二十大报告强调，教育、科技、人才是全面建设社会主义现代化国家的基础性、战略性支撑。必须坚持科技是第一生产力、人才是第一资源、创新是第一动力，深入实施科教兴国战略、人才强国战略、创新驱动发展战略，开辟发展新领域新赛道，不断塑造发展新动能新优势。由此可见，优先发展教育是迈向教育强国时代的重要战略，而教育的发展依赖于教师队伍的建设与壮大。打造一流的教育，需要培养一流的教师，即教育家型教师。培养教育家型教师，首先要让教师具有教育家精神，因为精神是人内在的指引，是思想与觉悟的"催化剂"，是实现目标、达成成就的"推进器"。

在这一背景下，研究我国的教育家精神不仅是对历史的回顾与总结，还是对未来教育发展的深刻思考。通过对教育家精神文化内涵的深入挖掘，进而研究教育家精神的文化溯源、教育家精神的文化要素、教育家精神的文化特质、教育家精神与文学、教育家精神与历史、教育家精神与艺术、教育家精神与管理、教育家精神与科学精神、教育家精神与区域发展、教育家精神的文化影响、教育家精神的培养路径、教育家精神的积淀与创新等，可以为当代教育改革提供有益的启示，也为培养更多具有家国情怀与全球视野的教育工作者奠定基础。

①政治制度对教育家精神的影响。政治制度对教育家精神的影响深远且多维。首先，不同的政治体制直接决定了教育政策的制定和实施方式。在集权体制下，教育家往往需要在国家设定的框架内发挥作用，这可能限制其创新精神，但同时也促使他们在有限空间内寻找实现教育理想的路径。其次，政治制度的稳定性对教育家精神有重要影响。在一个政治环境多变的国家，教育家可能面临频繁的政策调整，这要求他们具备更强的适应能力和灵活性。此外，政治制度还通过影响社会价值观和文化氛围间接塑造教育家精神。例如，在强调集体主义和国家利益的政治体系中，教育家往往更加注重培养学生的社会责任感和爱国情怀。而在强调个人自由和多元文化的政治环境下，教育家则可能更加关注学生的个性发展和创造力培养。因此，政治制度不仅决定了教育家活动的空间，还影响了他们的教育理念和实践方式。在面对不同的政治制度时，教育家展现出的坚韧与智慧，正是其精神的重要体现。

②政治变迁与教育家精神的演变。在我国历史上，政治环境的变迁对教

育家精神的形成与发展产生了深远影响。在封建帝制时期,教育家精神深受儒家思想的熏陶,强调师道尊严与道德教化,教育被视为维护社会秩序与道德伦理的工具。科举制度的确立,进一步强化了教育与政治之间的联系,教育家精神在此时表现为对知识传承与社会责任的强烈使命感。

进入近代,随着清朝的衰落与西方列强的入侵,政治动荡加剧,教育家精神随之发生变化。西方教育理念的传入,促使我国教育家开始反思传统教育的弊端,倡导科学与民主,强调个性解放与思想自由。尤其是在五四运动期间,教育家呼吁通过教育改造社会,培养具有独立思考能力的公民,教育家精神在这一时期表现出强烈的社会责任感与革新意识。

中华人民共和国成立后,政治体制的变革对教育家精神提出了新的要求。在计划经济时代,教育被视为国家建设的重要组成部分,教育家精神更多地体现在服务国家发展的目标上。改革开放以来,随着政治环境的逐步宽松与市场经济的发展,教育家精神再次焕发出新的活力。现代教育家更加注重学生的全面发展,强调创新能力与实践能力的培养,教育家精神展现出多元化与开放性的特点。

总的来说,政治变迁不仅影响了教育体制的变革,还推动了教育家精神的不断演变。在不同的历史时期,教育家精神在适应政治环境变化的同时,始终保持着对教育理想的追求与对社会责任的担当。

③我国的政治环境对教育家精神的塑造。我国的政治环境的稳定与开放为教育家精神的塑造提供了重要的背景和条件。随着国家对教育事业的日益重视,教育政策的不断调整和优化,教育家得以在一个更加规范和有序的框架内发挥其智慧与创造力。

首先,国家对教育公平的重视和推动,使教育家在追求教育普惠和均衡发展方面更加坚定。无论是城乡教育资源的均衡分配,还是对弱势群体的关注,都促使教育家不断探索新的教育模式和方法,以实现教育公平的理想。

其次,政治环境的透明化和法治化为教育家精神的独立性和创新性提供了保障。教育家可以在法律和政策的保护下,更加自由地进行教育实验和改革,提出具有前瞻性和创新性的教育理念,从而推动教育事业的发展。

最后,国家在国际教育交流与合作方面的积极姿态,为教育家提供了更为广阔的视野和丰富的资源。通过参与国际教育项目和交流活动,教育家能够汲取全球先进的教育经验，并将这些经验本土化，以更好地服务于教育事业的发展。这种开放的政治环境，不仅丰富了教育家精神的内涵，还提升了我国教育的国际影响力。

（2）教育家精神的经济背景

①经济发展与教育资源分配。随着我国经济的快速发展，国家对教育领域的投入不断增加，教育资源分配问题日益凸显。经济发展的不平衡直接影响了各地区教育资源的配置。东部沿海发达地区凭借其雄厚的经济基础，教育资源相对丰富，学校设施完善，师资力量强大。而中西部地区，尤其是一些经济欠发达的偏远山区，教育资源依然匮乏，学校基础设施薄弱，优秀教师短缺，教育质量难以保障。

此外，经济的发展也带来了社会财富的增加，但贫富差距的扩大使教育资源在不同社会阶层之间的分配变得更加不均。经济条件较好的家庭，可以为其子女提供更多的教育资源和机会，如优质的私立学校、课外辅导和国际交流项目；而经济困难的家庭，则往往面临教育资源不足的困境。

政府在教育资源分配中扮演着关键角色，通过一系列政策和财政投入，努力缩小地区间的教育差距。然而，由于经济发展水平的不同，政策的实施效果往往存在差异，尤其是在资源下沉到基层的过程中，仍面临诸多挑战。因此，如何在经济发展过程中实现教育资源的合理分配，确保每个孩子都能享有公平的教育机会，依然是我国教育发展中的一项重要课题。

②经济转型对教育家精神的挑战。经济转型带来的快速变化使教育家精神面临诸多挑战。首先，市场经济的快速发展导致教育资源分配不均，优质资源向经济发达地区集中，教育家需要在资源匮乏的环境中坚守教育理想，这无疑对其精神构成巨大考验。其次，经济转型伴随着社会价值观的多元化，功利主义和实用主义逐渐渗透进教育领域，传统教育家精神中追求真理和人文关怀的理念受到冲击，如何在多元价值观中保持教育的本质成为一大难题。

此外，全球化带来的竞争压力也迫使教育体系不断调整，教育家面临着平衡本土文化与国际化需求的难题。他们不仅要培养具备全球视野的人才，还要确保学生保持对本土文化的认同和热爱。同时，随着科技的迅猛发展，教育方式和手段的更新速度加快，教育家需要不断学习新的技术与方法，以适应现代教育的需求，这对其精神韧性和学习能力提出了更高的要求。

总体来看，经济转型不仅改变了教育的外部环境，还对教育家精神的内涵提出了新的挑战。教育家必须在变化中寻找平衡，坚守教育初心，同时积极适应新时代的要求。

③经济全球化背景下教育家精神的适应与创新。随着经济全球化的深入发展，各国之间的经济联系愈发紧密，教育领域面临着前所未有的机遇与挑战。在这一背景下，教育家精神展现出了强大的适应力与创新力，以应对全球化带来的复杂多变的外部环境。

首先，经济全球化带来了教育资源的全球流动，这要求教育家精神必须具备更强的包容性与开放性。越来越多的国际教育合作项目、跨国学术交流及海外留学趋势，促使我国教育家重新思考教育的本质和目的。他们开始强调培养具有全球视野和跨文化沟通能力的人才，以适应全球化对人才素质的新要求。

其次，面对经济全球化带来的竞争压力，教育家精神在教学理念和方法上不断创新。传统的教育模式逐渐暴露出其在培养创新思维和实践能力方面的不足。为此，许多教育家开始探索新的教学模式，如项目制学习、跨学科融合及信息技术在教育中的应用。这些创新举措不仅提升了教学质量，还为学生提供了更广阔的发展空间。

最后，经济全球化还推动了教育家精神在教育公平性方面的努力。在经济全球化背景下，教育资源的分配不均问题愈发突出。我国教育家通过各种途径，努力缩小城乡、区域和学校之间的教育差距。例如，推动优质教育资源下乡、发展远程教育及利用互联网技术实现教育资源的共享等。这些措施旨在让每一个孩子都能享受到公平而有质量的教育，从而在全球化浪潮中不被边缘化。

总之，在经济全球化背景下，教育家精神在适应与创新中不断前行。通过开放包容的态度、教学模式的创新及对教育公平的不懈追求，我国教育家正为培养适应全球化需求的新一代人才而不懈努力。

（3）教育家精神的文化背景

①传统文化对教育家精神的滋养。我国传统文化源远流长，其中蕴含的哲学思想、伦理观念和人文精神为教育家精神提供了丰富的滋养。

儒家思想作为中国传统文化的主干，强调"修身齐家治国平天下"，这一理念深刻影响了教育家的价值取向。他们不仅注重个人的道德修养，还致力于通过教育实现社会的整体进步。

道家思想则提倡"无为而治"和"道法自然"，这种追求自然和谐的理念在教育家精神中体现为尊重个体发展规律、因材施教。教育家在教育实践中，常常强调学生的个性发展，注重培养学生的创造力和独立思考能力。

此外，佛家思想的慈悲与智慧也渗透到教育家精神中。教育家常常以慈悲之心关怀学生，以智慧之眼洞察教育问题，力求在教育过程中实现心灵的启迪和智慧的传递。

传统文化的这些思想不仅为教育家提供了精神支持，还塑造了他们的教育理念和实践方式。在面对教育改革和社会变迁的挑战时，教育家常常从传统文化中汲取力量，坚持自己的教育理想和信念。对传统文化的继承与发展，使教育家精神在现代社会中依然具有强大的生命力和影响力。

②近现代文化变迁与教育家精神的重塑。随着我国社会在近现代经历的剧烈变革，传统文化受到外来文化的冲击，新思想、新观念不断涌入。这一时期，教育家面临着如何在文化变迁中重新定义和塑造教育精神的挑战。

首先，五四运动前后，民主与科学的思想开始深入人心，教育家如蔡元培、陶行知等，开始提倡个性解放与思想自由，强调培养具有独立思考能力的学生。这种教育理念的转变不仅是对传统封建教育模式的反思，还是对新文化运动号召的积极回应。

其次，随着西方教育理论的引入，杜威（John Dewey）的实用主义教育思想在我国得到了广泛传播。教育家开始注重实践与理论的结合，强调教育的社会功能和实践意义。陶行知的生活教育理论便是其中的代表，他主张教育应与生活实际相结合，培养学生解决实际问题的能力。

最后，抗日战争和解放战争时期，教育家精神在国家危难中得到了进一步锤炼。许多教育家在艰苦的条件下坚持办学，他们以坚韧不拔的精神和崇高的教育理想，为国家培养了大批优秀人才。这一时期的教育家精神强调民族大义和家国情怀，体现了教育在民族复兴中的重要作用。

总的来说，近现代文化变迁促使教育家精神从传统走向现代，从封闭走向开放，从单一走向多元。这一重塑过程不仅丰富了教育家精神的内涵，还为我国教育事业的发展注入了新的活力。

③当代文化多元性与教育家精神的融合。随着全球化进程的加速，文化多元性已成为当代社会的重要特征。在我国，这种多元性不仅体现在外来文

化与本土文化的交融中，还反映在不同地域、民族文化的共存与互动中。面对这一趋势，教育家精神在保持自身核心的同时，不断吸收和融合多样文化的精华。

首先，教育家意识到文化多元性对培养学生全球视野的重要性。因此，他们在教育理念中融入了对多元文化的尊重与理解，鼓励学生以开放的心态面对不同文化背景下的知识和价值观。这种包容性的教育不仅丰富了学生的文化体验，还促进了他们跨文化交流能力的提升。

其次，在教育实践中，越来越多的学校和教育机构开始引入多元文化课程和活动。这些课程不仅涵盖了语言、艺术、历史等传统学科，还包括了跨文化交流、国际化办学等新兴领域。通过这些课程和活动，学生能够更好地理解和欣赏不同文化的独特性，从而在潜移默化中培养出一种全球公民意识。

最后，教育家精神在文化多元性的背景下，逐渐演化为一种创新和变革的力量。教育家通过与国际同行的交流与合作，不断更新教育理念和方法，以适应快速变化的社会需求。他们致力于构建一个多元、开放的教育环境，使学生能够在多样化的文化氛围中茁壮成长，成为具有国际竞争力的优秀人才。

1.1.2　研究意义

教育家精神的研究不仅关乎教育理论的丰富与完善，还对教育实践的创新与发展具有重要的推动作用。教育改革需要一批具备创新精神与实践能力的教育家来引领方向。我国教育的现代化进程正在不断推进，然而在这一过程中，教育家精神的核心价值却时常被忽视。教育家精神不仅是一种职业操守，还是一种深植于文化与历史中的责任感与使命感。面对当前教育领域存在的诸多问题，如教育资源不均衡、教育理念单一及教育功利化倾向的出现，重新审视和挖掘教育家精神显得尤为必要。教育家精神的研究能够为政策制定者提供新的视角与思路，从而推动教育体制的优化与革新。通过深入探讨教育家的核心价值与实践路径，可以为解决当前教育领域的诸多困境提供有益的借鉴与启示。

①在现代教育体系中，教师作为教育的主要实施者，其精神状态与职业操守直接影响教育质量。然而，受制于应试教育的压力和教育评价机制的单一化，许多教师在日常教学中逐渐丧失了对教育本真的追求。因此，研究并弘扬教育家精神，有助于唤醒教师群体的内在动力，提升教育工作者的职业

认同感与使命感。

②随着社会的快速发展，教育面临着前所未有的挑战。信息技术的迅猛发展、全球化进程的加快及多元文化的碰撞，使传统教育理念与模式受到冲击。在这一背景下，重拾教育家精神有助于在变革中寻找平衡，使教育既能适应时代发展，又能坚守育人初心。

③教育家精神的研究对推动教育政策的优化与完善同样具有重要意义。通过深入探讨教育家精神的内涵与实践路径，能够为教育决策提供理论支持与实践参考，从而促进教育公平、提高教育质量，推动我国教育事业的可持续发展。

④挖掘和弘扬教育家精神有助于提升教育工作者的职业使命感和社会责任感。在当前社会快速发展的背景下，教育家精神所蕴含的奉献、创新和求实品质，为广大教育从业者提供了精神引领，促使他们不断追求教育质量的提升。

⑤教育家精神的研究对于完善教育政策具有重要参考价值。通过深入探讨教育家精神，可以为教育政策的制定者提供历史和文化的视角，使政策更具有针对性和实效性，从而推动教育事业的健康发展。

⑥在国际教育交流日益频繁的今天，教育家精神的研究有助于增强我国教育的国际影响力。一方面，通过展示中国本土教育家的精神特质和实践智慧，可以为全球教育改革提供独特的中国经验，促进不同国家和地区在教育领域的深度对话与合作。另一方面，国际教育经验的引入与本土实践的结合，需要通过对教育家精神的研究来实现更深层次的对话与合作。

1.2　国内外关于教育家精神的研究进展

通过系统梳理和分析国内外关于教育家精神的研究文献，探讨其核心内涵、发展脉络及其在不同文化背景下的表现形式，可以明确当前教育家精神研究中存在的主要问题，分析教育家精神在实际教育工作中的具体体现，以及如何通过教育政策和教学实践来培育和弘扬这种精神。通过对比分析国内外的研究成果，可以为我国教育工作者提供一个更为全面的教育家精神理解框架，并提出切实可行的实践建议。这不仅有助于提升教育工作者的精神境界，还为培养新一代具有教育家精神的人才提供了理论支持和实践参考。

1.2.1　国内关于教育家精神的研究

国内关于教育家精神的研究起步较晚，但随着教育改革的不断深入，这一主题逐渐受到学术界的重视。早期的研究多集中于对著名教育家（如陶行知、蔡元培等）的教育思想和实践的回顾，强调他们所体现出的教育家精神的核心价值，包括对教育理想的坚守、对学生发展的关注及对社会责任的担当。

近年来，国内学者开始从多角度探讨教育家精神的内涵与时代意义。一些研究从历史视角出发，梳理了中国近现代教育家精神的发展脉络，指出其在不同时期所承载的不同使命。例如，20世纪初，教育家精神更多地体现在对国家独立和民族自强的追求上，而在当代，则更多关注教育公平和质量的提升。

此外，越来越多的研究尝试结合当前教育实践，探讨如何在新时代背景下培养和发扬教育家精神。一些实证研究通过访谈和调查，总结了当前中小学和高校中体现教育家精神的典型案例，分析了这些教育工作者在面对复杂教育环境时所展现出的独特品质和实践智慧。这些研究不仅丰富了教育家精神的理论内涵，还为实际教育工作提供了有益的参考。

总体来看，国内关于教育家精神的研究正在逐步走向深入，但仍存在一些不足。例如，对教育家精神的系统性理论研究相对较少，实证研究的地域和学校类型分布也存在不均衡的现象。未来研究需要进一步拓宽视野，深化理论探索，以更好地指导教育实践。

（1）中国特色教育家精神的实践与案例分析

在中国教育改革与发展的进程中，涌现出了一批具有鲜明特色的教育家，他们以独特的精神风貌和实践智慧推动了教育的进步。以霍懋征、于漪、李吉林等为代表的教育家，通过长期的教育实践，不仅形成了各自的教育理念，还为我国基础教育的发展提供了宝贵的经验。

霍懋征强调教育要以人为本，注重学生的全面发展。她提出的"没有爱就没有教育"的教育理念，深刻影响了我国基础教育界。在她的带领下，北京第二实验小学成为全国教育改革的先锋，她关注学生的个性发展，强调因材施教，注重培养学生的创造力和独立思考能力。

于漪则以情感教育著称，她主张教育不仅是知识的传授，还是情感的交流和人格的培养。她在语文教学中，善于通过情感的渗透，激发学生的学习兴趣和主动性。她强调教师应具备高尚的师德，以身作则，成为学生的榜样。于漪的教育实践不仅提高了学生的语文素养，还培养了学生的道德情操和社会责任感。

李吉林是情境教育的倡导者和实践者，她通过创设真实生动的教学情境，让学生在体验中学习，在实践中成长。她在小学数学教学中，通过设计各种生活化的情境，让学生在解决实际问题的过程中掌握知识。李吉林的教育理念和实践，为情境教育在全国的推广提供了成功的范例，也为我国教育改革注入了新的活力。

这些教育家的实践不仅体现了中国特色教育家精神的核心价值，还为中国教育的未来发展提供了方向。他们以坚定的教育信念、无私的奉献精神和卓越的教育实践，诠释了教育家精神的深刻内涵，为中国教育事业的发展做出了重要贡献。

（2）国内教育家精神研究的发展趋势与问题

近年来，国内对教育家精神的研究呈现出逐步深入的趋势，研究视角不断拓展。研究主题逐渐从对个别教育家个人精神的探讨转向对教育家群体精神的系统研究。学者开始关注教育家精神在不同历史时期、不同教育领域中的具体表现和演变过程。

在研究方法上，跨学科的研究逐渐增多，教育学、历史学、心理学等多学科的交叉融合为教育家精神的研究提供了新的视角。同时，质性研究和量化研究相结合的方式也日益受到重视，使研究结论更具科学性和说服力。

然而，国内教育家精神研究仍存在一些问题。首先，研究对象较为集中，多聚焦于历史上知名的教育家，对当代教育家和基层教育工作者的精神研究相对不足。其次，理论研究与实践应用的结合还不够紧密，许多研究成果未能有效转化为实际的教育教学策略。最后，研究的地域和学校类型分布不均，对农村地区和实力薄弱学校教育家精神的研究较为薄弱，这在一定程度上限制了研究的全面性和代表性。

总体来看，国内教育家精神研究在不断发展的同时，仍需在研究对象的广泛性、理论与实践的结合及研究方法的创新等方面进行进一步的探索和深化。

1.2.2　国外关于教育家精神的研究

国外关于教育家精神的研究起步较早，尤其在欧美国家，教育家精神常被视为推动教育变革与创新的核心力量。20世纪初期，随着进步主义教育思潮的兴起，教育家精神逐渐成为一个独立的研究领域。杜威等教育思想家强调教育家的社会责任与创新精神，认为教育家应具备独立思考的能力，并能够引领教育实践的变革。

在20世纪后半叶，西方学者进一步丰富了教育家精神的内涵。他们认为，教育家精神不仅体现在教育理念的创新上，还体现在教育政策制定和学校管理中的领导力方面。在国外文献中，许多研究集中于探讨教育家如何在复杂的社会环境中保持教育理想，并通过实际行动影响教育体制的改进。例如，美国学者萨尔曼·可汗（Salman Khan）提出的"翻转课堂"模式，以及芬兰教育改革中体现出的以学生为中心的教育家精神，都是研究的重要案例。

此外，国外研究还关注了教育家精神在不同文化背景下的多样性。一些学者通过比较，分析了欧美与亚洲国家在教育家精神实践中的差异，指出尽管各国在教育理念和实践上存在差异，但教育家精神的核心——对教育理想的追求与实践创新——具有普遍性。总体来看，国外研究为理解教育家精神提供了丰富的理论与实践基础，并为其他国家的教育改革提供了有益的参考。

1.2.3　国外教育家精神对中国教育的启示

国外教育家精神所体现的创新、包容与人文关怀，为中国教育提供了诸多有益的启示。

首先，国外许多教育家强调培养学生的独立思考与创新能力，这为中国当前倡导的素质教育提供了参考。中国教育在注重知识传授的同时，可以更加关注学生创新思维的激发，鼓励他们在学术研究与实践中勇于探索。

其次，国外教育家所推崇的教育公平与全纳教育理念，也为中国教育改革提供方向。尤其在促进城乡教育均衡发展、保障弱势群体受教育权利方面，国外的一些成功经验，如美国和北欧国家的全纳教育政策，值得我们借鉴。通过政策引导与资源倾斜，中国可以进一步缩小教育差距，实现更广泛的教育公平。

最后，国外教育家精神中对教师职业价值的重视，也对中国教师队伍建设具有启示意义。许多国家通过完善教师培训体系、提高教师社会地位与待遇，来激发教师的职业热情与使命感。中国可以借鉴这些做法，通过制度创新与政策支持，增强教师的职业认同感与责任感，从而更好地发挥教师在教育事业中的核心作用。

总体而言，国外教育家精神所倡导的理念与实践，为中国教育提供了多维度的思考与借鉴。在吸收与融合这些经验的过程中，中国教育有望在未来实现更高水平的发展与突破。

1.2.4　不同文化背景下的教育家精神比较

在西方文化中，教育家精神往往与个人主义和创新精神紧密相连。西方的教育家强调个性发展与批判性思维的培养，鼓励学生独立思考和质疑权威。这种精神在欧美国家的教育体系中尤为突出，教师不仅被视为知识的传授者，还被视为学生成长路上的引导者和启发者。这种教育家精神推动了教育改革，使教育方式更加多元化和灵活。

相比之下，东方文化下的教育家精神则更注重集体主义和传统的传承。在许多亚洲国家，教育家普遍强调纪律、勤奋及对知识的尊重。教师被视为权威的象征，学生则被期望服从和尊重教师的指导。在这种文化背景下，教育家精神更多地体现在对社会责任的承担和对传统价值观的维护上。尽管如此，在全球化的影响下，东方教育体系也开始逐渐吸收西方教育理念，注重培养学生的创造力和独立性。

此外，非洲和拉丁美洲等地区的教育家精神则常常与社区和社会发展紧密相关。在这些地区，教育被视为改变社会不平等和推动经济发展的重要工具。教育家致力于通过教育提高社区的生活水平，强调教育的社会功能和实践意义。这种精神体现了教育家对社会公正和可持续发展的追求，也为全球教育家精神的多样性增添了独特的色彩。

在全球化背景下，不同文化中的教育家精神在相互碰撞与融合中不断发展。这种多样性不仅丰富了教育的内涵，还为各国教育家提供了新的视角和实践路径。通过比较和借鉴不同文化中的教育家精神，可以为解决全球教育面临的共同挑战提供有益的启示。

1.3 概念界定

教育家精神首先体现为一种对教育事业的深厚情感与坚定信仰。这种精神并非停留在抽象的理念层面，而是渗透在教育实践的每一个细节中。教育家往往怀揣着对知识、真理和人类进步的无限追求，他们将教育视为一种使命，而不仅仅是一份职业。这种使命感驱动着他们不断超越自我，追求卓越，为学生的成长与社会的进步贡献自己的力量。

与此同时，教育家精神蕴含着对人性的深刻理解与尊重。教育家深知，每个学生都是独立的个体，拥有不同的天赋、兴趣和潜力。因此，他们强调因材施教，注重培养学生的独立思考能力和创造力，而不仅是为了应付考试或追求分数。这种精神倡导全人教育，关注学生的心灵成长和人格发展，力求培养出具有社会责任感和全球视野的公民。

教育家精神还表现为一种开放与包容的态度。教育家乐于接受新的思想和观念，勇于面对挑战和变革。他们不仅在自己的领域中精益求精，还积极与其他领域的专家合作，共同探讨教育的发展方向。这种开放性使教育家精神能够不断吸收新的养分，保持活力与创新力，从而更好地适应时代的变化与需求。

习近平总书记对中国特有的教育家精神做了阐释："心有大我、至诚报国的理想信念，言为士则、行为世范的道德情操，启智润心、因材施教的育人智慧，勤学笃行、求是创新的躬耕态度，乐教爱生、甘于奉献的仁爱之心，胸怀天下、以文化人的弘道追求。"[①]

总之，教育家精神是一种融合了理想信念、道德情操、育人智慧、躬耕态度、仁爱之心、弘道追求等要素的综合体。它不仅指引着教育家在职业生涯中不断前行，还为整个教育事业注入了持久而深远的影响力。在这种精神的引领下，教育不再只是知识的传递，更是一种塑造灵魂、改变命运的力量。鉴于研究内容的典型性和数据的可得性，本书所研究的教育家精神，主要指我国的教育家精神。

---

① 2023年教师节前夕，习近平总书记致信全国优秀教师代表，提出并深刻阐释了中国特有的教育家精神。

1.4 本书内容与研究方法

本书共分十四章，包括：绪论、教育家精神研究的理论基础、教育家精神的文化溯源、教育家精神的文化要素、教育家精神的文化特质、教育家精神与文学、教育家精神与历史、教育家精神与艺术、教育家精神与管理、教育家精神与科学精神、教育家精神与区域发展、教育家精神的文化影响、教育家精神的培养路径、教育家精神的积淀与创新等。

本研究采用定性研究与量化分析相结合的方法，以确保研究的全面性与科学性。首先，通过文献分析法，梳理国内外有关教育家精神的研究成果，提炼出核心概念与理论框架。其次，采用案例研究法，选取具有代表性的中国教育家作为研究对象，深入分析其教育思想与实践，总结其精神特质。

在数据收集方面，通过访谈和问卷调查，获取一线教育工作者对教育家精神的理解与实践经验。这些数据将通过内容分析法进行分类，以识别出共性特征与独特表现。同时，运用比较研究法，对比不同历史时期和不同文化背景下的教育家精神，探讨其演变规律与影响因素。

理论框架的构建以教育文化学研究方法为基石，结合教育学、文化学、社会学和心理学等相关学科的理论，形成多维度的分析视角。通过教育家精神的核心要素，如道德追求、实践智慧和社会责任等，搭建理论模型，以指导研究的具体实施和结果分析。最终，本研究旨在通过系统的理论分析和实证研究，揭示教育家精神的深刻内涵与现实意义。

第二章 教育家精神研究的理论基础

2.1 文化的相关理论

2.1.1 文化的定义

文化的定义在不同的历史时期和学术背景下有着不同的阐释。自古以来，文化一直被视为人类社会特有的现象，是人类在长期生产与生活实践中创造的物质与精神成果的总和。它不仅涵盖了语言、艺术、宗教、道德等精神层面的内容，还包括社会制度、生产方式等物质层面的表现。文化是一个动态发展的过程，随着社会的变迁与演进，不断吸收新的元素并扬弃旧的成分。在这种持续变化中，文化不仅塑造了社会的价值观与行为规范，还深刻影响着个体的生活方式和思维方式。因此，文化不仅是社会的产物，还是社会发展的推动力，它通过潜移默化的方式影响着每一个社会成员，使人类社会呈现出多样性与复杂性。在教育领域，文化的影响尤为显著，它不仅决定了教育的内容与形式，还对教育家的精神追求与实践方式产生了深远的影响。

2.1.2 文化的主要类型

文化的类型可以从多个角度进行划分。地域、宗教、社会结构和价值观等的差异孕育出多样化的文化体系。

首先，从地域角度看，东西方文化有着显著的区别。东方文化，尤其是以中国文化、印度文化为代表，强调集体主义和家庭观念，注重人与自然的和谐共处。而西方文化，如欧洲和北美地区的文化，更加注重个人主义和独立性，强调个人成就与自由。

其次，从宗教角度来看，不同宗教信仰也塑造了不同的文化类型。例如，伊斯兰教文化强调信仰与生活的统一，宗教教义在日常生活中占据重要地位。而基督教文化则更多地体现出一种宽容与博爱的精神，影响着西方社会的道德标准和行为规范。

最后，从社会结构和价值观来看，文化还可以分为传统社会文化与现代社会文化。传统社会文化通常以农业为基础，重视家族和社区的凝聚力，遵循世代相传的习俗和规矩。而现代社会文化则随着工业化和城市化的发展，呈现出多元化和开放性的特点，人们更加追求个性发展和创新精神。

这些不同类型的文化在全球范围内交织共存，不仅影响了各个国家和地区的教育理念和方式，还深刻塑造了教育家精神的不同面貌。在全球化背景下，理解和尊重不同文化类型，成为教育家不可或缺的素质之一。

2.1.3 文化与教育的关系

文化与教育的关系密不可分，文化不仅是教育的重要内容，还是教育发展的重要背景。

首先，文化为教育提供了丰富的内容和价值导向。无论是传统文化的传承，还是现代文化的创新，都深刻影响着教育的目标和方向。教育在传承文化的同时，也在不断塑造和更新文化。

其次，教育是文化传播和延续的核心途径。通过教育，社会中的价值观、行为规范和知识体系得以代代相传。尤其是在多元文化并存的社会中，教育起到了桥梁作用，帮助不同文化背景的人相互理解和包容。

最后，文化与教育的关系还体现在教育的变革与创新上。随着文化的不断发展，教育模式和内容也需要随之调整。例如，现代信息技术的发展促使教育方式发生了巨大变化，这种变化正是文化对教育影响的直接体现。因此，教育不仅是文化的传播者，还是文化的创造者和革新者。

2.2 教育家精神的理论探讨

2.2.1 教育家精神的内涵

教育家精神的内涵深深植根于对教育事业的无限热爱与执着追求。真正的教育家不仅将教育视为职业，还视其为一生追求的崇高事业。他们以学生的发展为核心，注重培养学生的独立思考能力与健全人格。教育家往往具备宽广的胸怀和深邃的洞察力，能够洞察社会发展趋势，并将这种远见卓识融入教育实践。他们不仅关注当下，还着眼于未来，力求为社会培养出具有创新精神和责任感的公民。在面对困难与挑战时，教育家展现出坚韧的毅力和无私的奉献精神，始终坚持自己的教育理想，不随波逐流。这种精神是对教育事业的敬畏与热爱，也是对人类未来的责任与担当。

2.2.2　教育家精神的发展历程

教育家精神并非一成不变，其发展历程伴随着社会变迁与教育理念的演进。在古代，教育家精神更多地体现为师道的尊严与传道授业的使命感。孔子作为中国历史上最具影响力的教育家之一，他提倡"有教无类"，强调教育应惠及所有社会阶层，这一理念奠定了我国教育家精神的基石。

进入封建社会后期，特别是宋明理学兴盛时期，教育家精神逐渐与道德教化紧密结合。朱熹、王阳明等思想家不仅在学术上有所建树，还通过教育实践将自身的哲学思想融入人才培养的过程。这一时期的教育家精神更加注重个人的道德修养与社会责任感。

近代以来，随着西方教育思想的传入和我国社会的剧烈变革，教育家精神也发生了深刻变化。蔡元培、陶行知等教育家在吸收西方教育理念的基础上，提出了符合中国国情的教育改革方案。他们强调教育应注重理论与实践相结合，并融入日常生活，提倡"生活即教育"的理念，推动了我国教育家精神从传统向现代的转型。

中华人民共和国成立后，教育家精神在国家建设与社会发展的背景下得到了进一步的丰富与发展。当代教育家不仅继承了前辈们的优良传统，还结合时代需求，提出了更加多元化的教育理念。他们致力于推动教育公平、提升教育质量，并在全球化背景下积极探索中国教育的国际化路径。

总体来看，教育家精神的发展历程是一部不断适应时代需求、融合多元文化的演进史。从古代的师道尊严到现代的多元创新，教育家精神始终在变化中寻求突破，为中国教育事业的发展提供了不竭的动力。

2.2.3　教育家精神的现代价值

教育家精神在当代社会中依然具有深远的影响和重要的现实意义。

首先，它为现代教育改革提供了精神引领。随着社会的不断发展，教育面临着诸多挑战，如教育公平、教育质量等问题。教育家精神所倡导的追求真理、坚持理想、勇于创新的品质，激励着当代教育工作者不断探索和实践，推动教育改革向纵深发展。

其次，教育家精神为教师的职业发展指明了方向。在当前快速变化的社会环境中，教师不仅是知识的传授者，还是学生人生道路上的引路人。教育家精神强调的以人为本、因材施教、关爱学生等理念，可以帮助教师在职业生涯中找到自我价值，不断提升自身的专业素养和人格魅力，从而更好地服务于学生的成长与发展。

最后，教育家精神对社会文化的传承与创新起到了积极的推动作用。教育家精神中所蕴含的文化内涵和价值观，如家国情怀、社会责任感等，在潜移默化中影响着年轻一代的思想和行为。通过教育家的引领，这些优秀的文化传统得以延续，并在新的时代背景下焕发出新的生机，为社会的进步和发展注入源源不断的动力。

2.2.4 教育学理论对教育家精神的阐释

教育学理论从多个维度对教育家精神进行了深刻的阐释。

首先，教育家精神被视为一种对教育事业的深厚情怀和无限热爱。这种精神驱动着教育工作者不仅把教学看作一种职业，还把教学看作一种使命和责任。他们通过不断地自我提升和学习，力求在教育实践中实现自我价值，并将这种价值传递给学生。

其次，教育学理论强调教育家精神中的创新与变革意识。教育家常常不满足于现状，他们勇于探索新的教学方法和教育理念，以适应不断变化的社会需求和学生发展的需要。这种精神促使教育实践不断推陈出新，推动教育体系的完善与进步。

最后，教育家精神在教育学理论中还被解读为一种对社会责任的担当。教育家不仅关注学生的学术成绩，还注重他们的全面发展。他们通过言传身教，影响和塑造学生的价值观和人生观，致力于培养具有社会责任感和全球视野的公民。这种精神在教育家的职业生涯中，始终贯穿于他们的每一项教育决策和行动。

2.2.5 心理学视角下的教育家精神分析

教育家精神在心理学视角下，往往与个体的心理特质和人格特征紧密相关。

首先，教育家通常表现出高度的自我效能感，这种强烈的自信心使他们在面对教育改革和教学挑战时，能够保持坚定的信念和持续的动力。他们相信通过自己的努力可以改变学生的未来，并对整个教育环境产生积极影响。

其次，教育家精神还与情感智力密切相关。优秀的教育家往往具备出色的情感调节能力，能够敏锐地察觉自己及学生的情绪变化，并做出恰当的反应。这种能力不仅帮助他们在复杂的教育环境中游刃有余，还使他们能够与学生建立起深厚的师生关系，促进学生的全面发展。

最后，心理学研究表明，教育家精神还包含了一种强烈的内在动机，这种动机不仅源于外部的奖励或认可，还来自对教育事业的热爱和追求。他们常常将教育视为一种使命，这种深层次的动机驱动着他们不断超越自我，追求卓越，并在教育实践中持续创新。

2.2.6 哲学对教育家精神的影响

哲学作为人类思想的深层次体现，对教育家精神有着潜移默化而又深远的影响。

首先，哲学为教育家提供了思考教育本质与目的的工具。通过对人性、知识和道德等基本问题的探讨，哲学帮助教育家更清晰地认识教育活动的根本意义，这使教育工作者在教育实践中能秉持更为坚定的信念。

其次，哲学思想影响着教育家的价值观和教育理念。例如，儒家哲学强调的"仁爱"与"修身齐家治国平天下"的理念，塑造了许多中国教育家关注社会责任、注重道德教育的核心精神。而在西方，古希腊哲学尤其是苏格拉底的"知识即美德"思想，深刻影响了教育家对真理追求与学生自主思考能力的重视。

最后，哲学还促使教育家不断反思自身的教育实践。无论是存在主义对个体自由与选择的强调，还是实用主义对实践与经验的重视，这些哲学思想都推动着教育家在面对复杂教育问题时，能够从多角度思考并寻求创新性解决方案。哲学的这种批判性与反思性，使教育家精神得以在不断自我超越中成长与发展。

2.3 教育家精神的跨学科研究

2.3.1 教育家精神与社会学的交叉研究

教育家精神作为一种深植于教育实践中的核心理念，与社会学有着深刻的交互关系。

　　首先，教育家精神在社会结构中的作用不可忽视。社会学的视角帮助我们理解教育家精神如何在不同的社会阶层和群体中发挥作用。通过社会流动理论，我们可以看到，教育家精神往往成为促进社会流动的重要力量，尤其是在推动教育公平和社会正义方面。

　　其次，教育家精神与社会规范和价值观的变迁密切相关。社会学的研究揭示了不同时期的社会价值观如何影响教育家精神的形成与发展。例如，在传统社会中，教育家精神可能更多地强调师道尊严和知识传承，而在现代社会，它可能更注重创新、平等和多元文化的融合。

　　最后，社会学还关注教育家精神在社会组织和制度中的体现。在学校、社区和其他教育机构中，教育家精神通过具体的制度和组织文化得以体现。社会学家通过研究这些制度和文化，揭示出教育家精神如何影响组织的运行和变革，以及如何通过制度创新来促进教育家精神的发扬光大。这些研究不仅丰富了我们对教育家精神的理解，还为实践中的教育改革提供了有力的理论支持。

2.3.2　教育家精神与文化研究的融合

　　教育家精神与文化研究的融合体现在对多元文化背景下教育理念的深刻理解与实践。在全球化背景下，教育家不仅需要具备深厚的专业素养，还要对不同文化有敏锐的感知力和尊重。这使他们在推动教育改革时，能够将本土文化与外来文化有机结合，形成更具包容性的教育模式。

　　首先，教育家精神与文化研究的融合表现为对传统文化的尊重与创新。许多教育家在课程设计和教学方法上，注重从传统文化中汲取智慧，同时结合现代教育理念，使学生在学习过程中既能感受到文化的传承，又能培养创新思维。例如，一些教育家通过将地方戏曲、民间故事引入课堂，使学生在潜移默化中接受文化熏陶，增强文化认同感。

　　其次，跨文化交流能力的培养也成为教育家精神与文化研究融合的重要内容。教育家通过组织国际交流项目、跨文化研讨会等活动，帮助学生和教师拓宽国际视野，理解和尊重不同文化背景下的教育理念和方法。这种跨文化的互动不仅丰富了教育内容，还促进了教育理念的多元化和包容性发展。

　　最后，教育家精神与文化研究的融合还体现在对文化多样性的关注与保护方面。教育家通过研究和倡导，推动教育政策和实践更加重视少数民族文化、地域文化的保护与传承。例如，一些教育家致力于推动双语教育或多语言教育，以保护濒危语言和文化，确保文化多样性在教育中得到体现和尊重。

通过以上多方面的融合，教育家精神在文化研究中的作用愈发重要，不仅推动了教育的多元化和包容性发展，还为构建和谐共生的全球化社会做出了积极贡献。

2.3.3　教育家精神在不同学科中的体现与价值

教育家精神在不同学科的教学与研究中，展现出其独特的价值与影响力。在人文社科类学科中，教育家精神更多地体现为对社会责任的承担与人文关怀的传递。例如，在历史学和哲学教育中，教师不仅传授知识，还通过自身的价值观和行为影响学生，培养学生的批判性思维和社会责任感。这种精神使学科教育超越了单纯的知识传授，上升到培养学生健全人格的高度。

在自然科学与工程技术类学科中，教育家精神则更多地表现为对真理的追求与对科学精神的弘扬。教师通过严谨的治学态度和不懈的探索精神，引导学生在实验与实践中发现问题、解决问题。这种精神不仅激发了学生的创新能力，还培养了他们的科学素养和实践能力。尤其是在理工科教育中，教育家精神促使教师在传授技术技能的同时，注重培养学生的伦理意识和社会责任感。

艺术与体育类学科同样深受教育家精神的影响。在艺术教育中，教师通过自身的创作经验和艺术感悟，引导学生发现美、创造美，培养学生的审美能力和艺术修养。而在体育教育中，教育家精神则体现为对健康生活方式的倡导和对顽强拼搏精神的弘扬。教师不仅教授技能，还通过自身的榜样作用，影响学生的意志品质和团队合作精神。

总体而言，教育家精神在不同学科中的体现虽各有侧重，但其核心价值——对学生全面发展的关注、对社会责任的承担及对真理和美的不懈追求始终如一。这种精神不仅提升了学科教育的质量，还为培养具有综合素质和社会责任感的新一代人才奠定了基础。

2.4　教育家精神的内涵解析

2.4.1　教育家精神的核心价值

（1）教育家精神的道德维度

教育家精神首先体现在其深厚的道德维度上，这种道德维度不仅是对个人品行的要求，还是对教育事业神圣使命的承诺。在教育实践中，教育家往往以身作则，将道德作为教育的核心内容，致力于培养学生的健全人格。他们深知，教育不仅是知识的传递，还是道德价值观的塑造。

首先，教育家的道德维度表现在其对教育事业的无私奉献上。他们不计个人得失，以学生的发展和社会的进步为己任，甘于寂寞，默默耕耘。他们将教育视为一项崇高的事业。

其次，教育家的道德维度还表现在他们对学生的关爱与责任感上。他们不仅关心学生的学业进步，还关注学生的心理健康与人格发展。在教育过程中，教育家以慈爱和宽容的态度对待每一个学生，帮助他们克服学习与生活中的困难，成为学生人生道路上的引路人。

最后，教育家的道德维度还表现在他们对社会公平与正义的追求上。他们深知教育是实现社会公平的重要途径，因此，教育家常常站在社会发展的前沿，积极推动教育公平，努力缩小教育差距，为社会的可持续发展贡献力量。他们以实际行动诠释了教育家精神的道德内涵，为后人树立了光辉的榜样。

（2）教育家精神的知识追求

教育家精神中的知识追求，不仅是对已有知识的传承，还是对未知领域的探索与创新。这种追求往往超越了单纯的学术兴趣，蕴含着对人类智慧与真理的深刻渴望。教育家深知，知识是塑造人格、启迪心灵的重要力量，因此他们在传授知识的过程中，始终保持着一种谦逊而执着的态度。

首先，教育家对知识的追求表现为他们对学科领域的深入钻研。他们不仅关注本学科的前沿动态，还积极拓宽自己的知识视野，力求在跨学科的交流中碰撞出新的思想火花。这种广博的知识储备使他们在面对复杂的教育问题时，能够提出独到而深刻的见解。

其次，教育家注重将知识与实践相结合，强调学以致用。他们认为，知识的价值不仅在于积累，还在于应用。因此，他们在教学过程中，常常通过实际案例和实践活动，引导学生将理论知识应用于现实问题的解决，从而培养学生的实际操作能力和创新思维。

最后，教育家对知识的追求还表现为一种终身学习的态度。他们深知，知识的海洋浩瀚无垠，个人的认知能力有限，唯有不断学习，才能与时俱进。因此，他们不仅自己保持学习的热情，还通过言传身教，激励学生养成终身学习的习惯，从而在不断变化的世界中立于不败之地。

总之，教育家精神中的知识追求是一种永无止境的探索，是一种将知识内化为智慧、外化为行动的实践哲学。这种追求不仅成就了教育家自身，还在潜移默化中影响和塑造了一代又一代的学子。

（3）教育家精神的实践导向

教育家精神并非停留于理念或口号，而是深深扎根于教育实践。

首先，教育家始终将学生的全面发展作为教育实践的核心目标。他们不仅关注知识的传授，还注重培养学生的独立思考能力和实践创新精神。这种实践导向体现在日常教学的每一个环节，从课程设计到课堂互动，都力求让学生在真实情境中学习与成长。

其次，教育家善于从实践中发现问题，并通过持续的探索和改革来解决问题。他们不满足于现状，常常通过教学实验、教育调研等方式，寻找更有效的教育方法。这种勇于实践、敢于创新的精神，使教育家在面对复杂多变的教育环境时，总能找到合适的应对策略，推动教育事业不断向前发展。

最后，教育家精神强调知行合一，要求教育者自身成为学生的榜样。无论是课堂教学还是课外活动，教育家都以身作则，用实际行动影响和带动学生。他们通过自身的实践，传递出一种对知识、社会和人生的积极态度，这种身教重于言传的教育方式，往往能够在潜移默化中塑造学生的品格，使他们在未来的道路上走得更加坚定与自信。

2.4.2　教育家精神的实践路径

（1）教育家精神与教育实践的结合

首先，教育家精神强调知行合一，教育者不仅要传授知识，还要通过自身的行动成为学生的榜样。孔子周游列国，以身作则，传播"仁爱"思想，正是这种精神的体现。其次，教育家精神要求教育者具备强烈的社会责任感，将培养具有独立思考能力和健全人格的学生作为己任。蔡元培在北京大学的改革中，通过引进新思想、新文化，力求培养具有创新精神和社会责任感的新青年。最后，教育家精神还体现在对教育公平的追求上。陶行知创办的晓庄试验乡村师范，旨在为农村培养师资，让更多贫困儿童获得受教育的机会。这种实践精神不仅是教育家个人情怀的体现，还是推动整个社会进步的重要力量。通过这些实践，教育家精神得以在实际操作中不断丰富和发展，成为教育改革和创新的不竭动力。

（2）教育家精神在教学创新中的表现

首先，教育家精神在教学创新中表现为对传统教学模式的突破与超越。许多具有教育家精神的教师不再满足于单向的知识灌输，而是通过启发式教学、互动式学习等方式，激发学生的主动性和创造力。他们注重培养学生的批判性思维，鼓励学生在学习过程中提出问题、探索未知，从而使课堂成为师生共同成长的场所。

其次，教育家精神在教学创新中表现为对现代技术的敏锐把握与运用。具有教育家精神的教师善于将新兴技术融入课堂教学，例如，利用在线平台开展混合式教学，或者通过虚拟现实技术让学生身临其境地体验知识。他们不仅关注技术的应用，还注重技术与教学目标的深度融合，以确保创新手段真正服务于学生的全面发展。

最后，教育家精神在教学创新中还表现为对个性化教育的追求。具有教育家精神的教师深刻认识到每个学生的独特性，因此在教学过程中，他们致力于为学生提供多样化的学习路径和资源支持。无论是通过分层教学、项目式学习，还是通过课外辅导和心理支持，他们都努力让每个学生在自己的节奏和方式下取得进步。这种因材施教的方式不仅提升了学生的学习效果，还进一步彰显了教育家精神的人文关怀。

（3）教育家精神与教育管理的关系

教育家精神在教育管理中扮演着灵魂性的角色，它不仅是一种理念的引领，还是一种实践的指导。

首先，教育家精神强调以人为本的管理方式。在这种精神的指引下，教育管理者更加关注师生的个体发展，注重激发每个人的潜能。无论是教师的职业成长，还是学生的全面发展，都是管理决策的核心考量因素。

其次，教育家精神倡导民主与参与的管理文化。在这样的管理模式下，管理者不再是以权威的姿态出现，而是作为引领者和协调者，倾听来自教师、学生乃至家长的声音。通过建立开放的沟通渠道和民主的决策机制，管理者能够更好地凝聚集体智慧，推动学校或教育机构的整体发展。

最后，教育家精神还强调创新与变革的必要性。面对不断变化的社会环境和教育需求，管理者需要具备前瞻性的视野和创新精神。他们不仅要善于发现问题，还要勇于探索新的解决方案，推动教育管理的持续改进和优化。在这种精神的驱动下，教育管理不再是墨守成规的代名词，而是一个充满活力和创造力的过程。

　　总之，教育家精神与教育管理的关系是相辅相成的。前者为后者提供了价值导向和精神动力，而后者则是前者在实践中的具体体现。在教育家精神的引领下，教育管理能真正实现以人为本、民主参与和不断创新，从而推动教育事业的持续发展。

2.4.3　教育家精神的现代转化

（1）教育家精神与现代教育理念的融合

　　随着社会的不断发展，教育理念也在发生深刻变化，教育家精神在这一过程中展现出强大的适应力与融合力。

　　首先，现代教育强调以学生为中心，注重个性化发展。教育家精神所蕴含的"因材施教"理念在这一背景下得到了新的诠释。教育家在关注知识传授的同时，注重学生的全面发展，尊重学生的个体差异，鼓励他们自主探索和创新。

　　其次，现代教育强调终身学习的理念，教育家精神中的求知欲和持续学习的态度与之不谋而合。教育家通过自身的不断学习和实践，不仅提升了自己的专业素养，还为学生树立了良好的榜样，让学生认识到，学习不仅是在学校期间的学习，还是一个贯穿一生的过程。

　　最后，现代教育强调社会责任与全球视野，这与教育家精神中的使命感和社会担当紧密相连。教育家意识到，教育不仅是培养个体的过程，还是为社会和国家培养具有责任感和全球视野的公民的过程。他们通过各种教育实践活动，努力将学生培养成具有社会责任感和国际竞争力的人才，为社会的进步和国家的繁荣贡献力量。

　　总之，教育家精神在与现代教育理念的融合中，不断焕发出新的活力。这种融合不仅推动了教育事业的发展，还为社会的进步注入了强大的动力。教育家通过自身的实践和探索，不断丰富和发展教育家精神的内涵，使其在新时代的教育实践中发挥更大的作用。

（2）教育家精神在信息技术时代的挑战

　　随着信息技术的迅猛发展，教育领域正经历着深刻的变革，这对传统教育家精神提出了新的挑战。

　　首先，信息技术在教育中的广泛应用，使教育家不得不面对教学模式的转变。传统的师生互动模式逐渐被在线教育、虚拟课堂等新形式所补充甚至替代，教育家需要重新思考如何在虚拟环境中保持教学的温度和人文关怀。

其次，信息技术的快速迭代要求教育家具备更高的技术素养。对于许多教育家而言，掌握并熟练运用各种教育技术工具并非易事，这不仅是对其个人能力的挑战，还是对其教育理念的冲击。教育家需要在技术与人文之间找到平衡，确保技术为教育服务，而不是教育被技术所支配。

最后，信息技术的发展还带来了教育公平方面的新问题。在信息鸿沟面前，部分学生可能因缺乏必要的技术设备或技能而被边缘化，这与教育家精神所倡导的公平公正相悖。教育家需要在信息技术时代更加关注教育资源的均衡分配，确保每一个学生都能享受优质的教育。

面对这些挑战，教育家需要以开放的心态迎接变化，不断提升自身素养，积极探索信息技术在教育中的最佳应用，以实现教育家精神在新时期的传承与发展。这不仅是对教育家个人能力的考验，还是对其教育信念的坚守。

（3）教育家精神的跨文化交流

在全球化浪潮的推动下，教育家精神不再局限于某一个国家或地区，而是逐渐走向跨文化的互动与融合。中国教育家在吸收外来教育理念的同时，也不断将自身的教育智慧传播到世界各地。

首先，中国教育家通过国际学术交流与合作，与世界各国的教育家共同探讨教育改革与发展的路径。这种跨文化的交流不仅拓宽了中国教育家的视野，还让他们在对比中更加清晰地认识到自身教育传统的独特价值。例如，一些中国教育家积极参与国际教育论坛，分享中国基础教育的经验，特别是在数学和科学教育方面的独特方法。这种参与可以促进不同文化背景下的教育交流与合作。

其次，教育家精神的跨文化交流还体现在留学生和访问学者的双向流动上。中国教育家通过留学生和访问学者的身份，深入西方国家的教育体系，亲身体验不同的教育理念和教学方法。通过这种直接的交流和学习，他们能够深入学习国外先进的教育理念和技术，并结合中国的实际进行本土化改造。与此同时，越来越多的外国学者也来到中国，研究和学习中国的教育经验，尤其是在传统文化与现代教育结合方面。

最后，跨文化交流还促进了教育理念的相互借鉴与融合。中国教育家在保持自身精神核心的同时，积极吸纳西方教育中强调的个性化发展和批判性思维等理念。这种融合不仅丰富了我国教育家精神的内涵，还使其在国际教育舞台上更具竞争力和影响力。通过这种双向的交流，我国教育家精神不仅在国内得到传承和发展，还在国际上获得了更多的认可和尊重。

跨文化交流为教育家精神注入了新的活力，使其在多元文化的碰撞与融合中不断发展和升华。这种精神的跨文化传播，不仅有助于中国教育的国际化，还为全球教育的发展贡献了独特的中国智慧。

2.5　教育家精神的实践与案例研究

2.5.1　教育家精神在教学实践中的应用

教育家精神在教学实践中的应用首先体现在教师的教学理念上。具备教育家精神的教师往往强调学生的全面发展，而不局限于知识的传授。他们注重培养学生的独立思考能力、创新精神及社会责任感。在这样的课堂中，教师不仅是知识的传递者，还是学生成长路上的引导者。他们通过言传身教，将自身对教育事业的热爱与执着传递给学生，激发学生的学习动力和求知欲望。

在具体的教学方法上，教育家精神推动了教学策略的多样化和个性化发展。教师不再局限于传统的讲授法，而是根据学生的不同特点和需求，采用互动式、探究式、合作式等多种教学方法。这种灵活的教学方式不仅能够激发学生的学习兴趣，还能有效提高他们的学习成效。同时，教师在教学过程中更加关注学生的情感体验，注重建立良好的师生关系，营造和谐的学习氛围，使学生在关爱与支持中成长。

此外，教育家精神还体现在教师对教育公平的追求上。在教学实践中，具备教育家精神的教师往往关注每一个学生的成长，尤其是那些来自弱势群体的学生。他们通过因材施教和个别辅导，努力缩小教育差距，确保每一个学生都能享有公平的教育机会。这种精神不仅促进了学生的个体发展，还对整个社会的教育公平和进步起到了积极的推动作用。

2.5.2　成功教育家的案例分析

在探讨教育家精神的实践过程中，成功教育家的案例为我们提供了丰富的经验和启示。通过分析这些案例，我们可以更深入地理解教育家精神在实际教育工作中的体现和作用。

首先，以陶行知为例，他作为中国近代著名的教育家，以其"生活即教育"和"社会即学校"的教育理念影响了无数教育工作者。陶行知强调教育要与生活实际相结合，主张通过实践来培养学生的创造力和独立思考能力。他在乡村教育方面的努力和贡献，不仅改善了当时农村教育的状况，还为后人留下了宝贵的精神财富。

其次，苏霍姆林斯基的教育实践同样值得深入研究。作为苏联著名的教育家，他毕生致力于儿童教育和学校管理。苏霍姆林斯基强调个性化教育，认为每个孩子都有其独特的潜力和发展路径。他在帕夫雷什中学的长期实践中，积累了丰富的教育经验，并通过著作将这些经验分享给更多的教育工作者。他的教育理念强调爱与关怀，认为这是教育成功的关键。

最后，玛利亚·蒙台梭利在意大利乃至全球的教育改革中发挥了重要作用。她创立的蒙台梭利教育法，注重儿童自主学习和自我发展。蒙台梭利强调为儿童创造一个有准备的环境，让他们在自由的氛围中探索和学习。这种教育方法在全球范围内得到了广泛的应用和认可，对现代幼儿教育产生了深远的影响。

通过对这些成功教育家的案例进行分析，我们可以看到，教育家精神不仅是一种理念，还是一种实践中的坚持和创新。这些教育家通过他们的努力和智慧，为教育事业的发展做出了卓越贡献，他们的精神和方法仍然在当今的教育实践中发挥着重要作用。

2.5.3　教育家精神培养的策略与方法

培养教育家精神需要从多方面入手，以确保教育工作者不仅具备专业的教学技能，还拥有崇高的教育理想和使命感。

首先，应注重理论与实践相结合的培养模式。通过设置系统的教育理论课程，帮助教师深入理解教育的本质和目的，同时鼓励他们积极参与教育实践，在实际工作中锤炼自己的教育理念和精神。

其次，建立良好的激励机制和成长路径也是关键。教育机构可以通过设立奖项、提供进修机会和搭建交流平台等方式，激励教师不断提升自我、追求卓越。同时，为有潜力的教育工作者提供职业发展规划，帮助他们明确自己的成长方向，激发他们的内在动力。

最后，营造良好的教育文化氛围同样重要。学校和教育组织应倡导尊重、合作与创新的文化，鼓励教师在开放和包容的环境中交流思想、分享经验、共同进步。通过定期的研讨会、教育论坛和团队活动，增强教师的归属感和使命感，使他们在潜移默化中形成并巩固教育家精神。

教育家精神不仅是教育理论的重要组成部分，还是推动教育实践创新的核心动力。学者普遍强调教育家精神的核心在于对教育事业的无私奉献与执着追求，这不仅体现在教育家的教学理念中，还渗透在其日常的教育管理和学生培养过程中。同时，中国特色教育家精神往往与国家教育政策、社会需求紧密相连，体现出强烈的时代特征和民族责任感。

从多元文化视角探讨，教育家精神强调在全球化背景下应具备跨文化理解力和包容性。学者普遍认为，教育家精神不仅是教育者个体的品质，还是整个教育体系中应当提倡和培育的一种文化氛围，这种精神对促进教育公平与质量提升具有重要作用。

教育家精神在实践中表现出极强的应用价值。成功的教育家往往具备敏锐的教育洞察力、坚定的教育信念及不断创新的教学方法。他们在面对复杂的教育环境时，能够灵活运用教育家精神，推动教育改革，提升教育质量。

总的来说，对教育家精神的研究不仅揭示了其在理论上的重要性，还在实践层面为当代教育提供了丰富的经验和深刻的启示。

第三章　教育家精神的文化溯源

3.1　传统文化对教育的总体影响

3.1.1　中国传统文化的特点

中国传统文化历经数千年的积淀，形成了独特而丰富的特点。

首先，中国传统文化具有强烈的连续性和稳定性。自古以来，中华文明虽历经朝代更替，但其核心思想，如儒家、道家等哲学理念，一直贯穿其中，这种延续性使文化传统得以不断传承和发展。

其次，中国传统文化强调和谐与包容。无论是儒家的"和为贵"还是道家的"天人合一"，都体现了中国人追求人与自然、人与社会及人与人之间和谐共处的理念。这种追求不仅影响了中国人的思维方式，还在教育家的精神中留下了深刻的印记，使他们在教育实践中更加注重整体的平衡与和谐发展。

最后，中国传统文化具有显著的道德导向。儒家思想中的"仁义礼智信"等道德规范，成了评判个人行为和社会关系的重要标准。这种道德导向不仅在历史上引导了无数教育家的教育理念，还在现代教育中继续发挥着潜移默化的作用，培养了一代又一代具有社会责任感和道德意识的学子。

3.1.2　传统文化与现代教育的融合

中国传统文化历经数千年的积淀，形成了丰富的思想体系，其中许多理念对现代教育仍然具有深远的启示和影响。在现代教育的实践中，现代教育与传统文化的融合不仅是对经典著作的诵读，还是对其核心思想的深度挖掘与创新应用。

首先，儒家文化强调的"仁爱"与"礼教"在现代德育中得到了广泛的应用。学校通过组织经典诵读、礼仪教育等活动，培养学生的道德素养和社会责任感。这种以人为本的教育理念，有助于学生在学习知识的同时，形成正确的价值观和人生观。

其次，道家文化崇尚的"自然"与"无为而治"的思想，为现代教育中的个性化教学和自主学习提供了有益的借鉴。在课程设置和教学方法上，越来越多的学校开始注重学生的个性发展，鼓励他们根据自己的兴趣和特长选择学习内容，培养创新精神和实践能力。

最后，法家文化中的"法治"思想也在现代教育管理中得到了体现。许多学校通过制定明确的规章制度，强化学生的纪律意识和规则意识，培养他们的法治观念和团队精神。这种管理方式不仅有助于维护学校的正常教学秩序，还为学生将来步入社会打下了良好的基础。

通过这些方式，传统文化在现代教育中得以传承和发展，不仅丰富了教育的内涵，还为培养具有中国特色的现代化人才提供了有力的支持。

3.1.3　传统文化对教育家精神的塑造

中国传统文化对教育家精神的塑造具有深远影响，这种影响不仅体现在教育理念的形成上，还贯穿于教育实践的各个方面。

首先，儒家的"有教无类"思想深深植根于教育家的精神世界。教育家普遍认为教育是人人可享的权利，不应被社会阶层或经济条件所限制。这种思想促使教育家在实践中追求教育公平，努力为所有学生提供平等的学习机会。

其次，道家强调的"道法自然"理念在教育家精神中表现为尊重学生的个性发展。教育家认识到每个学生都有其独特的发展路径，因此在教学过程中注重因材施教，鼓励学生根据自己的兴趣和特长发展，而不是一味追求统一的标准答案。

最后，法家思想中的"法治"思想对教育家精神也有重要的影响。许多教育家在管理学校和制定教育政策时，强调制度和规则的重要性。他们认为，良好的教育环境需要有明确的规章制度作为保障，这不仅有助于维持教学秩序，还能培养学生的规则意识和责任感。

传统文化的影响不仅在精神层面滋养了教育家，还激励他们在实践中不断探索和创新，为中国教育事业的发展贡献力量。传统文化的精髓在现代社会中依然具有重要的现实意义，指导着教育家在前行的道路上不断追求卓越。

3.2 儒家文化的影响

3.2.1 儒家文化的核心价值

儒家文化的核心价值体现在多个方面。

首先是对"仁"的追求。仁是儒家思想中最根本的道德原则,强调人与人之间的关爱与同情。孔子认为,仁不仅是一种情感,还是一种行动的指南,它要求人们在生活中表现出宽恕、善良和无私的品质。通过仁,个人不仅能实现自我修养,还能在社会中建立和谐的人际关系。

其次是"礼"的实践。礼在儒家文化中代表着社会规范和行为准则。它不局限于正式的礼仪和仪式,还涵盖了日常生活中的一切行为。通过遵守礼,人们可以维持社会的秩序与稳定。儒家强调,礼不仅是对外在行为的约束,还是内心道德的一种体现。一个人只有在心中尊重他人,才能在行为上表现出适当的礼节。

最后是"孝"的观念。孝是儒家文化中家庭伦理的核心,强调子女对父母的尊敬与赡养。儒家文化认为,孝道不局限于家庭内部,它还是社会道德的基础。通过行孝,个人能够培养出对家庭和社会的责任感。孝道在儒家文化中被视为一切道德的根本,是个人修身齐家的重要途径。在教育家精神中,孝道的影响深远,它促使教育者在教学中注重道德教育和人格培养。

3.2.2 儒家文化对教育家精神的渗透

儒家文化对教育家精神的渗透体现在多个方面。

首先,教育家在教学实践中常常强调道德修养,这与儒家提倡的"修身齐家治国平天下"的理念相契合。教育家不仅传授知识,还注重学生人格的培养,力求培养德才兼备的人才。

其次,儒家文化中的"有教无类"思想深深影响了教育家精神。现代教育家在制定教育政策或实施教学时,往往秉持公平公正的原则,努力为不同背景的学生提供平等的学习机会,缩小教育差距,推动教育公平。

最后,儒家文化强调的"因材施教"也在教育家精神中得到了体现。教育家在教学过程中注重个性化教育,尊重学生的兴趣和特长,帮助他们发挥最大潜力。这种以学生为中心的理念,正是儒家文化在现代教育中的重要渗透。

3.2.3　儒家文化在现代教育中的实践

儒家文化作为中国传统文化的重要组成部分，其核心思想，如"仁义礼智信"，在现代教育中得到了广泛的实践与应用。

首先，许多学校将"仁爱"思想融入德育，强调学生要关爱他人、尊重师长，并在日常行为中体现互助精神。这种人文关怀的培养，不仅促进了学生的品德发展，还增强了校园的和谐氛围。

其次，在课程设置方面，一些学校开设了经典诵读课程，带领学生学习《论语》《孟子》等儒家经典著作。通过诵读和讨论，学生能够更好地理解儒家思想的深刻内涵，并将其内化为自己的价值观。这种教育方式不仅提升了学生的文化素养，还帮助他们树立了正确的道德观和人生观。

最后，儒家文化中的"因材施教"理念在现代教育中得到了进一步的发展和应用。教师在教学过程中，注重根据学生的特点和需求，制定个性化的教学方案，以激发学生的潜能。这种教学方式不仅提高了教学效果，还促进了学生的全面发展，使他们在学业成就和人格发展上都取得了进步。

通过这些实践，儒家文化在现代教育中焕发出新的生命力，为培养具有良好道德品质和文化素养的新一代做出了积极贡献。这种文化的传承与创新，将继续在教育领域发挥重要作用，推动社会的进步与发展。

3.3　道家文化的影响

3.3.1　道家文化的基本理念

道家文化的基本理念强调自然的和谐与无为而治。道家文化认为，宇宙万物都有其自然运行的规律，人为干预往往会破坏这种平衡。因此，道家文化提倡"无为而治"，这不是鼓励消极或无所作为，而是强调顺应自然、尊重事物的本性。在这种理念的影响下，教育家精神体现为对学生天性的尊重，不强求、不压制，通过引导让他们自我发展。

道家文化注重"柔弱胜刚强"的智慧，认为柔弱往往比刚强更有生命力。在教育实践中，这种理念可以被解读为以柔克刚的教育方式，即通过温和、耐心的引导，而非强硬的灌输，来达到教育的目的。教育家应该像水一样，具备包容和适应不同学生个性的能力，以柔性的方式影响和改变学生。

此外，道家文化还强调返璞归真，追求本真的生活状态。在教育领域，这意味着教育家应帮助学生发现和回归他们的本质，而不是让他们迷失在过度的竞争和功利的追求之中。教育的过程应是帮助学生认识自我、发现自我，从而实现个人的全面发展的过程，教育不应是单纯的知识灌输和技能训练。这种返璞归真的教育理念对当代教育具有重要的启示意义。

3.3.2 道家文化对教育家精神的启迪

道家文化对教育家精神的启迪体现在多个方面。

首先，道家强调的"无为而治"思想为教育家提供了全新的管理理念。在这种理念下，教育家不再以强制性手段管理学生，而是通过潜移默化的方式引导学生自主学习与思考。这种"无为"并非放任不管，而是尊重个体的自然发展，给予他们充分的自由与空间。

其次，道家提倡的"道法自然"让教育家更加注重教育与自然的关系。教育家开始意识到，教育不应局限于书本知识，而应更多地引导学生去观察自然、感悟自然。通过与自然的接触，学生能够更好地理解生命的意义，培养出对世界的敬畏与热爱。

最后，道家的"柔弱胜刚强"思想也为教育家提供了重要的启示。在面对学生的问题与错误时，教育家不再一味采取强硬的态度，而是以柔克刚，通过理解与包容去感化学生。这种以柔克刚的教育方式不仅能够保护学生的自尊心，还能促使他们自我反省与成长，真正实现教育的目的。

3.3.3 道家文化在教育实践中的体现

道家文化在教育实践中的体现可以从多个方面进行观察。

首先，道家强调的"无为而治"思想在学校管理中得到了某种程度的应用。一些教育管理者开始意识到过度干预和控制可能会抑制师生的创造力和自主性，因此尝试给予教师和学生更多的自由空间，以激发他们的潜力。

其次，道家重视自然与和谐的理念渗透到了课程设置中。一些学校在设计课程时，开始注重学生与自然的接触，通过户外教学、自然体验等方式，让学生在自然环境中学习和成长，以达到身心和谐发展的目的。

最后，道家文化对个体内心修养的重视影响了教师的教学方法。教师在教学过程中更加关注学生的情感需求和心理健康，尝试通过各种方法帮助学生减轻压力，培养学生内心的平静与专注力。这种注重内在修养的教育方式，有助于学生在学业和个人成长方面取得平衡。

3.4　法家文化的影响

3.4.1　法家文化的主要观点

法家文化强调依法治国，认为法律是治理国家的根本手段。法家主张通过法律来维护社会秩序，确保国家长治久安。与儒家注重仁义道德不同，法家更关注制度的建设和执行，强调法律的公平性和权威性。在法家看来，人性本恶，必须依靠强有力的法律来约束个人的行为，以防止社会动荡。法家的代表人物之一韩非子提出，君主应运用权术驾驭臣下，同时要保持法律的公开透明，以取信于民。在这种思想的指导下，法家文化倡导一种高度集权的政治体制，强调国家利益至上，个人利益必须服从于国家整体利益。通过严格的法律和公正的刑罚，法家希望能够实现社会的稳定和国家的强大。这种以法治为核心的思想体系对后世的政治制度和法律实践产生了深远的影响。在教育领域，法家文化则强调纪律和规矩的重要性，认为严格的制度和明确的奖惩措施是培养人才的关键。

3.4.2　法家文化对教育家精神的挑战

法家文化对教育家精神的挑战体现在多个方面。

首先，法家强调"法治"和权威管理，这种思想与现代教育所倡导的以人为本、尊重个体发展的理念存在冲突。教育家在推行素质教育和个性化教学时，往往面临如何平衡规则与自由、纪律与创新的两难境地。

其次，法家文化注重结果导向和绩效评估，这种功利性的价值取向可能导致教育家在实践中过于追求短期成绩和可见的成果，而忽视了教育的本质是培养全面发展的人。这种挑战要求教育家在制定教育目标和评估体系时，必须考虑长远发展和社会责任。

最后，法家文化中的集权思想和等级观念可能对教育家的独立精神和创新意识构成限制。在法家文化的影响下，教育决策往往倾向于集中化，这不利于教育家根据具体情况灵活调整教学策略和教育方法。因此，教育家需要在尊重传统与追求创新之间找到平衡，以应对法家文化在这一过程中可能引发的挑战。

3.4.3 法家文化在教育管理中的应用

法家文化在教育管理中的应用主要体现在制度建设、管理方式和绩效评估三个方面。

首先，在制度建设上，法家文化强调依法治教。在教育管理中，这意味着学校应当建立明确、严格的规章制度，确保各项事务有章可循。例如，制定详细的教师行为规范、学生守则及各类管理细则，使教育管理更加规范化、程序化。通过明确的制度约束，学校可以有效减少人为因素带来的不确定性，提升整体管理效率。

其次，在管理方式上，法家文化注重"法治"的管理理念。在学校管理中，这并不意味着对师生进行苛刻的惩罚，而是通过严格的纪律要求和奖惩机制来维持良好的教学秩序。例如，学校可以通过设立明确的奖惩制度，对表现优异的学生和教师给予表彰和奖励，而对违反规定的行为则进行相应的惩戒。这种管理方式有助于培养师生良好的行为习惯，营造积极向上的学习氛围。

最后，在绩效评估方面，法家文化强调"以结果为导向"。在教育管理中，这意味着学校应当注重对教师教学效果和学生学习成果的评估。通过定期开展教学质量评估和学生学业测试，学校可以及时发现问题并进行调整。例如，学校可以建立科学的考核指标体系，对教师的教学质量和学生的学习情况进行量化评估。这种以结果为导向的评估方式有助于激励师生不断进步，推动学校整体教育质量的提升。

总之，法家文化在教育管理中的应用，不仅有助于提升学校的管理效率和教学质量，还能够营造一个公平、公正、有序的教育环境。在这种管理模式下，师生能够更好地发挥自己的潜能，实现个人和集体的共同发展。

3.5 当前时代对教育家精神的影响

3.5.1 当代教育家精神的特点

当代教育家精神具有鲜明的时代特征。

首先，教育家更加注重以人为本，强调学生个体的全面发展。他们认识到每个学生都是独特的，教育应该尊重和激发学生的个性与潜力。

其次，当代教育家精神强调社会责任感。教育家不仅关注学生的学习成绩，还重视培养学生的公民意识和社会责任感。他们认为教育的目标之一是培养有社会担当的公民，能够为社会的进步和公平做出贡献。

最后，创新与开放性也是当代教育家精神的重要特点。面对快速变化的社会与科技环境，教育家勇于接受新思想、新方法，不断探索和实践新的教育模式。他们愿意打破传统教育的束缚，推动教育的多元化和国际化发展。

3.5.2 教育家精神的时代价值

教育家精神具有不可忽视的时代价值。

首先，其时代价值体现在对教育改革的引领作用。在快速变化的社会环境中，教育家精神倡导的创新与实践并重，为教育改革提供了方向和动力。教育家通过自身的实践与反思，不断推动教育理念的更新，使教育更加适应现代社会的需求。

其次，教育家精神强调人文关怀，关注学生的全面发展。在应试教育依然盛行的今天，教育家精神提倡关注学生的心理健康、个性发展和综合素质的培养。这种精神促使教育工作者在传授知识的同时，更加注重学生人格的塑造与价值观的培养，从而培养出具有社会责任感和创新能力的新一代。

最后，教育家精神在促进教育公平方面具有重要价值。面对教育资源不均衡的现状，教育家通过各种途径呼吁和实践教育公平，努力缩小城乡、区域和校际差距。他们积极参与教育扶贫，推动优质教育资源的共享，使更多的学生能够享受到公平的教育机会。这种精神不仅促进了社会的和谐发展，还为实现教育普惠性做出了重要贡献。

3.5.3 教育家精神与社会发展的关系

教育家精神不仅是个人教育理念的体现，还是推动社会发展的重要力量。

首先，教育家精神通过培养具有创新能力和实践精神的新一代，为社会的持续进步提供智力支持。教育家往往强调学生的全面发展，注重培养其社会责任感与实践能力，这为社会输送了大量具有解决问题能力的优秀人才。

其次，教育家精神在促进教育公平和社会公正方面发挥着关键作用。许多教育家致力于改变教育资源不均衡的现状，通过各种方式推动教育机会的平等，这不仅有助于个体的成长与发展，还有助于社会的和谐与稳定。

最后，教育家精神在对社会文化的传承与创新上发挥着重要作用。教育家通过教育活动，将优秀的传统文化与现代价值观相结合，在培养学生文化认同感的同时，鼓励他们勇于创新，为社会的文化发展注入新的活力。这种精神推动了社会的文化进步，使社会在传承中创新，在创新中发展。

3.5.4 教育改革与教育家精神的关系

（1）教育改革的背景与目标

随着全球化进程的加快和信息技术的迅猛发展，中国社会正经历着深刻的变革。这种变革不仅体现在经济领域，还深刻影响了教育体系的发展。面对日益激烈的国际竞争和国内社会经济转型的需求，传统教育模式逐渐暴露出许多问题，如应试教育倾向严重、学生创新能力不足、教育资源分配不均等。这些问题的存在促使我国政府和教育界开始重新审视现有的教育体系，并通过改革来提高教育质量和公平性。

首先，教育改革源于国家对人才培养的迫切需求。在全球竞争中，创新型人才和高素质劳动者成为国家竞争力的重要组成部分。而中国现行的教育体系在培养学生创新精神和实践能力方面仍显不足，无法完全适应新时代的要求。因此，教育改革的目标之一就是培养具有国际视野、创新精神和实践能力的新一代人才。

其次，教育公平问题也是推动改革的重要因素。城乡之间、区域之间及学校之间的教育资源分配不均，导致教育机会的不平等。为了缩小这些差距，政府提出了多项政策措施，旨在通过改革来促进教育资源的合理配置，确保每一个孩子都能享受优质教育。

最后，教育改革还着眼于提升教育质量和效率。教育改革希望通过优化课程设置、改进教学方法、加强师资培训等手段，全面提升教育质量，使学生在知识、能力和素质等方面得到全面发展。同时，通过信息化手段和现代教育技术的应用，提高教育管理的效率和透明度，为教育事业的可持续发展奠定基础。

总之，教育改革的背景与目标紧密相连，旨在通过一系列措施和政策的实施，解决当前教育体系中存在的问题，提升教育质量和公平性，培养适应未来社会发展需要的人才。

（2）教育改革对教育家精神的影响

教育改革的推进对教育家精神产生了深远的影响。

首先，现代教育改革强调以学生为中心的教学理念，这与传统教育中以教师为主导的模式形成了鲜明对比。这种转变促使教育家更加关注学生的个性化发展，培养他们的创新能力和实践能力。教育家精神在此过程中得以重塑，更加注重人文关怀和个性化教育。

其次，教育改革带来的多元化评价体系也对教育家精神产生了影响。传统的单一考试成绩评价体系逐渐被多元化的评价体系所取代，教育家需要在教学中更加注重学生的综合素质发展。这要求教育家具备更强的适应能力和创新精神，以应对不断变化的教育环境和评价标准。

最后，教育改革推动了教育家角色的转变。在改革背景下，教育家不仅是知识的传授者，还是学生成长的引导者和支持者。教育家精神因此注入了更多的责任感和使命感，要求教育家在教育实践中不断追求卓越，发挥引领作用，为社会培养更多具有全球视野和创新能力的人才。教育家在这种变革中不断自我调整和提升，以适应新时代的教育需求。

（3）教育家精神在教育改革中的作用

教育家精神在教育改革中扮演着至关重要的角色，其核心在于引领与创新。

首先，教育家精神为改革提供了明确的方向。在面对复杂的教育环境和多变的时代需求时，教育家凭借其深厚的专业素养和坚定的教育信念，清晰地识别出教育改革的目标与重点，从而确保改革不偏离其初衷。

其次，教育家精神推动了教育理念的更新与实践的变革。许多传统教育模式已无法适应现代社会的需求，而具备教育家精神的领导者，勇于突破固有框架，积极引入新的教学方法和教育理念。例如，为应对未来社会的挑战，他们提倡个性化教育，注重培养学生的综合素质，强调培养学生的创造力与实践能力。

最后，教育家精神在教育改革中还起到了凝聚人心的作用。改革往往伴随着阻力和困难，而教育家通过自身的影响力和人格魅力，能够有效地激励和带动广大教育工作者共同参与改革进程。他们不仅通过言传身教传播先进的教育思想，还通过实际行动赢得家长和社会的信任与支持，形成合力，共同推动教育改革的深入发展。

3.5.5　教师职业发展与教育家精神的关系

（1）教师职业发展的内涵

教师职业发展不仅关乎教师个人的成长，还是教育质量提升的关键所在。随着社会的不断进步，教师的角色已经从传统的知识传授者转变为学生成长的引导者和支持者。

首先,教师职业发展强调终身学习的理念。教师需要不断更新自己的知识体系,以适应快速变化的教育环境和学生需求。这种持续学习不局限于学科知识,还包括教学方法、心理学及现代教育技术的应用。

其次,教师职业发展还体现在专业能力的不断提升上。这包括课堂管理能力、教学设计能力及与学生和家长的沟通能力等。在现代教育中,教师不仅要传授知识,还要培养学生的综合素质,这要求教师具备更高的专业素养和教育智慧。通过参加各类培训、教研活动及学术交流,教师可以不断打磨自己的专业技能,以应对各种教育挑战。

最后,教师职业发展还包含了职业认同感的提升。教师在职业生涯中,会面临各种压力和挑战,如何保持对教育事业的热情和信念至关重要。学校和社会应为教师提供更多的支持与激励机制,帮助他们在职业道路上找到成就感和归属感。这种职业认同感的提升,不仅有助于教师个人的发展,还有利于整个教育行业的进步与繁荣。

(2)教师职业发展对教育家精神的作用

教师职业发展对教育家精神的作用体现在多个方面。

首先,随着教师职业生涯的推进,他们积累了丰富的教学经验。这些经验不仅帮助他们在课堂上更加游刃有余,还促使他们对教育本质进行更深层次的思考。通过反思和总结,教师逐渐形成自己独特的教育理念,这与教育家精神所强调的独立思考和创新意识不谋而合。

其次,教师在职业发展过程中,通过参与各种培训、学术交流和进修,不断拓展自己的视野,关注教育领域的最新动态和研究成果,并将这些新知识应用于教学实践。这种持续学习的态度和能力正是教育家精神所倡导的终身学习理念的体现。

最后,教师职业发展对教育家精神的作用还体现在他们对年轻教师的指导和培养上。许多资深教师在职业生涯的中后期,开始承担起培养新一代教师的责任。通过分享自己的经验和心得,他们不仅帮助年轻教师快速成长,还在这一过程中重新审视和升华了自己的教育理念。这种薪火相传的精神,正是教育家精神中无私奉献和责任担当的最佳写照。

(3)教育家精神对教师职业发展的影响

教育家精神对教师职业发展的影响体现在多个方面。

首先，教育家精神强调对教育事业的热爱与奉献，这种精神能够激励教师在职业生涯中不断追求进步。拥有教育家精神的教师往往更具使命感，这为教师的职业成长提供了持续的动力。

其次，教育家精神促使教师在教学实践中不断创新。具备这种精神的教师勇于突破传统教学模式，尝试新的教育方法和技术，以适应不断变化的教育环境。这种创新精神不仅提升了教师的教学水平，还为他们的职业发展开辟了新的路径。

最后，教育家精神强调终身学习与自我反思。教师在教育家精神的引领下，会积极参加各类专业培训和学术交流，不断提升自身的专业素养。同时，他们善于从教学实践中总结经验、反思不足，从而在职业道路上实现持续成长。这种自我提升的过程为教师的职业发展奠定了坚实的基础。

3.6　文化差异对教育家精神的影响

3.6.1　中西文化的基本差异

中西文化的差异体现在多个层面。

首先，在价值观方面，西方文化强调个人主义，个人自由与权利被视为核心价值，人们倾向于追求自我实现和个性发展。而中国文化则更注重集体主义，家庭、社会和国家的利益常被置于个人利益之上，强调群体和谐与责任。

其次，在思维方式上，西方人习惯于分析性思维，注重逻辑推理和实证研究，常常将问题拆解为多个部分逐一解决。而中国人则偏向整体性思维，重视事物之间的相互联系与整体把握，强调综合与直觉。这种思维差异也反映在教育理念上，西方教育鼓励批判性思维和创新，而中国教育则更强调基础知识的掌握和纪律性。

这些文化差异不仅影响了中西方的社会结构和生活方式，还对教育家的精神塑造和教育实践产生了深远的影响。在全球化背景下，理解和尊重这些差异对于推动跨文化教育交流具有重要意义。

3.6.2　中西文化差异对教育的影响

中西文化差异对教育理念和实践产生了深远的影响。

首先，在教育目标方面，中国文化强调集体主义和社会责任，教育往往注重培养学生的集体意识和社会责任感；而西方文化更注重个人主义和自我实现，强调个体的独立性和创造力。这种差异反映在课程设置和教学方法上，表现为中国学校更倾向于采用统一的教学大纲和严格的考试制度，而西方学校则更偏重学生的自主选择和多元化的评价标准。

其次，在师生关系方面，中国文化受儒家思想影响，强调尊师重道，教师在课堂上具有权威性，师生之间的互动相对较少；而西方文化则倡导平等和互动，师生关系更为开放和自由，课堂讨论和辩论是常见的教学形式。这种差异直接影响了学生的学习方式和课堂参与度，中国学生往往较为内敛，而西方学生则更活跃。

最后，在家庭教育方面，中西文化差异同样显著。中国家庭普遍重视教育，父母对孩子的学业期望较高。而西方家庭则更注重孩子的个性发展和兴趣培养，父母通常给予孩子更多的自主空间和选择权。在这种文化差异下，中国学生可能面临更大的学业压力，而西方学生则可能更具自主学习动力。

综上所述，中西文化差异在教育目标、师生关系和家庭教育等多方面对教育产生了重要影响，这些影响不仅体现在具体的教学实践中，还深刻影响了学生的学习体验和成长路径。

3.6.3 文化差异与教育家精神的关系

文化差异与教育家精神的关系体现在多个层面。

首先，不同的文化背景塑造了教育家独特的价值观和教育理念。中国传统文化强调集体主义和尊师重道，这使中国教育家在精神上更注重社会责任和道德引领。而西方文化崇尚个人主义和批判性思维，这促使西方教育家在精神上更强调个体发展和创新能力。

其次，文化差异也影响了教育家在实践中的决策和行为方式。在中国，教育家往往在教育政策和教学方法上更加谨慎，尊重传统和权威。相比之下，西方教育家更倾向于挑战现有体制，推动教育变革。这种文化上的差异使教育家精神在不同文化背景下展现出不同的实践路径。

最后，文化差异还影响了教育家精神的国际传播和交流。随着全球化的发展，教育家越来越多地接触到不同文化的教育理念和实践。在这种跨文化交流中，教育家精神不断被丰富和更新，形成了多元化的发展趋势。中国教育家在吸收外来文化的同时，也努力保持自身文化的独特性，从而在国际舞台上展现出独特的魅力。

3.6.4　跨文化交流中教育家精神面临的挑战

（1）跨文化交流的障碍

跨文化交流的障碍常常源于语言、文化背景和价值观的差异。

首先，语言是跨文化交流中最直观的问题。即便使用相同的词汇，不同文化背景下的语义和语用规则可能完全不同，这容易导致误会或沟通不畅。

其次，非语言符号，如手势、面部表情和肢体语言等，在不同文化中有着截然不同的解读方式。某些在一种文化中表示友好的手势，可能在另一种文化中被视为冒犯。

再次，文化定式和偏见也是跨文化交流的重要障碍。人们往往倾向于用自己文化的标准去评判他人的行为，这会导致误会甚至冲突。例如，某些文化强调个人主义，而另一些文化则更注重集体利益，这种价值观的差异会在合作中引发矛盾。此外，文化冲击也是交流中的常见现象。当个体突然进入一个完全不同的文化环境时，往往会感到不适、困惑甚至焦虑，这种心理状态直接影响交流的效果。

最后，制度和规则的差异同样不可忽视。不同国家或地区的教育制度、法律法规及社会习俗在跨文化交流中可能成为隐形的壁垒。例如，某些教育理念在一个国家被广泛接受，而在另一个国家可能会被视为不合时宜甚至不可理喻。这些差异使跨文化交流不仅需要克服语言的障碍，还需要面对更深层次的结构性问题。

（2）教育家在跨文化交流中的角色

在跨文化交流日益频繁的今天，教育家作为文化传播与交流的重要桥梁，扮演着不可或缺的角色。

首先，教育家是文化的诠释者。他们通过自身的学术研究与教育实践，将本国的文化精髓提炼出来，并以易于理解的方式传递给来自不同文化背景的学生与学者。这种诠释不局限于语言的翻译，还在于思想与价值观的传达。

其次，教育家是文化融合的推动者。在多元文化的教育环境中，教育家致力于寻找不同文化之间的共通之处，促进各种文化在教育领域的交流与合作。他们通过组织国际学术会议、跨国教育项目及联合研究等方式，搭建起跨文化对话的平台，从而推动文化的相互理解与融合。

最后，教育家是全球教育理念的引领者。面对全球化带来的机遇与挑战，教育家积极探索适应时代需求的教育模式。他们不仅在本国教育体系中引入国际先进的教育理念，还通过参与国际教育组织和跨国教育机构，为全球教育事业的发展贡献智慧与力量。在这一过程中，教育家以其独特的视角和丰富的实践经验，引领着全球教育理念的创新与发展。

（3）跨文化交流对教育家精神的促进

跨文化交流为教育家精神的发展提供了新的契机和动力。在全球化背景下，教育家通过参与跨文化交流，能够接触到多样化的教育理念和实践方法。这种多元文化的碰撞，促使教育家不断反思自身的教育观念，吸收国外先进的教育经验，从而推动本土教育的创新和发展。

首先，跨文化交流拓宽了教育家的国际视野。在与国外教育专家的互动中，教育家能够了解不同国家和地区在教育制度、教学方法等方面的独特做法。这种跨文化的学习体验帮助教育家打破固有思维模式，激发他们的创造力和改革动力，促使他们在本土教育中引入新的教育理念和方法。

其次，跨文化交流促进了教育家的专业成长。在国际交流与合作中，教育家有机会参与国际学术会议、研讨会及教育项目，这不仅提升了他们的专业素养，还增强了他们在全球教育领域的影响力。通过与国际同行的交流，教育家能够获得更多的专业支持和资源，从而在教育改革中更具信心和能力。

最后，跨文化交流推动了教育理念的传播与融合。教育家通过跨文化交流，不仅将国外的先进教育理念引入国内，还积极向国际社会传播中国优秀的教育传统和经验。这种双向的交流与融合，有助于构建更加包容和多元的教育体系，促进全球教育事业的共同发展。教育家在这种交流中，逐渐形成了更加开放和包容的教育精神，为推动教育事业的发展注入了新的活力。

3.6.5 全球化对教育家精神的影响

全球化带来了信息的快速流动和文化的交融，这对教育家精神产生了深远的影响。

首先，全球化使教育家面临更加多元和复杂的教育环境。不同国家和地区的教育理念、教学方法和教育政策在国际交流中相互碰撞，教育家需要在多样化的背景下寻求最优的教育实践。这要求他们具备更强的适应能力和开放的思维。

其次，全球化加剧了教育资源的竞争与不平衡。在国际教育舞台上，优质教育资源往往向发达国家或地区倾斜，这给发展中国家或欠发达地区的教育家带来了巨大压力。他们不仅要努力提升本地教育质量，还要在全球范围内争取更多的资源和机会。这种竞争环境促使教育家更加注重创新和效率，以在全球教育格局中占据一席之地。

最后，全球化推动了教育理念的变革与更新。随着全球化进程的加快，新的教育理念和教学模式不断涌现，如在线教育、终身学习等。这些新理念要求教育家不断学习和自我更新，以适应快速变化的教育需求。在这种背景下，教育家精神更加强调终身学习、持续改进及对教育事业的无限热忱。全球化不仅带来了挑战，还为教育家提供了广阔的发展空间和无限的可能。

（1）教育家精神在全球化背景下的适应策略

在全球化背景下，教育家精神的适应策略需要从多个维度进行考量和实施。

首先，教育家应积极拥抱多元文化，通过跨文化交流与合作，丰富自身的文化视野。这不仅有助于理解不同文化背景下的教育需求，还能促进教育理念的创新与发展。

其次，教育家须加强信息化素养，充分利用现代科技手段，推动教育的数字化和国际化。通过在线教育平台和国际合作项目，教育家可以将优质的教育资源辐射到更广的区域，实现教育理念的全球共享。

最后，教育家应注重培养学生的全球胜任力，将全球视野和跨文化能力纳入教育目标。通过多元文化课程和国际交流项目，学生能够在全球化背景下更好地适应和参与国际竞争，从而实现全面发展。

在全球化浪潮中，教育家精神不仅要坚守自身的核心价值，还应灵活调整策略，以适应不断变化的教育环境。这不仅是教育家个人发展的需要，还是推动整个教育事业进步的重要途径。

（2）教育家精神在全球化背景下的发展路径

在全球化背景下，教育家精神的发展路径需要从多个维度进行探索和实践。

首先，教育家应具备全球视野，积极吸纳国际先进教育理念和实践，通过参与国际教育交流与合作，不断更新自身的教育观念，以适应全球化对人才培养的新需求。

其次，教育家精神的发展离不开对本土文化的坚守与创新。在全球化的冲击下,教育家须在吸收外来文化的同时,牢牢把握本国文化的根基,将传统文化与现代教育有机结合,形成具有本土特色的教育理念和方法。

最后,教育家应推动教育制度的改革与创新,以适应全球化带来的挑战。通过引入多元化的教育评价体系和灵活的教学模式,培养学生的全球胜任力。同时,教育家还应关注教育公平,努力缩小因全球化带来的教育资源不均衡问题,确保每个学生都能在全球化背景下获得平等的教育机会。

在全球化浪潮中,教育家精神的发展不仅是对外部环境的适应,还是对自身使命的深刻理解与践行。教育家应始终保持开放的心态,勇于迎接挑战,以培养具有国际视野和本土情怀的新时代人才为己任,推动教育事业不断向前发展。

第四章 教育家精神的文化要素

4.1 观念与信仰：教育理想的精神内核

4.1.1 传统教育观念的传承

（1）儒家"有教无类"的思想

儒家"有教无类"的思想是中国传统教育观念中的璀璨明珠，由伟大的思想家、教育家孔子提出。在《论语·卫灵公》中，孔子明确阐述"有教无类"，这一理念打破了当时教育被贵族垄断的局面，主张不论贵贱、贫富、智愚、善恶，人人都应有接受教育的权利。

在孔子所处的时代，教育资源高度集中于贵族阶层，"学在官府"使普通民众难以触及知识的殿堂。然而，孔子以其卓越的远见和非凡的勇气，冲破了这一阶层壁垒，开创私学，广收门徒。他的学生来自各个阶层。这种广泛的教育对象，充分体现了"有教无类"思想的包容性和普适性。

"有教无类"思想对教育公平的影响极为深远。它赋予了不同阶层的人平等接受教育的机会，为社会的发展注入了新的活力。在当今社会，教育公平仍然是教育领域追求的重要目标，"有教无类"思想依然具有重要的现实意义。从义务教育的普及到高等教育的大众化，我国始终致力于为每一个孩子提供公平而有质量的教育。在偏远山区，政府通过实施一系列教育扶贫政策，改善学校的办学条件，为贫困家庭的孩子提供资助，让他们能够走进校园，接受教育。在城市，教育部门通过均衡配置教育资源，缩小学校之间的差距，确保每个孩子都能享受到优质的教育服务。这些举措都体现了对"有教无类"思想的传承和践行。

在招生过程中，学校坚持公平公正的原则，不歧视任何一个学生，为学生提供平等的学习机会。在教学过程中，教师也会关注每个学生的发展，根据学生的不同特点和需求，因材施教，让每个学生都能在原有的基础上得到提高。以一些特殊教育学校为例，他们为残疾儿童提供了专门的教育服务，帮助他们克服身体和心理上的障碍，实现自我价值。这些都是"有教无类"思想在当代教育实践中的生动体现。

（2）道家"道法自然"的教育理念

道家"道法自然"的教育理念源自老子的《道德经》，其中"人法地，地法天，天法道，道法自然"深刻阐述了道的本质是自然而然，强调教育应顺应自然规律，尊重事物的本性。在现代教育中，这一理念对尊重学生个性发展具有重要的启示意义。

在现代教育中，每个学生都是独一无二的个体，他们具有不同的兴趣爱好、天赋特长和性格特点。道家"道法自然"的教育理念提醒教育者，要充分尊重学生的个性差异，避免用统一的标准和模式去塑造学生。正如世界上没有两片完全相同的树叶，每个学生都有自己独特的成长轨迹和发展潜力。教育者应像呵护幼苗一样，根据学生的自然本性，提供适宜的成长环境和教育引导，让学生在自由、宽松的氛围中茁壮成长。

在一些学校，开展了丰富多彩的社团活动，涵盖了艺术、体育、科技、文学等多个领域，学生可以根据自己的兴趣爱好选择参加。这一举措为学生提供了广阔的发展空间，让他们能够在自己擅长的领域发挥优势。在教学方法上，一些教师采用项目式学习、探究式学习等方式，鼓励学生自主探索、发现问题、解决问题，充分发挥学生的主观能动性。这些教学方法充分尊重学生的学习节奏和思维方式，让学生在学习过程中体验探索的乐趣和成就感。

在教育过程中，教育者还应尊重学生的身心发展规律。不同年龄段的学生具有不同的认知水平和心理特点，教育者应根据这些特点制订相应的教育教学计划。在小学阶段，注重培养学生的学习兴趣和良好的学习习惯，采用生动有趣的教学方法，激发学生的学习热情；在中学阶段，关注学生的思维发展和个性形成，引导学生树立正确的价值观和人生观。只有遵循学生的身心发展规律，才能使教育达到事半功倍的效果。

4.1.2　现代教育信仰的重塑案例

（1）教育与国家发展紧密相连

黄炎培作为我国近现代职业教育的奠基人，其职业教育思想产生于约100年前，却站在了世界前沿，深深根植于中华大地。他较早地认识到职业教育的跨界性，触及了职业教育的本质规律。他的职业教育思想对我国一个多世纪的职业教育发展起到了重要的指导作用。

黄炎培的职业教育思想以"大职业教育主义"为精髓，认为职业教育应该与整个产业界和教育界相联系。他将职业教育的宗旨确定为"使无业者有业，使有业者乐业"，倡导一种广义的职业教育观。在职业教育的培养目标上，他强调全社会的"共同之大目标"，将职业学习者的职业发展与社会发展相联系，将职业教育的目的概括为"谋个性之发展；为个人谋生之准备；为个人服务社会之准备；为国家及世界增进生产力之准备"四个方面。从人的社会属性出发观察职业发展目标，将个人发展放在国家和世界的社会大系统中来分析，这与后来发展起来的系统科学思想高度吻合。

在黄炎培看来，职业教育不仅是为了满足个人的职业发展需求，还是为了推动国家的经济发展和社会进步。他主张职业教育要与社会实际需求紧密结合，培养出适应社会发展需要的各类人才。他认为，职业教育的范围应该涵盖整个教育领域，包括中小学阶段的职业启蒙教育和劳动教育，以及职业学校的专业技能培训。这种全面的职业教育体系能够提高国民的职业素养和就业能力，为国家的经济建设提供有力的人才支持。

黄炎培先生所讲的"职业陶冶"近似于今天所讲的职业生涯规划教育，是培养学生职业精神、职业理想、职业态度和职业价值观的教育活动，应该在中小学阶段完成。目前正在进行的中小学职业启蒙教育和劳动教育正是基于这一目的。在中小学开展职业启蒙教育，能够让学生更早地了解不同职业的特点和要求，培养他们的职业兴趣和职业意识，为未来的职业选择做好准备。通过劳动教育，学生能够培养动手能力和实践能力，树立正确的劳动观念和劳动态度，为今后的职业发展打下坚实的基础。

在职业学校的办学活动中，黄炎培认为必须与社会联系，满足经济社会发展需要。凡是对社会有益的工作，职业学校都可以参加。通过参与社会活动，职业学校可以更好地融入社会，取得良好的教育效果。他强调职业学校不仅要组织好内部的教育活动，"对外还须有最高的热情，参与一切；有最大的度量，容纳一切"。"办职业学校，须同时和一切教育界、职业界努力地沟通和联合；提倡职业教育的同时须分一部分精神，参加全社会的运动。"

在当前的职业教育改革与发展中，职业院校新生缺乏职业启蒙和劳动教育基础、行业企业参与度不够仍是两大难题。黄炎培的职业教育思想为解决这些问题提供了重要的思路。他强调职业教育要与社会各界紧密合作，共同推动职业教育的发展。职业院校应加强与企业的合作，建立产教融合的人才培养模式，让学生在实践中学习，提高他们的职业技能和就业竞争力。政府也应加大对职业教育的支持力度，制定相关政策，鼓励企业参与职业教育，为职业教育的发展创造良好的环境。

黄炎培职业教育思想对我国职业教育的发展具有重要的指导意义。它强调了教育与国家发展的紧密联系，为培养适应社会发展需要的人才提供了理论支持和实践指导。在当今时代，我们应继承和弘扬黄炎培职业教育思想，不断推动职业教育的改革与发展，为国家的经济建设和社会进步培养更多高素质的人才。

（2）教育促进人的全面发展

陶行知先生的"生活即教育"理论是其教育思想的核心，对学生的全面发展起到了至关重要的促进作用。这一理论强调教育与生活的紧密联系，认为教育的内容和形式都应源于生活、反映生活，并服务于生活。在陶行知看来，生活是教育的源泉，教育是生活的改造，只有将教育与生活相结合，才能真正实现教育的目的，促进学生的全面发展。

"生活即教育"理论打破了传统教育中教育与生活相分离的局面。传统教育往往注重知识的传授，而忽视了学生的生活经验和实际需求，导致学生在学习过程中缺乏兴趣和主动性。陶行知的"生活即教育"理论则强调教育要以学生的生活为中心，将生活中的各种元素融入教育教学，使学生在生活中学习，在学习中生活。该理论强调应通过让学生参与社会实践活动，如参观工厂、农村，参与社区服务等，使他们了解社会、了解生活，培养他们的社会责任感和实践能力。同时，鼓励学生在生活中发现问题、解决问题，培养他们的创新思维和解决问题的能力。

这一理论注重培养学生的综合素质。它不仅关注学生的知识学习，还注重培养学生的品德等方面的素质。在生活中，学生通过与他人的交往、与自然的接触，培养良好的品德，增强自己的意志。通过参与艺术、体育等活动，提高自己的审美能力和身体素质。在陶行知创办的晓庄试验乡村师范，学生们不仅学习文化知识，还参与农业生产、手工制作等实践活动，培养了自己的劳动技能和实践能力。同时，学校还注重培养学生的品德和社会责任感，让学生在服务社会的过程中，实现自己的人生价值。

在当代教育中，"生活即教育"理论有着广泛的实践意义。许多学校开始注重将生活教育融入课程设置和教学方法。在课程设置上，增加了社会实践课程、劳动课程等，让学生有更多的机会参与生活实践。在教学方法上，采用项目式学习、探究式学习等方式，让学生在解决实际问题的过程中，学习知识、提高能力。一些学校开展了"校园种植"活动，让学生参与植物的种植、养护过程，了解植物的生长规律，培养他们的观察能力和实践能力。同时，通过团队合作，培养学生的合作精神和沟通能力。在这个过程中，学生不仅学到了知识，还体验到了劳动的乐趣，增强了自己的责任感和自信心。

"生活即教育"理论还强调教育的终身性。陶行知认为，教育不应局限于学校教育阶段，而应贯穿于人的一生。在当代社会，知识更新换代的速度越来越快，人们需要不断学习、不断更新自己的知识和技能，才能适应社会的发展。因此，"生活即教育"理论提醒人们要树立终身学习的观念，将学习融入日常生活，不断提升自己的综合素质。

陶行知的"生活即教育"理论对学生的全面发展具有重要的促进作用，在当代教育中也有着重要的实践价值。它为我们提供了一种全新的教育理念和教育模式，让我们更加关注学生的生活经验和实际需求，注重培养学生的综合素质和创新能力，为学生的未来发展奠定坚实的基础。

4.2　语言与文字：文化传承的载体

4.2.1　语言与文字在教育中的基础作用

（1）教学语言的艺术与魅力

教学语言是教师在课堂上向学生传授知识、交流思想的重要工具，它犹如一座桥梁，连接着教师与学生的心灵，对教学效果有着至关重要的影响。优秀的教师能够巧妙运用教学语言，激发学生的学习兴趣，启迪学生的思维，让课堂充满生机与活力。于漪老师便是其中的杰出代表，她独特的教学语言艺术魅力非凡，为广大教师树立了学习的榜样。

于漪老师的教学语言生动亲切，充满感染力。她善于运用各种修辞手法，将抽象的知识变得形象生动，易于学生理解。在讲解课文《春》时，她通过精彩贴切的比喻，让春天的形象栩栩如生地展现在学生眼前，让学生仿佛身临其境，感受到了春天的生机与活力。她还经常运用设问、反问等修辞手法，启发学生思考。在教学生《孔乙己》时，她问学生："孔乙己是站着喝酒而穿长衫的唯一的人，这'唯一'说明了什么？"这个问题引发了学生的深入思考，促使他们更加深入地理解孔乙己这一人物形象的独特性和社会背景。

词采丰美也是于漪老师教学语言的一大特点。她善于运用同义词、近义词的转换和成语、俗语等，使语言表达更加丰富多样，避免了语言的贫乏。在讲授《茶花赋》时，她这样描述作者的艺术构思："作者运用丰富的想象，进行巧妙的艺术构思，不断开阔读者的视野。由情入手，由景入理，水乳交融。从包蕴的春色，我们看到祖国的青春健美，欣欣向荣；从茶花栽培者的身上，我们感到创业之艰难，任重而道远；从茶花的含露乍开，形似新生一代鲜红的脸，我们对未来充满无限希望，意境步步深化。"这段描述中，她运用了"水乳交融""任重而道远"等词语，以及"由情入手，由景入理"等富有文采的表达方式，使语言富有韵味，让学生在欣赏文学作品的同时，也感受到了语言的魅力。

于漪老师教学语言的节奏鲜明和谐，给人以美的享受。从句类看，有陈述句、感叹句、疑问句、祈使句等；从句型看，有单句、复句。她善于根据教学内容和情感表达的需要，灵活运用不同的句类和句型，使教学语言富有变化，产生抑扬顿挫、高低起伏的和谐节奏。在讲授《人民英雄永垂不朽》时，她的部分导语是："巍峨啊，它有十层楼那么高，看到它，先烈们的高大形象如在眼前；坚硬啊，花岗石、汉白玉，那样庄严雄伟，象征着革命先烈意志如钢。站在纪念碑前，忆中国革命所经历的艰苦岁月，看现在获得解放的幸福生活，崇敬之情油然而生。我深感一定要继承先烈遗志，在新长征中勇往直前。现在让我们随着作者的活动顺序和碑的方位顺序，认识和瞻仰人民英雄纪念碑，接受革命传统的教育。"在这段导语中，既有感叹句式"巍峨啊""坚硬啊"，表达了对人民英雄纪念碑的赞美之情；又有陈述句"站在纪念碑前，忆中国革命所经历的艰苦岁月，看现在获得解放的幸福生活，崇敬之情油然而生"，叙述了自己的感受；还有祈使句"现在让我们随着作者的活动顺序和碑的方位顺序，认识和瞻仰人民英雄纪念碑，接受革命传统的教育"，引导学生进入学习状态。同时，句型富有变化，使学生在聆听中感受到了语言的韵律美。

于漪老师的教学语言艺术，不仅在于她对语言技巧的娴熟运用，还在于她对教育事业的热爱和对学生的关怀。她用自己的语言点燃了学生求知的火焰，激发了学生的学习兴趣和思维活力，让学生在语言的海洋中畅游，汲取知识的养分。她的教学语言艺术，为广大教师提供了宝贵的借鉴和启示，激励着更多的教师不断提升自己的教学语言水平，用语言的魅力开启学生的智慧之门。

（2）文字教育的文化传承功能

文字，作为人类文明的重要标志，承载着丰富的文化内涵，是文化传承的重要载体。在教育中，文字教育不仅能够传授知识，还能够传承文化，培养学生的文化认同感和民族自豪感。古代经典诵读和汉字书写教育便是文字教育发挥文化传承功能的生动体现。

古代经典诵读是一种古老而又充满活力的教育方式，它通过对古代经典文献的诵读，让学生在琅琅书声中感受传统文化的魅力，汲取古人的智慧和精神力量。《论语》作为儒家经典之一，蕴含着丰富的道德伦理、为人处世的智慧。"学而时习之，不亦说乎？有朋自远方来，不亦乐乎？人不知而不愠，不亦君子乎？"通过诵读这些经典语句，学生能够深刻理解到学习的乐趣、交友的快乐及为人的修养。在诵读过程中，学生不仅能够积累语言知识，提高语言表达能力，还能够接受传统文化的熏陶，培养良好的品德和价值观。

经典诵读还能够培养学生的审美情趣和文学素养。古代经典文学作品，如唐诗、宋词、元曲等，以其优美的语言和深刻的内涵，成为文学宝库中的璀璨明珠。诵读李白的"天生我材必有用，千金散尽还复来"，学生能够感受到诗人的自信与豪迈；诵读苏轼的"大江东去，浪淘尽，千古风流人物"，学生能够领略到词的雄浑壮阔之美。这些经典作品中的美学意蕴能够激发学生对美的感知和追求，提高他们的审美能力和文学鉴赏水平。

汉字书写教育也是文字教育的重要组成部分，它具有独特的文化价值。汉字是世界上最古老的文字之一，它不仅是一种记录语言的符号，还是中华民族智慧的结晶，蕴含着丰富的文化信息。每个汉字都有其独特的结构和演变历史，通过学习汉字书写，学生能够了解汉字的起源、发展和演变过程，感受中华文化的源远流长。在书写"日""月"等象形字时，学生可以直观地看到汉字与自然事物的联系，体会到古人造字的智慧。

汉字书写还能够培养学生的耐心和专注力。书写汉字需要一笔一画地认真书写，要求学生保持专注和耐心。在这个过程中，学生能够逐渐养成严谨认真的学习态度和做事习惯。同时，汉字书写也是一种艺术创作，书法作为中国传统艺术之一，以其独特的线条美、结构美和意境美，展现了中华文化的独特魅力。通过学习书法，学生能够提高自己的艺术修养，培养对传统文化的热爱之情。

在当代教育中，许多学校积极开展古代经典诵读和汉字书写教育活动。一些学校开设了经典诵读课程，每天安排专门的时间让学生诵读经典；一些学校举办汉字书写比赛，激发学生对汉字书写的兴趣和热情。这些活动的开展，有效促进了文字教育的发展，让学生在学习文字的过程中，传承和弘扬了中华优秀传统文化，增强了文化自信。

4.2.2 多元语言文化与教育相融合

（1）双语教育的实践与探索

在民族地区，双语教育的实践已取得了显著的成效，为当地学生的发展带来了许多积极影响。以新疆地区为例，其双语教育经历了多个发展阶段，从早期的初步探索到如今的逐步成熟，不断适应着地区的发展需求和学生的学习特点。在20世纪50年代，新疆开始尝试双语教学，虽因特殊历史原因而中断，但在中断一段时间后，双语教育再次启动，且在20世纪90年代进入快速发展阶段。2004年至今，新疆少数民族双语教育进入全面发展阶段，政府遵循"因地制宜、分类指导、分区规划、分步实施"的原则，大力推进双语教学工作，使少数民族学生在高中毕业时能够达到民汉兼通的目标。

在新疆的双语教育模式中，以少数民族语言和汉语为教学语言，注重培养学生的双语能力和跨文化交际能力。通过将汉语课程融入日常教学，同时保持对少数民族语言文化的传承，学生不仅能够掌握汉语这一重要的交流工具，还能深入了解本民族的文化传统，增强文化认同感。一些双语学校采用沉浸式教学的方法，让学生在汉语环境中学习和生活，提高汉语的实际运用能力；同时，在少数民族语言课程中，深入讲解民族历史、文学、艺术等内容，使学生全面了解和传承本民族文化。

这种双语教育模式对学生的语言能力提升效果显著。通过大量的汉语学习和实践，学生的汉语听说读写能力得到了极大的锻炼，能够更加流畅地与汉族同胞交流，拓宽了人际交往的范围。双语教育还促进了学生文化素养的提升。学生在学习不同语言文化的过程中，开阔了视野，培养了多元文化意识，学会了尊重和理解不同文化之间的差异。他们能够从不同文化的视角去思考问题，提高了思维的灵活性和创新性。在学习汉语文学作品时，学生可以领略到中华文化的博大精深；而在学习少数民族文化时，又能感受到本民族文化的独特魅力，从而丰富了自己的文化内涵。

在国际学校，双语教育同样具有独特的模式。以一些国际学校的国际文凭课程为例，采用英语和中文作为教学语言，注重培养学生的全球视野和跨文化交流能力。课程设置涵盖国际文凭组织的标准课程，同时融入中国传统文化和国际文化的内容。在教学过程中，强调学生的自主学习和探究能力，通过项目式学习、小组合作等方式，让学生在实践中运用双语进行交流和学习。

在国际学校的双语教育环境中，学生有更多机会接触来自不同国家和地区的文化，与不同背景的同学和教师交流互动。这种多元文化的氛围激发了学生对不同文化的兴趣和好奇心，促使他们主动去了解和学习其他文化。通过参与国际交流活动、国际学术竞赛等，学生能够将所学的双语知识运用到实践中，提高了跨文化交流的能力。他们不仅能够在学术上取得优异的成绩，还能够在国际舞台上展示自己的才华，为未来的国际交流与合作打下坚实的基础。

（2）跨文化语言教育的意义

跨文化语言教育在培养学生的全球视野方面发挥着至关重要的作用，为学生打开了一扇通往世界的窗户，使他们能够以更广阔的视角看待世界。在全球化的时代背景下，各国之间的交流与合作日益频繁，跨文化语言教育能够帮助学生了解不同国家的文化、历史和社会制度，拓宽他们的国际视野，增强对多元文化的认知和理解。

以哈佛大学的"国际体验计划"为例，该计划为学生提供了前往世界各地进行实地学习的机会。学生通过参与这一计划，深入了解不同国家和地区的文化、教育和社会生活，与来自不同文化背景的人交流互动，极大地丰富了他们的国际视野。在非洲，学生可以亲身体验当地独特的部落文化、传统艺术和生活方式，了解非洲的历史和现状；在亚洲，学生可以感受古老文明的魅力，了解不同国家的风俗习惯、价值观和社会制度；在拉丁美洲，学生可以探索当地的自然环境、文化遗产和社会发展，与当地人民建立深厚的友谊。通过这些实地体验，学生能够更加直观地感受不同文化之间的差异和共性，培养对多元文化的尊重和包容态度。

在跨文化语言教育中，学生学习的不同国家和地区的语言，不仅是一种交流工具，还是深入了解该国或地区文化的钥匙。语言是文化的载体，通过学习语言，学生可以接触到该国或地区的艺术、历史、哲学等各个领域，了解其文化的精髓和内涵。在学习英语时，学生可以阅读莎士比亚的戏剧、狄更斯的小说，感受英国文学的魅力；学习法语时，学生可以欣赏雨果的诗歌、巴尔扎克的小说，领略法国文化的浪漫与深邃。这种跨文化的学习体验能够激发学生的好奇心和求知欲，促使他们主动去探索不同文化的奥秘，从而培养出开放的思维和广阔的视野。

跨文化语言教育还能够促进文化交流与融合，为不同文化之间的相互理解和尊重搭建桥梁。在学习不同语言文化的过程中，学生能够深入了解其他文化，从而减少文化误解和偏见。通过与不同文化背景的人交流互动，学生能够学会尊重他人的文化，欣赏不同文化的独特之处，促进文化的交流与融合。在国际交流活动中，学生可以分享自己国家的文化和传统，同时也能够了解其他国家和地区的文化特色，增进彼此之间的了解和友谊。这种文化交流与融合，有助于构建一个更加和谐、多元的世界，促进人类文明的共同发展。

在国际学校的课堂上，来自不同国家和地区的学生共同学习和交流，他们分享自己的文化，互相学习和借鉴。这种多元文化的环境，能够让学生在交流中不断拓宽自己的视野，培养跨文化交际能力。在小组合作项目中，学生需要运用不同的语言和文化知识，共同解决问题，完成任务。在这个过程中，他们学会了倾听他人的意见，尊重他人的观点，发挥各自的优势，实现了文化的互补和融合。通过这种方式，学生不仅提高了自己的语言能力和学术水平，还培养了团队合作精神和跨文化交际能力，为未来的国际交流与合作做好了充分的准备。

4.3 艺术与文学：审美与人格的塑造

4.3.1 艺术教育中的审美培育

（1）音乐教育的情感熏陶

音乐教育作为艺术教育的重要组成部分，在学生的情感表达、审美能力和创造力培养方面发挥着不可替代的作用。通过参与各种音乐教育活动，学生能够深入体验音乐的魅力，感受音乐所传达的情感，从而提升自身的情感表达能力和审美素养。

在学校的音乐课堂上，丰富多样的音乐活动为学生提供了广阔的情感体验空间。合唱是一种常见且极具感染力的音乐活动形式，它要求学生在统一指挥下，协调发声，共同演绎一首歌曲。在合唱过程中，学生不仅能够学会如何与他人协作，还能深刻感受到音乐所蕴含的情感力量。当演唱一首旋律激昂的爱国歌曲时，如《义勇军进行曲》，学生通过整齐有力的歌声，能够真切地体会到歌曲中所表达的民族自豪感和爱国情怀，这种情感的共鸣能够激发学生内心深处的情感表达欲望，让他们更加勇敢地表达自己对国家的热爱。

音乐欣赏也是音乐教育中不可或缺的部分。教师通过引导学生欣赏不同风格、不同时期的音乐作品，帮助学生打开情感世界的大门。在欣赏贝多芬的《命运交响曲》时，学生可以从那激昂的旋律中感受到作曲家与命运抗争的不屈精神，体会到音乐所传达的坚韧和勇气。而在欣赏肖邦的《夜曲》时，那舒缓、优美的旋律又能让学生沉浸在宁静、柔和的情感氛围中，感受音乐的细腻与温柔。通过对这些经典音乐作品的欣赏，学生能够不断丰富自己的情感体验，提高对音乐的审美感知能力，学会从音乐中汲取情感的力量。

除了课堂上的音乐活动，有的学校还经常举办各种音乐比赛和演出，为学生提供展示自我的舞台。在音乐比赛中，学生为了取得好成绩，会更加努力地练习，不断提高自己的音乐技能和情感表达能力。在准备比赛的过程中，他们会深入理解作品的内涵，努力将自己的情感融入演奏或演唱，力求将作品要表达的情感完美地呈现出来。而在音乐演出中，学生面对观众，需要克服紧张情绪，将自己的情感充分地表达出来，与观众产生共鸣。这种经历不仅能够锻炼学生的舞台表现力，还能进一步提升他们的情感表达能力和自信心。

音乐教育还能够激发学生的创造力。在音乐创作活动中，学生可以根据自己的情感体验和想象，创作出属于自己的音乐作品。他们可以用音符表达自己的喜怒哀乐，用旋律讲述自己的故事。在这个过程中，学生的创造力得到了充分的发挥，他们能够将自己内心深处的情感通过音乐的形式展现出来，实现情感与创造力的有机结合。

音乐教育通过丰富多样的活动形式，为学生提供丰富的情感体验，培养学生的情感表达能力和审美能力，激发学生的创造力。在音乐的熏陶下，学生能够更加敏锐地感知情感，更加自如地表达情感，不断提升自己的审美素养，为其人格的塑造和全面发展奠定坚实的基础。

（2）美术教育的形象思维培养

美术教育通过绘画、雕塑等多种形式，在培养学生形象思维、审美感知和艺术素养方面发挥着关键作用。这些艺术形式犹如一把把钥匙，开启了学生感知世界、表达自我的大门，让学生在艺术的海洋中畅游，不断提升自身的综合素养。

绘画作为美术教育中常见的形式之一，为学生提供了一个自由表达的空间。在绘画过程中，学生需要将自己对世界的观察、理解和想象转化为具体的图像。当学生描绘一幅自然风光时，他们需要仔细观察自然中的各种元素，如山川、河流、树木、花草等，捕捉它们的形态、色彩和光影变化。在这个过程中，学生的形象思维得到了锻炼，他们学会了运用线条、色彩、构图等绘画语言来表现自己眼中的世界。通过对不同绘画风格的学习和尝试，学生能够拓宽自己的审美视野，提高对不同艺术风格的欣赏能力，提高审美感知水平。

雕塑则是一种立体的艺术形式，它要求学生具备更强的空间想象力和造型能力。在雕塑创作中，学生需要将平面的设计转化为立体的作品，这就需要他们充分发挥形象思维，从不同角度去思考和塑造物体的形态。在制作人物雕塑时，学生不仅要考虑人物的外貌特征，还要通过雕塑的姿态、表情等细节来展现人物的性格和情感。这种创作过程不仅能够锻炼学生的动手能力，还能培养他们对空间、比例、质感等方面的感知能力，进一步提升他们的审美素养。

美术教育还注重培养学生的审美感知能力。通过欣赏古今中外的优秀美术作品，学生能够接触到不同文化背景下的艺术风格和表现形式，感受艺术的多样性和魅力。在欣赏中国古代山水画时，学生可以领略画家对自然山水的独特理解和表现手法，感受其中蕴含的宁静、悠远的意境；而在欣赏西方油画时，学生又能从丰富的色彩和细腻的笔触中，体会画家对生活的热爱和对人性的赞美。这些欣赏活动能够激发学生对美的追求，培养他们的审美情趣和审美能力。

为了进一步提升学生的艺术素养，学校和社会可以举办各种美术展览和比赛。在美术展览中，学生可以欣赏到众多优秀的美术作品，与艺术家进行跨时空的对话，从中汲取灵感和营养。而在美术比赛中，学生则有机会展示自己的创作成果，与其他同学相互交流和学习，在竞争中不断提高自己的艺术水平。

美术教育通过绘画、雕塑等形式，为学生提供了丰富的创作和欣赏体验，有效培养了学生的形象思维、审美感知和艺术素养。在美术教育的熏陶下，学生能够更加敏锐地感知美、理解美、创造美，为他们的审美与人格塑造奠定坚实的基础。

4.3.2　文学教育的人格塑造

（1）经典文学作品的教育价值

经典文学作品犹如一座蕴含着丰富宝藏的宝库，蕴含着深厚的思想内涵和独特的艺术魅力，对学生的价值观、道德观和人文精神的塑造发挥着不可估量的作用。以《论语》为例，这部儒家经典著作以其简洁而深刻的语言，记录了孔子及其弟子的言行，蕴含着丰富的道德伦理和为人处世的智慧。"己所不欲，勿施于人"，这一经典语句教导学生要学会换位思考、尊重他人，培养善良、宽容的品德；"学而不思则罔，思而不学则殆"则强调了学习与思考的重要性，引导学生树立正确的学习态度，注重学生知识的积累和思维的培养。通过阅读《论语》，学生能够在无形中受到儒家思想的熏陶，进而养成优良的道德品质和行为习惯，树立正确的价值观和人生观。

《钢铁是怎样炼成的》是一部具有深远教育意义的经典文学作品。主人公保尔·柯察金在艰苦的革命斗争中，始终坚定自己的信仰，不屈不挠地与困难做斗争。他的事迹激励着学生在面对困难和挫折时，要勇敢坚强，不轻易放弃，培养学生坚韧不拔的意志品质。保尔为了实现自己的理想，不惜牺牲个人的利益，甚至冒着生命危险，这种无私奉献的精神能够激发学生的社会责任感和使命感，让他们明白个人的成长与社会的发展息息相关，从而树立为社会做出贡献的远大理想。

经典文学作品还能够培养学生的人文精神，提升他们的人文素养。文学作品中对人性的深入探讨、对社会现象的深刻剖析，能够让学生更加了解人类的情感世界和社会生活，培养他们的同理心和人文关怀精神。在阅读列夫·托尔斯泰的《战争与和平》时，学生可以感受到战争的残酷和和平的珍贵，体会到人性的复杂和美好，从而培养学生对和平的向往和对人类命运的关注。经典文学作品的语言艺术、结构布局等方面具有极高的艺术价值，能够让学生在欣赏作品的过程中，提高自己的审美能力和文学鉴赏水平。

（2）文学创作与个性表达

校园文学社团举办的活动为学生提供了广阔的文学创作平台，对学生的个性表达能力、想象力和创造力的发展起到了积极的促进作用。在校园文学社团中，学生因为对文学的热爱而聚集在一起，他们可以自由地交流创作心得，分享自己的作品，相互学习、相互启发。校园文学社团会定期组织各种文学活动，如写作比赛、诗歌朗诵会、文学讲座等，这些活动为学生提供了展示自我的机会，激发了他们的创作热情。

在写作比赛中，学生根据给定的主题或自由选择感兴趣的话题，进行文学创作。在这个过程中，他们充分发挥自己的想象力，运用所学的文学知识和写作技巧，将自己的情感、思想融入作品。有的学生擅长写记叙文，通过生动的描写和细腻的情感表达，记录自己的成长故事和生活感悟；有的学生则喜欢创作诗歌，用简洁而富有韵律的语言，抒发自己对自然、人生的赞美和思考。这些作品不仅展现了学生的文学才华，还体现了他们独特的个性和思维方式。

校园文学社团还会组织学生参与社会实践活动，如采访、调研等，让学生深入生活，观察社会，积累创作素材。在采访过程中，学生与不同的人交流，了解他们的生活经历和内心世界，从而拓宽了自己的视野，丰富了自己的情感体验。这些生活素材成了学生创作的源泉，使他们的作品更加真实、生动，富有感染力。通过参与这些活动，学生学会了从生活中发现美、感受美，并将这种美通过文学作品表达出来，进一步提高了自己的个性表达能力和创造力。

校园文学社团还会邀请专业的作家、学者来校举办文学讲座和创作指导活动。这些作家或学者凭借自己丰富的创作经验和深厚的文学素养，为学生传授写作技巧和创作方法，解答学生在创作过程中遇到的问题。他们的指导和建议能够帮助学生突破创作瓶颈，提升创作水平，激发学生的创作潜力。在与专家的交流互动中，学生还能了解文学创作的前沿动态和发展趋势，拓宽自己的文学视野，为自己的文学创作之路找到方向。

4.4　习俗与传统：教育实践的仪式化表达

4.4.1　传统习俗在教育中的体现

（1）入学仪式的文化内涵

入学仪式作为教育的开篇之礼，在古代和现代都承载着丰富的文化内涵，是学生开启学习生涯的重要标志。古代的入学仪式庄重而严谨，蕴含着尊师重道、开启智慧等深刻的文化寓意，对学生的成长产生了深远的影响。

古代的入学仪式通常包括正衣冠、行拜师礼、净手净心、开笔礼等环节。据《礼记·冠义》记载："礼义之始，在于正容体、齐颜色、顺辞令。"正衣冠被视为入学仪式的首要环节，古人认为"先正衣冠，后明事理"。入学时，新生要一一站立，由先生依次帮学生整理好衣冠，然后学生排着队到学堂前集合，恭立片刻后才能在先生的带领下进入学堂。这一环节不仅体现了学生对自身形象的重视，还寓意着以良好的精神面貌开启求学之路。步入学堂后，行拜师礼是至关重要的环节。学生先要叩拜至圣先师孔子，双膝跪地九叩首，表达对先师的敬重和对知识的敬畏；然后是拜先生的三叩首，感谢先生的教导之恩。拜完先生，学生向先生赠送六礼束脩，一般，六礼束脩为干肉条（感谢师恩）、芹菜（寓意勤奋好学）、莲子（寓意苦心教育）、红枣（寓意早早高中）、桂圆（寓意功德圆满）、红豆（寓意鸿运高照）。先生在收下束脩后，会回赠《论语》《孟子》等礼物，同时带领学生齐诵《大学》首章，强调"大学之道，在明明德，在亲民，在止于至善"的意义。行过拜师礼后，学生要按照先生的要求，将手放到水盆中"净手"。净手的做法是正反各洗一次，然后擦干，寓意在于净手净心、去杂存精，希望学生能在日后的学习中专心致志、心无旁骛。"开笔"是古代入学礼的最后一道程序，包括朱砂开智、击鼓明智、描红开笔等。"朱砂开智"指先生手持蘸有朱砂的毛笔，在学生眉心处点上一颗红痣，因为"痣"与"智"谐音，寓意学生从此开启智慧，目明心亮，日后的学习能一点就通；"击鼓明智"的传统来源于《礼记·学记》"入学鼓箧，孙其业也"，意在通过击鼓声警示，引起学生对读书的重视；"描红开笔"指学生在先生的指导下，写一个字——"人"，寓意做学问首先要堂堂正正地立身做人。

这些环节相辅相成，共同构成了古代入学仪式的文化内涵。正衣冠体现了对自身修养的重视，为学习奠定了良好的基础；行拜师礼强调了尊师重道的传统美德，让学生明白知识的传承离不开教师的辛勤付出；净手净心寓意着去除杂念，专注于学习；开笔礼则象征着开启智慧之门，引导学生踏上求知的道路。

现代的入学仪式在传承古代文化内涵的基础上，融入了时代的元素，更加注重学生的个性发展和情感体验。在一些学校，新生入学时会举行隆重的开学典礼，学校领导和教师代表会发表热情洋溢的讲话，欢迎新生的到来，并对他们的学习和生活提出期望和要求。新生会在老师的带领下，参观校园，熟悉学校的环境和设施，感受学校的文化氛围。有的学校还会组织新生进行宣誓仪式，让他们在庄严的氛围中，立下努力学习、积极进取的誓言。在一些小学，入学仪式上会设置"走红毯"环节，新生穿着整齐的服装，手牵手走过红毯，这寓意着他们将在学校开启一段美好的学习之旅。一些学校还会为新生准备入学礼物，如书籍、文具等，鼓励他们勤奋学习。这些现代的入学仪式，不仅传承了古代入学仪式中尊师重道、开启智慧等文化内涵，还注重培养学生的自信心和归属感，让他们在充满仪式感的氛围中，感受学校的关爱和温暖，激发他们对学习的兴趣和热情。

（2）毕业仪式的教育意义

毕业仪式是学生学习生涯中的重要节点，它不仅标志着学生身份的转变，还是一次感恩教育和展望未来的重要契机，具有深刻的教育意义和文化传承意义。

毕业仪式是学生从一个学习阶段迈向另一个阶段的重要标志，意味着他们即将告别熟悉的校园、老师和同学，踏入新的生活领域。学生完成了一定阶段内知识的积累和能力的提升，实现了自我的成长和蜕变。从小学毕业步入初中，学生将面临更复杂的学习任务和人际关系；从高中毕业进入大学，学生将开始独立生活，探索更广阔的知识领域。毕业仪式正是对学生成长过程的肯定和见证，帮助他们更好地适应身份的转变，勇敢地迎接未来的挑战。

毕业仪式是开展感恩教育的重要契机。在学生的成长过程中，老师、家长和同学都给予了他们无私的帮助和支持。在毕业仪式上，学生通过各种方式表达对他们的感激之情。向老师献花，感谢老师的辛勤教导和悉心关怀；向家长鞠躬，感谢家长的养育之恩和默默付出；与同学拥抱，感谢同学的陪伴和帮助。这些感恩的举动，不仅能够增进师生之间、亲子之间、同学之间的感情，还能让学生学会感恩，培养他们的感恩意识和社会责任感。在一些学校的毕业仪式上，有的学生会制作感恩视频，回顾与老师、同学相处的美好时光，表达自己的感激之情；有的学生会写下感谢信，亲手交给老师和家长，让他们感受到自己的心意。这些活动都能让学生深刻体会感恩的重要性，将感恩的种子播撒在他们的心中。

毕业仪式是学生展望未来的重要时刻。在仪式上，学校领导、老师和优秀毕业生代表会发表讲话，为学生送上祝福和鼓励，引导他们树立正确的人生目标和价值观。学生也会在仪式上表达自己对未来的憧憬和期望，制定自己的人生规划。通过这些活动，学生能够明确自己的方向，激发自己的动力，为实现自己的梦想而努力奋斗。在一些高校的毕业仪式上，校长会以自己的人生经验和感悟，为毕业生上最后一堂课，鼓励他们在未来的工作和生活中，勇于担当，积极进取，为社会做出贡献。优秀毕业生代表会分享自己的成长经历和成功经验，为学弟学妹们树立榜样。这些讲话都能激励学生勇敢地追求自己的梦想，为实现中华民族伟大复兴的中国梦贡献自己的力量。

毕业仪式具有文化传承的意义。它承载着学校的历史和文化，通过仪式的形式将学校的精神和价值观传递给学生。在毕业仪式上，学校会举行各种文化活动，如校歌演唱、校训解读等，让学生深入了解学校的文化内涵，增强他们对学校的认同感和归属感。一些学校还会在毕业仪式上，为学生颁发具有学校特色的毕业证书和纪念品，这些证书和纪念品不仅是学生毕业的证明，还是学校文化的象征，能够让学生永远铭记自己的母校。

毕业仪式在学生的成长过程中具有不可替代的教育意义。它帮助学生实现身份的转变，培养学生的感恩意识和社会责任感，引导学生展望未来，同时传承学校的文化和精神。通过毕业仪式，学生能够更好地走向未来，为自己的人生书写更加精彩的篇章。

4.4.2　传统节日与教育活动

（1）春节文化教育活动

春节，作为中华民族最为重要的传统节日，承载着丰富的文化内涵和深厚的民族情感，是传承中华优秀传统文化的重要载体。在春节期间，开展形式多样的文化教育活动，对于学生了解传统文化、传承民族精神具有不可替代的作用。

在学校教育中，组织学生参与春节民俗活动是一种生动有效的教育方式。许多学校会开展剪纸、写春联、包饺子等活动，让学生亲身感受春节的氛围，了解春节的传统习俗。剪纸艺术是中国民间传统艺术之一，具有悠久的历史和独特的艺术魅力。在剪纸活动中，学生跟随老师学习剪纸技巧，用手中的剪刀剪出各种精美的图案，如福字、生肖、花卉等。这些图案不仅展现了学生的创造力和动手能力，还蕴含着对美好生活的向往和祝福。写春联也是春节期间的传统习俗之一，学生在老师的指导下，挥毫泼墨，书写自己对新年的期待和祝福。通过写春联，学生不仅提高了书法水平，还深入了解了春联的文化内涵和寓意。包饺子活动则让学生体验到了团聚的温暖和劳动的乐趣。学生围坐在一起，学习包饺子的方法，互相交流和分享，感受着春节的喜庆氛围。在这个过程中，学生了解到饺子的形状像元宝，寓意着招财进宝，在部分地区，吃饺子也成了春节期间表达美好祝愿的一种方式。

此外，学校还会通过举办春节文化讲座、主题班会等形式，向学生传授春节的历史渊源、文化内涵和传统习俗。在春节文化讲座中，专家、学者或老师会详细介绍春节的起源、发展历程及各个地区的春节习俗。学生通过聆听讲座，了解到春节最初是为了祭祀祖先、祈求丰收和平安等，后来逐渐演变成一个全民欢庆的节日。不同地区的春节习俗也各具特色，如北方地区有吃饺子、放鞭炮、贴窗花等习俗，南方地区则有吃年糕、舞龙舞狮等传统。这些丰富多彩的习俗展示了中华文化的多样性和魅力。在主题班会中，学生可以分享自己家庭的春节故事和传统，交流自己对春节的感受和理解。通过这种方式，不仅能增进学生对春节文化的了解，还能培养他们的表达能力和团队合作精神。

家庭在春节文化教育中起着至关重要的作用。家长可以带领孩子逛庙会、观看舞龙舞狮表演等，让孩子亲身感受春节的热闹气氛。庙会是春节期间的一种传统民俗活动，集购物、娱乐、美食、文化展示于一体。在庙会上，孩子们可以看到传统手工艺品，品尝到特色美食，还可以观看戏曲、杂技、魔术等表演。这些活动不仅能让孩子们感受到春节的欢乐氛围，还能让他们了解传统文化的魅力。观看舞龙舞狮表演也是春节期间的一项重要活动，龙和狮在中国文化中象征着吉祥和力量。孩子们在观看表演时，被舞龙舞狮者的精彩技艺所吸引，感受到了传统文化的独特魅力。家长还可以通过讲述春节的故事、介绍家族的春节传统等方式，将春节文化传递给孩子。在春节期间，家长可以给孩子讲述年兽的故事、压岁钱的由来等，让孩子了解春节的传说和文化内涵。同时，家长可以通过介绍家族的春节传统，如制作特定的美食、举行特定的仪式等，让孩子感受家族文化的魅力。

（2）端午节教育活动

作为中国四大传统节日之一，端午节蕴含着深厚的历史文化内涵，是培养学生民族自豪感和文化认同感的重要契机。通过开展丰富多彩的端午节教育活动，如包粽子、赛龙舟、诵读端午诗词等，能够让学生深入了解端午节的文化价值，传承和弘扬中华优秀传统文化。

包粽子是端午节最具代表性的活动之一，也是学生了解端午节文化的重要途径。在学校和家庭中，组织学生参与包粽子活动，能够让他们亲身体验传统文化的魅力。在学校的劳动实践课上，老师可以邀请家长或专业人士来指导学生包粽子。他们可以向学生介绍粽子的种类和制作方法，如常见的有肉粽、豆沙粽、红枣粽等，制作过程包括泡糯米、洗粽叶、包粽子、煮粽子等步骤。学生在老师和家长的指导下，认真学习包粽子的技巧，从最初的手忙脚乱到逐渐熟练掌握。在这个过程中，学生不仅学会了一项生活技能，还了解到粽子在中国文化中的特殊寓意。粽子有三角粽、四角粽等，不同的形状也有不同的象征意义。三角粽象征着稳定和团结，四角粽则寓意着四季平安。包粽子还体现了对家庭团聚和亲情的重视，一家人围坐在一起包粽子，共同分享劳动的喜悦和节日的快乐。

在一些社区，居委会组织居民一起包粽子，开展邻里互动活动。学生参与其中，不仅能够感受到社区的温暖和凝聚力，还能与不同年龄段的人交流，增进对传统文化的理解。在社区包粽子活动中，学生可以向长辈学习传统的包粽子技巧，了解不同地区的粽子文化。一些地方的粽子在制作过程中会加入特殊的调料或食材，形成独特的口味和风格。通过与长辈交流，学生能够了解到各地方包粽子的特色，感受到中华文化的博大精深。

赛龙舟是端午节的另一项重要传统活动，具有浓厚的竞技性和观赏性。虽然在一些地区，学生可能无法亲自参与赛龙舟的活动，但学校可以通过组织观看赛龙舟比赛视频、举办模拟赛龙舟活动等方式，让学生感受赛龙舟的魅力。在观看赛龙舟比赛视频时，学生可以看到选手们齐心协力、奋勇向前的状态，感受到团队合作的力量。老师可以引导学生讨论选手们所体现的团队精神和竞争意识，让学生明白在生活和学习中，也需要具备这些品质，才有可能取得成功。举办模拟赛龙舟活动是一种有趣的教育方式，学校可以利用操场或体育馆，组织学生分组进行模拟赛龙舟比赛。在比赛中，学生需要分工合作，模拟划桨、击鼓等动作，通过团队的努力完成比赛。这种活动不仅能让学生体验到赛龙舟的乐趣，还能培养他们的团队协作能力和竞争意识。

诵读端午诗词也是端午节教育活动的重要内容之一。端午诗词中蕴含着丰富的文化内涵和情感表达，通过诵读这些诗词，学生能够更好地理解端午节的文化价值，感受古人的情感世界。在学校的语文课上，老师会选取一些经典的端午诗词，如苏轼的《浣溪沙·端午》、欧阳修的《渔家傲·五月榴花妖艳烘》等，让学生进行诵读和赏析。在诵读过程中，学生可以感受到诗词的韵律美和语言美，同时也能够了解到作者在诗词中所表达的情感和思想。在家庭中，家长可以和孩子一起诵读端午诗词，分享自己对诗词的理解和感受，营造浓厚的家庭文化氛围。

4.5 科技与教育：传统智慧与现代创新的融合

4.5.1 传统教育智慧在现代科技下的传承

（1）因材施教与个性化学习平台

传统的因材施教思想源远流长，其核心在于根据学生的个体差异进行有针对性的教育。孔子作为因材施教的先驱，对学生的个性特点有着敏锐的洞察力。他的学生子路性格鲁莽，行事冲动，孔子便教导他要谨慎行事，三思而后行；冉求遇事犹豫不决，孔子则鼓励他要大胆行动，勇于尝试。这种因材施教的教育方法使孔子的学生在各自的领域取得了卓越的成就。

在现代科技的推动下，个性化学习平台应运而生，为因材施教思想的实践提供了更为广阔的空间。这些平台借助大数据、人工智能等先进技术，能够对学生的学习行为、学习习惯、学习成绩等多方面的数据进行全面收集和深入分析。通过这些数据，平台可以精准地了解每个学生的学习状况和个性特点，从而为学生量身定制个性化的学习方案。

以松鼠 AI 智适应教育平台为例，该平台采用了先进的智适应算法，能够根据学生的答题情况实时调整学习内容和难度。当学生在某个知识点上表现出理解困难时，平台会自动推送更多相关的学习资料，帮助学生加深对该知识点的理解；当学生对某个知识点掌握得较为熟练时，平台会自动提升学习难度，引导学生向更高层次的知识迈进。这种个性化的学习方式，使学生能够在自己的学习节奏下，更加高效地掌握知识。

个性化学习平台还能够根据学生的兴趣爱好和职业规划，为学生提供个性化的课程推荐。对于对科学技术感兴趣的学生，平台会推荐相关的科学课程和实验项目；对于对文学艺术感兴趣的学生，平台会推荐文学作品赏析、艺术创作等课程。通过这种方式，学生能够学习自己感兴趣的内容，提高学习的积极性和主动性。

为了更好地实现因材施教，个性化学习平台还注重与教师合作。教师可以通过平台了解学生的学习情况，及时发现学生在学习过程中遇到的问题，并给予针对性的指导。平台也会根据教师的教学经验和专业知识，为教师提供教学资源和教学建议，帮助教师更好地开展教学工作。在语文教学中，教师可以根据平台提供的学生阅读能力数据，为不同阅读水平的学生推荐适合他们的阅读材料，并设计相应的阅读任务和讨论话题，引导学生进行深入阅读和思考。

个性化学习平台在现代教育中发挥着重要作用，它将传统的因材施教思想与现代科技相结合，为学生提供了更加个性化、高效的学习体验，通过精准的数据分析，制定个性化的学习方案，帮助学生在自己擅长的领域充分发挥潜力，实现全面发展。

（2）启发式教学与在线教育互动

传统的启发式教学理念强调在学生积极思考但尚未完全理解时给予适时的引导，激发学生的思维，培养学生的自主学习能力。在现代在线教育中，这一理念得到了广泛的应用和创新，在线教育通过丰富多样的互动设计，有效提升了学生学习的积极性和主动性。

在在线课程中，教师通过精心设计问题，引导学生积极思考，培养学生的思维能力。在讲解数学问题时，教师不是直接给出答案，而是通过一系列的问题引导学生逐步分析问题、解决问题。在讲解一元二次方程的解法时，教师可以先提出一个实际问题，如"一个矩形的面积为 12 平方米，长比宽多 1 米，求矩形的长和宽"，让学生思考如何用数学方法解决这个问题。在学生思考的过程中，教师可以逐步引导学生列出方程，并通过提问的方式，如"如何将这个方程转化为标准的一元二次方程形式""用什么方法可以求解这个方程"等，引导学生掌握一元二次方程的解法。这种方式不仅让学生掌握了知识，还培养了学生的逻辑思维能力和解决问题的能力。

在线教育平台还利用多媒体技术为学生提供更加直观、生动的学习资源，激发学生的学习兴趣。在讲解历史事件时，教师可以播放相关的历史纪录片，让学生更加直观地了解历史事件的背景、过程和影响；在讲解科学知识时，教师可以通过动画演示，将抽象的科学原理形象化，帮助学生更好地理解，例如，在讲解地球公转时，教师可以通过动画展示地球公转的过程，让学生直观地看到地球在公转过程中与太阳的位置关系、四季的变化等，使学生更容易理解地球公转的原理。

小组讨论也是在线教育中常用的互动方式之一。教师可以根据学生的学习情况和兴趣爱好，将学生分成小组，让他们针对某个问题进行讨论。在讨论过程中，学生可以充分发表自己的观点和想法，与小组成员进行交流和互动，从而培养学生的团队合作精神和沟通能力。例如，在讨论"如何保护环境"这个问题时，学生可以从不同的角度提出自己的观点，如减少使用一次性塑料制品、绿色出行、垃圾分类等。通过讨论，学生不仅可以拓宽自己的思路，还可以学会倾听他人的意见，提高自己的团队合作能力。

在线教育平台还提供了实时答疑功能，学生在学习过程中遇到问题可以随时向教师提问，教师可以及时给予解答。这种即时的互动交流能够帮助学生及时解决学习中遇到的困难，提高学习效率。例如，在学习英语语法时，学生可能会对某个语法知识点不理解，通过实时答疑功能，学生可以向教师提问，教师可以通过文字、语音或视频等方式，为学生详细讲解语法知识点，帮助学生解决问题。

在线教育通过多种互动设计，将传统的启发式教学理念与现代技术相结合，为学生提供更加丰富、高效的学习体验。通过精心设计问题、利用多媒体技术、组织小组讨论和提供实时答疑等方式，激发学生的学习兴趣和主动性，培养学生的思维能力和团队合作精神，使学生能够在在线学习中获得更好的学习效果。

4.5.2 现代科技推动教育创新发展

（1）人工智能助力教育评价改革

人工智能技术的飞速发展为教育评价带来了革命性的变革，使教育评价更加科学、公正，能够全面、准确地反映学生的学习情况和发展潜力。通过对学生学习数据的收集、分析和挖掘，人工智能能够为教育评价提供更加客观、精准的依据，从而实现教育评价的智能化和个性化。

在教育评价中，人工智能技术可以收集学生在学习过程中的多源数据，包括课堂表现、作业完成情况、考试成绩、在线学习行为等方面的数据。借助大数据分析技术对这些数据进行深入挖掘和分析，能够发现学生的学习模式、优势和不足，为个性化的教育评价提供支持。通过分析学生的课堂互动数据，了解学生的参与度和思维活跃度；通过分析学生的作业数据，了解学生对知识的掌握程度和存在的问题；通过分析学生的在线学习行为数据，了解学生的学习习惯和学习兴趣。通过对这些数据进行综合分析，能够全面、客观地评价学生的学习情况，为教师提供有针对性的教学建议。

以某在线教育平台为例，该平台利用人工智能技术对学生的学习数据进行分析，为每个学生生成个性化的学习报告。报告不仅包括学生的学习成绩、学习进度等基本信息，还对学生的学习能力、学习方法、学习态度等进行了详细分析，并给出了相应的改进建议。在学习能力方面，报告可以分析学生的逻辑思维能力、空间想象能力、语言表达能力等，并与同年龄段的学生进行对比，指出学生的优势和不足；在学习方法方面，报告可以分析学生的学习习惯、时间管理能力、复习方法等，为学生提供优化学习方法的建议；在学习态度方面，报告可以分析学生的学习积极性、主动性、专注度等，帮助教师了解学生的学习动力和心理状态。通过这些个性化的学习报告，教师可以更好地了解学生的学习情况，为学生提供更加精准的指导和帮助。

人工智能还可以用于教育评价中的自动评分系统。在传统的考试评价中，教师需要花费大量的时间和精力对学生的试卷进行批改，不但效率低下，而且容易受到主观因素的影响。而人工智能自动评分系统则可以快速、准确地对学生的答案进行评分，大大提高了批改试卷的效率和准确性。这些系统利用自然语言处理技术和机器学习算法，能够理解学生的答案内容，并根据预设的评分标准进行评分。在作文批改中，人工智能系统可以分析学生作文的语法、词汇、逻辑结构、内容丰富度等方面，给出相应的分数和评语。一些先进的人工智能自动评分系统还可以对学生的答案进行语义分析，理解学生的思维过程和创新点，为评价学生的综合素质提供更加全面的依据。

人工智能在教育评价中的应用还体现在对学生综合素质的评价上。传统的教育评价往往侧重于学生的学业成绩，而忽视了学生的综合素质发展。人工智能技术可以通过收集学生在社会实践、社团活动、科技创新等方面的数据，对学生的综合素质进行全面评价。人工智能通过分析学生在社会实践中的表现，评价学生的社会责任感、团队合作能力、沟通能力等；通过分析学生在社团活动中的参与度和表现，评价学生的兴趣爱好、领导能力、组织能力等；通过分析学生在科技创新活动中的成果和表现，评价学生的创新思维、实践能力、问题解决能力等。这些综合素质评价结果可以为学生的升学、就业等提供更加全面的参考。

人工智能助力教育评价改革，为教育评价带来了更加科学、公正、个性化的评价方式。通过对学生学习数据的深入分析，人工智能能够全面、准确地评价学生的学习情况和发展潜力，为教师的教学和学生的学习提供有力的支持，促进教育质量的提升。

（2）虚拟现实技术拓展教育空间

虚拟现实技术以其独特的沉浸式体验，为教育领域带来了全新的教学方式，有效拓展了教育空间，增强了学生的学习体验。通过虚拟现实技术，学生可以身临其境地感受各种场景，突破时间和空间的限制，获得更加丰富和深入的学习体验。

在历史教学中，虚拟现实技术可以将学生带入历史场景，让他们亲身感受历史事件的发生和发展。在学习古代文明时，学生可以通过佩戴虚拟现实设备，穿越到古代的城市、宫殿、战场等场所，与虚拟角色进行互动，了解古代的文化、习俗等方面的情况。例如，在学习秦始皇统一六国的历史时，学生可以通过虚拟现实技术，置身于秦朝的咸阳城，感受当时的繁华和威严；可以观看秦始皇举行登基大典的场景，了解古代的礼仪制度；还可以参与模拟的战争场景，体验战争的残酷和激烈。这种沉浸式的学习方式，能够让学生更加直观地了解历史，增强对历史知识的理解和记忆。

在地理教学中，虚拟现实技术可以让学生领略世界各地的自然风光和地理风貌。学生可以通过虚拟现实设备，游览名山大川，观赏沙漠海洋、热带雨林等自然景观，了解不同地区的地理特征、气候条件、生态环境等。在学习地球的地貌时，学生可以通过虚拟现实技术，近距离观察山脉的形态、河流的走向、火山的喷发等，感受大自然的神奇和壮美。在学习世界文化遗产时，学生可以通过虚拟现实技术，参观故宫、长城、金字塔、凡尔赛宫等著名的文化遗产，了解它们的历史背景、建筑风格和文化价值。这种身临其境的学习体验能够激发学生对地理学科的兴趣，拓宽他们的视野。

在实验教学中，虚拟现实技术也发挥着重要的作用。对于一些危险系数高、花费高或难以操作的实验，虚拟现实技术可以提供安全、便捷的实验环境。在化学实验中，一些实验涉及有毒、有害的物质，操作不当可能会对学生的身体造成伤害。通过虚拟现实技术，学生可以在虚拟环境中进行这些实验，既能够掌握实验的原理和方法，又能够避免真实实验中潜藏的风险。在物理实验中，一些实验需要使用昂贵的实验设备，或者需要在特定的环境下进行，这对于一些学校来说可能难以实现。通过虚拟现实技术，学生可以在虚拟实验室中进行这些实验，不受实验设备和环境的限制，提高实验教学的效果。

虚拟现实技术还可以应用于职业教育和培训领域。在一些专业技能培训中，虚拟现实技术可以模拟真实的工作场景，让学生在虚拟环境中进行实践操作，提高他们的职业技能和实践能力。在医学教育中，虚拟现实技术可以模拟手术场景，让学生在虚拟环境中进行手术训练，提高他们的手术技能和应对突发情况的能力；在建筑教育中，虚拟现实技术可以模拟建筑设计和施工过程，让学生在虚拟环境中进行设计和操作，提高他们的设计能力和实践经验；在航空教育中，虚拟现实技术可以模拟飞行场景，让学生在虚拟环境中进行飞行训练，提高他们的飞行技能和安全意识。

虚拟现实技术通过拓展教育空间，为学生提供了更加丰富、多样的学习体验，有助于激发学生的学习兴趣，从而提高教学质量和效果。随着虚拟现实技术的不断发展和完善，它将在教育领域发挥更加重要的作用，为培养适应未来社会发展需求的创新型人才提供有力支持。

第五章　教育家精神的文化特质

5.1　传统文化中的教育家精神

5.1.1　儒家文化中的教育观

儒家文化作为中国传统文化的重要组成部分，其教育观深刻影响了我国教育家精神的发展。在儒家思想中，教育被视为个人修养与社会治理的关键途径。孔子提出的"有教无类"强调教育应普及于所有社会阶层，不论贫富贵贱，每个人都有接受教育的权利和机会。这一思想成为后世教育家所秉持的重要理念。

儒家教育观注重道德教育，强调"修身齐家治国平天下"的理念。教育不仅是知识的传授，还是人格的培养。孔子认为，教育的目的在于培养具有仁爱之心和责任感的君子，这样的人不仅能自我完善，还能服务于社会和国家。因此，儒家的教育观强调德才兼备，要求学生在学习知识的同时，不断提升自身的道德修养。

此外，儒家文化还强调因材施教，尊重个体差异。孔子在教学中注重观察学生的个性和特点，根据不同学生的兴趣和能力，采取不同的教学方法。这种个性化教育的思想在今天的教育实践中仍具有重要的指导意义。通过因材施教，教育者能够更好地激发学生的潜能，培养出多样化的人才，为社会的繁荣和发展做出贡献。

总之，儒家的教育观以其深刻的道德内涵和人性化的教学方法，为我国教育家精神注入了丰富的文化特质。它不仅影响了古代教育家的思想和实践，还为现代教育提供了宝贵的历史经验和智慧。在儒家文化的熏陶下，我国教育家在教育实践中不断追求卓越，致力于培养德智体美劳全面发展的社会栋梁。

5.1.2　道家文化中的教育思想

道家文化中的教育思想强调自然的和谐与个体的自我完善。

首先，道家主张"道法自然"，认为教育应当遵循自然规律，尊重个体的天性发展。教育者不应强加过多的外在规范，而应引导学生在内省中找到自己的道路。

其次，道家强调"无为而治"的教育理念。这种"无为"并非消极、无所作为，而是提倡不刻意干涉，让事物按照其自身规律发展。在教育实践中，教师应给予学生充分的自由，减少强制性的灌输，让学生在自我探索中成长。

最后，道家重视"虚静"与"内省"。在道家看来，个体的内心平静是获取知识与智慧的基础。因此，教育应注重培养学生的内心修养，通过静观与反思，达到自我觉悟与精神升华。这种内在的修炼比外在的知识积累更为重要，这是道家教育思想的核心之一。

5.1.3　法家文化中的教育观念

法家作为中国古代重要的思想流派，其教育观念具有鲜明的功利性和实用性。法家强调法律和制度的权威，认为教育应当服务于国家的治理目标。在法家看来，教育的首要任务是培养遵守法律、服从国家利益的公民。

韩非子提出，教育应以法治为核心，通过严格的法律教育和刑罚手段来规范人们的行为。他主张"以法为教"，即教育的内容应以法律知识为主，使人们明白法律的威严和重要性。同时，韩非子认为人性本恶，必须通过法律的约束和惩罚来引导人们向善。因此，法家强调依赖法律的强制力来实现社会的稳定和秩序。

此外，法家强调教育的公平性，主张不论出身贵贱，所有人都应接受法律教育，以确保法律的普遍适用和公正执行。这种教育观念在一定程度上反映了法家对社会平等的追求。

总的来说，法家文化的教育观念具有明显的工具性特征，强调法律教育和制度约束，旨在通过教育实现国家的强盛和社会秩序的稳定。这种观念在中国古代教育思想中独树一帜，对后世的法治教育和制度建设产生了深远影响。

5.2　教育家精神的知识特质

5.2.1　教育知识的积累与创新

（1）教育家对知识的贡献

教育家在知识的积累与创新过程中扮演着至关重要的角色。首先，他们通过自身的学术研究和教学实践，不断拓展知识边界。许多教育家不仅在已有知识的基础上进行深入探索，还致力于开辟新的研究领域，提出具有前瞻性的理论和观点。其次，教育家通过教育活动将知识系统化、条理化，为学生和后人提供了更加清晰的知识框架。他们编撰教材、撰写专著，使复杂的知识变得易于理解和传播。最后，教育家还通过跨学科的交流与合作，促进不同领域知识的融合与创新。他们积极参与学术会议、教育论坛等活动，分享自己的研究成果，同时吸收其他学者的智慧，从而推动整个学术界进步。这种知识的交流与共享，使教育家成为连接不同学科、不同文化背景学者的桥梁，为知识的全球化传播做出了重要贡献。

（2）教育知识的传承与创新路径

教育知识的传承与创新是一个动态发展的过程，既依赖于传统的延续，也需要在新时代背景下不断突破。教育知识的传承主要通过师徒制和学校教育体系来实现。在这种模式下，老一辈教育家通过口传心授、经典教材和教学实践，将积累的教育经验与理论传递给新一代教育者。这种传承不仅是知识的传递，还是教育精神与价值观的延续。

在创新路径方面，现代科技的发展为教育知识的创新提供了新的平台。在线教育、人工智能和大数据等技术的应用，使教育知识的传播不再受时间和空间的限制。教育家通过这些新技术，能够更快速地获取全球范围内的教育资源，并结合本土实际进行创新。同时，跨学科的合作与国际交流也成为知识创新的重要途径，不同领域和国家的教育理念相互碰撞，激发出新的教育思想和方法。

此外，教育知识的创新还体现在教育理念的更新上。随着社会的发展，人们对教育功能和目的的认识不断深化，教育家开始关注学生的个性化发展、综合素质的培养。这些新的教育理念要求教育者在传承既有知识的同时，不断探索和实践新的教学方法和模式，以适应时代的变化和需求。

通过这些传承与创新路径，教育知识得以不断丰富和发展，为培养适应未来社会需求的人才提供了坚实的基础。

（3）知识特质在教育实践中的体现

知识特质在教育实践中的体现，主要从三个方面进行阐述。

首先，教育家在教学过程中注重知识的系统性与连贯性。他们不仅关注知识的传授，还强调知识的内在逻辑结构。例如，在课程设计中，教育家会精心安排各个知识点，使其环环相扣，形成完整的知识链条。这种做法有助于学生在学习过程中建立起系统的知识框架，从而更好地理解和应用所学内容。

其次，教育家在教育实践中强调知识的应用与实践。他们认为，知识不应只停留在书本上，而应在现实生活中得到验证和应用。为此，教育家常常设计各种实践活动，如实验、实习、社会调查等，让学生在实际操作中深化对知识的理解。例如，一些教育家会组织学生到企业或社区进行实地考察，将课堂上学到的理论知识与实际问题相结合，从而提升学生的实践能力。

最后，教育家注重知识的创新与发展。他们鼓励学生在学习过程中不断探索新知识，提出新观点。教育家也常常通过科研活动，不断更新和拓展自己的知识体系。在教育实践中，他们通过开设选修课、举办讲座、组织学术研讨会等形式，将最新的研究成果和学术动态介绍给学生，激发学生的创新思维和求知欲望。例如，一些教育家会邀请行业专家或学者到校举行讲座，让学生接触学科前沿动态，培养他们的创新意识和科研能力。

通过以上几个方面的努力，教育家在教育实践中充分体现了教育家精神的知识特质，不仅提高了教学质量，还促进了学生的全面发展。

5.2.2　教育理论与实践的结合

（1）理论指导实践的重要性

理论指导实践是教育家精神中不可或缺的一部分。教育理论绝非只是停留在纸面上的抽象构想，其价值在于切实服务于实际教学，推动教育质量提升。缺乏理论支撑的教育实践往往流于表面，难以深入问题的本质。历史上，许多杰出的教育家都强调理论与实践的结合，认为这是推动教育进步的核心动力。

首先，理论为实践提供了明确的方向。在教育过程中，面对复杂多变的情况，教师需要有系统的理论作为指导，才能做出科学的决策。理论帮助教育者从整体上把握教育规律，避免在实践中迷失方向。例如，孔子的"因材施教"理论，不仅是对个体差异的尊重，还是对教育方法的深刻理解与应用。

其次，理论能够提升实践的有效性。教育家通过总结前人经验，提炼出具有普遍意义的理论，这些理论在实践中被不断验证与完善。教育工作者借助这些理论，可以避免重复试错，直接应用已被证明有效的教育方法，从而提高教学质量。杜威的"做中学"理论就是通过实践不断检验和发展的结果，对现代教育产生了深远影响。

最后，理论指导实践还能促进教育创新。教育理论不仅是对现有实践的总结，还是对未来教育的预见与探索。教育家通过理论思考，可以发现现有实践中的不足，并提出新的解决方案。这种基于理论的创新，往往能引领教育改革的方向，推动整个教育体系的进步。陶行知的"生活即教育"理论，正是通过深刻的理论思考与实践探索，开创了中国现代教育的新局面。

总之，理论指导实践不仅能确保教育活动的科学性和有效性，还能推动教育的不断创新与发展。教育家精神中的这一特质，使教育实践不再是简单的经验积累，而是有深度的、有预见性的系统工程。

（2）教育实践中的理论创新

在教育实践的过程中，理论创新往往源于对现实问题的深刻洞察和持续探索。

首先，教育家通过观察课堂教学的实际情境，发现传统教育理论的局限性，进而提出新的理论框架。例如，在面对学生个体差异时，教育家提出了个性化教学的理论，强调因材施教，以更好地满足不同学生的学习需求。

其次，教育实践中的理论创新还体现在对教学方法的不断改进上。教育家通过实验和试点，验证新的教学方法的有效性，并根据实践结果调整和完善理论。例如，翻转课堂和项目式学习等新型教学模式的提出，正是教育家在实践中不断摸索和创新的成果。

最后，跨学科的融合也为教育实践中的理论创新提供了新的视角。教育家借鉴心理学、社会学和信息技术等领域的最新研究成果，将其应用于教育实践，从而形成新的教育理论。例如，信息技术的发展催生了在线学习和混合式教学的理论，这些理论在实践中不断得到检验和完善，为教育改革提供了新的方向。

总之，教育实践中的理论创新是一个动态的过程，它不仅需要教育家的敏锐观察和大胆尝试，还需要他们具备跨学科的视野和持续学习的能力。通过不断的实践和反思，教育家推动着教育理论的发展，为教育事业的进步注入新的活力。

（3）理论与实践相结合的案例分析

在中国教育发展的历程中，许多教育家通过将理论与实践相结合，取得了显著的成就。陶行知便是其中的代表人物之一。他在美国学成归国后，并没有直接照搬西方的教育理论，而是结合中国的实际情况，提出了"生活即教育"的理念。他在南京创办的晓庄试验乡村师范，正是这一理念的实践基地。在这里，陶行知强调教育要与生产劳动相结合，学生不仅要学习书本知识，还要参与实际的农业劳动，以此培养学生的实践能力和社会责任感。

蔡元培在北京大学的改革实践也是一个值得分析的案例。蔡元培在担任北京大学校长期间，引入了德国的大学自治和学术自由的理念，但他并没有完全照搬，而是根据中国的文化背景进行了调整。他提倡"兼容并包"的办学方针，鼓励不同学术观点的碰撞与交流，同时注重学生的全面发展，强调德智体美劳的全面教育。在他的领导下，北京大学成了新文化运动的中心，为中国近代教育的发展注入了新的活力。

此外，当代教育家李吉林的情境教育实践也颇具代表性。李吉林通过多年的教学实践，总结出了情境教育法，该方法强调通过创设具体生动的学习情境，激发学生的学习兴趣和主动性。她在语文教学中，常常利用图画、音乐、表演等多种手段，让学生在具体情境中理解和掌握知识。这种理论与实践相结合的教育方法，不仅提高了学生的学习效果，还在全国范围内得到了推广和应用。

这些案例表明，教育理论只有与实践相结合，才能真正发挥作用。教育家在实践中不断探索和创新，为中国教育事业的发展做出了重要贡献。他们的成功经验，也为后来的教育工作者提供了宝贵的借鉴和启示。

5.2.3　教育家精神与知识传播

（1）知识传播在教育中的作用

知识传播在教育中的作用体现在多个方面。

首先，它促进了知识的共享与积累。通过系统的教育活动，知识得以在不同个体之间传递，从而避免了知识在个人或小团体内的封闭与流失。这种共享机制不仅帮助学生获取前人的智慧，还为新知识的产生奠定了基础。

其次，知识传播推动了社会的整体进步。教育作为知识传播的主要途径，为社会培养了具备专业技能和创新能力的人才。这些人才在各行各业中发挥作用，将所学知识应用于实践，从而推动了科技、文化、经济等各个领域的发展。

最后，知识传播在塑造个体价值观和思维方式上也具有重要作用。在教育过程中，学生不仅学习到了书本知识，还通过与教师、同学的互动，逐渐形成了自己的世界观、人生观和价值观。这种深层次的影响往往超越了具体的学科知识，成为个人成长和社会发展的重要推动力。

（2）教育家在知识传播中的角色

教育家在知识传播中扮演着至关重要的角色。他们不仅是知识的传递者，还是知识创新的推动者。首先，教育家通过教学活动将复杂的知识体系以简明易懂的方式传授给学生，确保知识在代与代之间有效传递。其次，教育家往往站在学术前沿，通过科研和实践不断拓展知识的边界，并将最新的研究成果融入教学，使学生接触到最前沿的学术动态。最后，教育家还通过撰写著作、发表演讲及参与学术交流等方式，将自身的知识和经验分享给更广泛的受众，促进知识在社会各阶层的传播与普及。他们以身作则，激励学生和同行在知识探索的道路上不断前行，从而在整体上推动社会知识水平的提升。

（3）知识传播与教育家精神的互动

知识传播与教育家精神之间的互动关系，体现在教育家通过自身的理念和实践，推动知识在社会中的广泛传播，同时知识传播的过程也进一步塑造和丰富了教育家精神的内涵。

首先，在知识传播的过程中，教育家精神中的求真务实、勇于创新的特质得以充分展现。他们不满足于已有知识的传授，而是不断追求新知，推动学术进步和社会发展。

其次，知识传播的过程也是教育家精神不断发展和升华的过程。在传播知识的过程中，教育家需要面对不同的受众和复杂的社会环境，这要求他们具备敏锐的洞察力和灵活的应变能力。通过与学生、同行和社会各界的互动，教育家不断吸收新的思想和反馈，从而丰富自己的精神世界。这种互动让教育家精神在实践中得以检验和完善，使其更具包容性和前瞻性。

最后，知识传播与教育家精神的良性互动，促进了整个社会对知识的尊重和追求。教育家通过自身的榜样作用，影响着一代又一代的学子，使追求知识、崇尚真理成为社会的共同价值观。这种互动不仅提升了社会的整体知识水平，还为教育家精神注入了新的活力，使其在不同的时代背景下都能焕发出新的生机。教育家精神在知识传播中的作用，不仅是传授知识，还是通过这种互动，塑造了一种尊重知识、崇尚创新的社会文化氛围。

5.3　教育家精神的价值观特质

5.3.1　价值观在教育中的核心地位

（1）价值观与教育目标的关系

价值观与教育目标的关系密不可分，价值观为教育目标的确立提供了根本的方向和依据。教育不仅是传授知识和技能，还要培养学生的健全人格和社会责任感。因此，教育目标的设定往往反映了社会主流价值观的导向。

在教育实践中，价值观直接影响着教育者对学生培养的方向。例如，在强调集体主义时，教育往往注重培养学生的合作精神和团队意识。而在强调个体发展时，教育则可能更侧重于培养个体的独立思考能力和自我实现。这种价值观的差异不仅体现在国家教育政策的制定上，还体现在每一堂课、每一次师生互动中。

此外，教育目标的实现过程也受价值观的制约。教育者在教学过程中，会根据自身的价值观选择合适的教学方法和内容。例如，一个重视诚信价值观的教育者，可能会在课程中更多地引入有关道德的讨论，并通过具体案例分析来强化学生的诚信意识。

总的来说，价值观与教育目标的关系是双向互动的。价值观不仅决定了教育目标的基本方向，还在教育目标的实施过程中产生潜移默化的影响。教育者需要在深刻理解社会主流价值观的基础上，制定科学合理的教育目标，以促进学生的全面发展。

（2）价值观对教育内容的影响

价值观对教育内容的影响深远且广泛，价值观直接决定了教育活动的核心方向。

首先，价值观决定了教育内容的选择标准。在课程设计和教材编写过程中，哪些知识被纳入教学范围，哪些被排除在外，往往取决于社会主流价值观。例如，强调集体主义的社会更可能在教育内容中突出团队合作和共同利益，而注重个体发展的社会，则会在教育内容中偏重个人成就和独立思考。

其次，价值观影响了教育内容的组织方式。教育内容不仅是知识的罗列，还需要根据特定价值观进行编排和组织。例如，历史课程中对历史事件和人物的评价，常常反映出社会对正义、公平、爱国主义等价值观的理解。这些价值观不仅影响了学生对历史的认知，还塑造了他们对现实社会的看法。

最后，价值观还影响了教育内容的传递方式。在教学过程中，教师不仅是知识的传递者，还是价值观的传播者。他们通过言传身教，将隐含在教育内容中的价值观传递给学生。例如，在讲解文学作品时，教师对作品中人物行为的评价，往往反映了社会对道德、伦理和美丑的判断，从而潜移默化地影响了学生的价值观。

总的来说，价值观对教育内容的影响是全方位的，从内容的选择、组织到传递，无不渗透着价值观的影子。这种影响不仅决定了学生学什么，还影响学生怎么学，以及学完后如何看待世界。

（3）价值观在教育过程中的体现

价值观在教育过程中的体现主要通过教育内容的选择与编排而得以实现。

首先，教材和课程设置往往蕴含着特定的价值取向，例如，强调集体主义、爱国主义或社会责任感。这些价值观通过各种形式潜移默化地传递给学生。

其次，教师在教学过程中扮演着价值引导的角色。教师不仅通过言语讲解传达价值观，还通过自身行为、课堂管理及与学生的互动，展示对公正、诚信、尊重等价值观的认同与践行。学生在观察与模仿中逐渐内化这些价值观念。

最后，校园文化与集体活动是价值观教育的重要载体。学校的规章制度、评优标准及各类仪式活动，无不渗透着特定的价值导向。例如，升旗仪式、志愿者活动及主题班会等，都在无形中强化着学生对责任、奉献和团结等价值观的理解与践行。通过这些途径，价值观教育得以贯穿于整个教育过程，影响着学生的思想和行为。

5.3.2 教育家精神的价值观体现

（1）教育家对价值观的塑造

教育家在价值观的塑造过程中扮演着至关重要的角色。

首先，他们通过言传身教将正确的价值观念传递给学生。这种传递不仅仅依赖于课堂上的知识讲授，更体现在日常生活中的细节上。例如，一位注重诚信的教育家，会在自己的行为中严格遵循诚信原则，以此为学生树立榜样。

其次，教育家善于利用各种教育资源和机会，将价值观教育融入课程和活动。他们不仅关注学生学术能力的提升，还注重培养学生的道德判断力和责任感。通过组织社会实践活动、主题班会及各类校园文化活动，教育家努力营造有利于学生价值观养成的环境。

最后，教育家还通过与家长的密切合作，共同促进学生价值观的形成。他们认识到家庭教育在价值观塑造中的重要作用，因此积极与家长沟通，分享教育理念和方法，以期在家庭和学校之间形成合力。这种家校合作的模式，有助于学生在多元的环境中，逐渐形成稳定而积极的价值观体系。

（2）教育家精神中的价值观传承

首先，教育家精神中的价值观传承体现在对传统美德的坚守与弘扬上。无论是孔子的"仁爱"思想，还是陶行知的"生活即教育"理念，这些核心价值观通过一代代教育家的言传身教，深深植根于教育实践。教育家不仅在课堂上传授知识，还通过自身行为示范，将诚信、责任、尊重等美德传递给学生，使这些价值观在不同历史时期得以延续和发展。

其次，教育家精神中的价值观传承还表现在对时代精神的敏锐把握与创新融合上。随着社会的变迁，新的价值观不断涌现，教育家始终站在时代的前沿，将符合社会进步需求的价值观融入教育内容。例如，在近代中国社会剧烈变革的背景下，蔡元培等教育家将民主、科学等现代价值观引入教育体系，推动了教育理念的现代化进程。这种对时代价值观的敏锐感知和积极吸纳，使教育家精神在传承中不断创新。

最后，教育家精神中的价值观传承离不开国际视野与本土文化的结合。在全球化背景下，中国教育家积极吸收国外先进教育理念，同时坚守中华文化的核心价值观。通过这种兼收并蓄的方式，教育家不仅培养了具有国际竞争力的人才，还确保了中华文化的核心价值观在年轻一代中的传承与发展。这种融合与坚守，使教育家精神中的价值观传承具有了更为深远的意义。

（3）价值观特质在教育实践中的运用

价值观特质在教育实践中的运用体现在多个层面。

首先，教育家在教学过程中注重将核心价值观贯穿在课程内容和教学方法中。例如，通过历史课程传递爱国主义精神，或在文学课程中强调人文关怀，使学生在潜移默化中形成正确的价值判断。

其次，教育家在管理学校和班级时，也充分运用其价值观特质。他们通过制定校规校纪，营造积极向上的校园文化氛围，培养学生的自律精神和集体荣誉感。在这种环境中，学生不仅能学到知识，还能学会如何做人，如何与他人和谐相处。

最后，教育家还通过言传身教，将价值观传递给学生。他们以身作则，用实际行动展示诚信、责任和奉献等美德，成为学生效仿的榜样。这种榜样的力量往往比单纯的说教更具感染力，能够深远地影响学生的人生观和世界观。

5.3.3 价值观特质与教育改革

（1）价值观特质在教育改革中的作用

教育改革不仅是政策和制度的调整，还是深层次价值观的变革与重塑。在教育家的精神引领下，价值观特质在教育改革中发挥着关键作用。

首先，价值观特质为教育改革提供了方向性指引。教育家的价值观往往决定了他们对教育目标和意义的理解，进而影响整个改革的方向。例如，强调人文关怀和全面发展的价值观，促使教育改革更加关注学生的个性化成长，而不仅仅是学习成绩的提升。

其次，价值观特质在教育改革中起到了凝聚共识的作用。面对多元化的社会需求和复杂的社会环境，教育改革需要在不同利益群体之间找到最大公约数。具有坚定价值观特质的教育家，能够通过他们的理念和实践，将不同利益相关者团结在一起，形成推动改革的合力。

最后，价值观特质还直接影响教育改革的实施效果。教育家在推行改革过程中，往往会遇到各种阻力和挑战。此时，价值观特质就成为一种内在驱动力，帮助教育家坚持初心，克服困难。例如，在面对传统教育观念的抵触时，具有创新和开放价值观的教育家，更有可能坚持改革方向，推动新理念的落实。

总的来说，价值观特质不仅是教育改革的灵魂所在，还是推动教育改革不断前进的动力源泉。在教育家的实践中，这种价值观特质已经并将继续在教育改革中发挥不可或缺的重要作用。

（2）教育改革对价值观特质的挑战

随着我国社会的快速发展，教育改革不断深化，这对传统教育家精神中的价值观特质提出了严峻的挑战。

首先，市场经济的快速发展使功利主义和实用主义逐渐渗透进教育领域，这对传统教育中强调的道德修养和人文精神构成了冲击。许多教育机构在改革过程中，过度关注学生的成绩和就业率，忽视了对学生核心价值观的培养，导致教育家精神中的理想主义和道德追求面临弱化的风险。

其次，在全球化背景下，西方价值观的涌入使本土教育价值观受到挑战。在教育改革中，如何在吸收外来先进教育理念的同时，保持和发扬中国传统教育中的核心价值观，成为一大难题。在引入西方教育模式的过程中，一些改革措施表现出对本土文化和价值观的忽视，使教育家精神中的民族性和文化特质受到侵蚀。

最后，信息科技的迅猛发展，也对教育家精神中的价值观特质提出了新的挑战。在信息爆炸的时代，学生获取知识的途径变得更加多样化，但同时也带来了信息真伪难辨、价值观多元化等问题。教育改革需要在科技进步和价值观引导之间找到平衡，确保学生在获取知识的同时，能够形成正确的价值观和道德判断力。

总之，教育改革在推动教育进步的同时，也对传统教育家精神中的价值观特质提出了新的要求和挑战。如何在改革中坚守和弘扬核心价值观，成为当代教育工作者亟须思考和解决的重要课题。

（3）价值观特质与教育改革的互动

教育改革不仅是制度和方法的变革，还是深层次价值观的碰撞与融合。在当代中国，教育家精神中的价值观特质在教育改革中发挥着不可忽视的作用。

首先，价值观特质为教育改革提供了方向性指导。教育家精神中所蕴含的以人为本、注重德行的理念，促使改革更加关注学生的全面发展。这种价值观导向使教育改革在目标设定上更加注重人的发展与社会需求的平衡。

其次，教育改革的过程中，价值观特质也在不断接受挑战与重塑。社会的快速发展和多元文化的交融使传统价值观受到冲击。教育家精神中的核心价值观，如诚信、责任、尊重等，在面对现代教育改革中的功利主义和短期效益倾向时，往往能够起到矫正和平衡的作用。这种互动促使教育改革在实践中不断调整，以适应新的社会环境，同时坚守教育的本质。

最后，价值观特质与教育改革的互动还体现在实践层面的创新与突破上。教育家精神中的开放与包容的价值观，鼓励教育者在改革中勇于尝试新的教学方法和管理模式。这种价值观特质不仅推动了教育改革的深入发展，还为教育实践注入了新的活力。在价值观的引领下，教育改革得以在不断变化的社会环境中保持其核心使命和长远目标。

总之，价值观特质不仅在教育改革中发挥着稳定与引领的作用，还在改革实践中不断被丰富和发展。这种双向互动使教育改革在实现其目标的过程中，能够始终保持对教育本质的关注和对社会责任的担当。

5.4　教育家精神的社会组织特质

5.4.1　教育家在社会组织中的角色

（1）教育家与学校组织

在学校组织中，教育家扮演着至关重要的角色。他们不仅是知识的传播者，还是学校文化的引领者。在学校的发展过程中，教育家通过其独特的教育理念和实践方式，影响着学校的组织架构和运行模式。

首先，教育家对学校组织的愿景和使命制定起着关键作用。他们基于深厚的教育理论和丰富的实践经验，提出符合时代需求的教育目标，为学校的长远发展指明方向。

其次，教育家在学校管理中倡导民主与合作。他们鼓励教师、学生和家长共同参与学校决策，营造开放、包容的组织氛围。通过建立各种沟通机制和合作平台，教育家促进校内各方的交流与协作，使学校组织更具活力和凝聚力。

最后，教育家在学校组织中还扮演着变革推动者的角色。面对不断变化的社会环境和教育需求，他们勇于创新，积极引入新的教学方法和管理模式。教育家通过持续的专业发展和学习，不断提升自身和学校的适应能力，确保学校组织在变革中保持竞争力和活力。

在这种背景下，教育家不仅在学校组织中发挥着关键作用，还通过其精神和理念，塑造着学校的文化和价值观，使学校成为一个充满智慧和温暖的学习共同体。

（2）教育家与社区组织

教育家在社区组织中扮演着不可或缺的角色，他们不仅是知识的传播者，还是社区文化的建设者和引领者。

首先，教育家通过参与社区活动，将自身的教育理念融入社区文化，潜移默化地影响社区成员的价值观和行为规范。例如，一些教育家会组织社区读书会或文化讲座，以此提升社区居民的文化素养。

其次，教育家常常与社区组织合作，共同推动社区教育项目的发展。这些项目往往针对社区中的弱势群体，如儿童、老人和外来务工人员，通过提供免费的教育资源和学习机会，帮助他们更好地融入社会。教育家利用自己的专业知识和经验，设计适合不同群体的教育课程，确保教育的公平性和有效性。

最后，教育家在社区组织中还发挥着桥梁作用，连接学校、家庭和社会。他们通过组织家长会、社区座谈会等形式，促进各方沟通与合作，形成教育合力。这种多方联动的模式，不仅增强了社区的凝聚力，还为青少年的健康成长创造了良好的环境。教育家在其中的努力和贡献，使社区组织在教育领域的作用愈发重要。

（3）教育家与国家组织

教育家在国家组织中的作用不局限于教育政策的执行，还作为思想引领者参与国家教育规划的制定与推广。在中国，许多知名教育家，如蔡元培、陶行知等人，都曾通过与国家组织合作，推动全国范围内的教育改革。他们不仅为国家提供了先进的教育理念，还通过参与制定国家教育规划，帮助国家组织构建了现代教育体系的基本框架。

在国家组织的层面上，教育家往往扮演着桥梁的角色，他们将一线的教育经验与国家的宏观政策相结合，为政策的落地提供实践依据。

此外，教育家还通过参与国际教育交流与合作，提升国家在国际教育领域的影响力。他们不仅引进国外先进的教育理论和方法，还通过与国际组织的合作，将中国的教育经验推广到世界。这种跨国界的合作不仅增强了国家组织的全球视野，还为国内教育改革注入了新的活力。

教育家与国家组织的关系是双向互动的。国家组织为教育家提供广阔的实践平台，而教育家则通过自身的专业素养和创新精神，推动国家教育事业的发展。在这种互动中，教育家精神得以传承和发扬，同时也为国家组织注入了新的思想动力。

5.4.2　教育家精神与社会组织的互动

（1）社会组织对教育家精神的塑造

社会组织对教育家精神的塑造起着至关重要的作用。在不同的历史阶段和社会背景下，各类社会组织通过其独特的运行机制和文化氛围影响着教育家的思想和行为。

首先，学校作为基本的社会组织，是教育家精神培育的摇篮。在学校环境中，教育家不仅通过教学实践积累经验，还通过与同事、学生的互动，不断反思和完善自己的教育理念。学校组织的管理模式、学术氛围及师生关系等，都会对教育家的精神世界产生深远影响。例如，一个鼓励创新和自由思考的学校环境，往往能够孕育出具有开拓精神的教育家。

其次，社区组织在教育家精神的塑造中同样扮演着重要角色。社区的文化传统、社会风气及教育资源，都会对教育家的价值观和教育方法产生影响。在一些重视文化和教育的社区，教育家往往能够获得更多的支持和认可，这使他们更有动力去追求教育理想。同时，社区组织的公益活动和志愿服务，也为教育家提供了实践其教育理念的广阔平台。

最后，国家层面的政策和制度安排对教育家精神的形成具有决定性作用。国家的教育政策、法律法规及社会保障体系，不仅为教育家提供了行动的框架，还在一定程度上塑造了他们的精神。例如，一个国家若重视教育公平和质量，教育家往往会更加关注如何通过教育改变社会不公，推动社会进步。

总之，社会组织通过多种途径和方式，对教育家精神的塑造产生了潜移默化而又深远持久的影响。这种影响不仅体现在教育家的职业生涯中，还渗透到他们的思想深处，成为其精神世界的重要组成部分。

（2）教育家精神对社会组织的影响

教育家精神对社会组织的影响体现在多个层面。

首先，教育家通过其独特的教育理念和实践引导社会组织更加关注人的全面发展。他们强调人文关怀和道德教育，促使社会组织在运营时更加注重成员的精神需求。

其次，教育家精神往往带有强烈的社会责任感，这种责任感会渗透到社会组织的使命和目标中。在一定程度上，社会组织在教育家的影响下，更倾向于将服务社会、推动公共利益作为核心价值，而不仅仅追求经济效益或组织扩张。

最后，教育家通常具备卓越的领导力和组织能力，这些能力通过他们的影响传递给社会组织的管理者，提升了组织的管理效能和决策水平。在教育家精神的熏陶下，社会组织更有可能实现可持续发展，并在复杂的社会环境中保持其初心与方向。

（3）教育家精神与社会组织的协同发展

首先，教育家精神与社会组织的协同发展体现在二者目标的一致性上。教育家通过其精神引领，致力于培养具有社会责任感与实践能力的个体，而社会组织则通过其平台功能，将这些个体输送到各个需要发展的领域。这种目标的契合使教育家精神能够在社会组织的框架内得以实践和弘扬。

其次，教育家精神为社会组织注入了持久发展的动力。教育家所倡导的创新思维、人文关怀与道德准则，能够有效提升社会组织的运营效率与社会影响力。例如，在公益性社会组织中，教育家精神强调的奉献与责任感，往往能激发成员的积极性，推动组织在服务社会方面取得更大成效。

最后，社会组织为教育家精神提供了广阔的实践平台。通过社会组织的网络，教育家的理念能够更广泛地传播与落实。例如，教育家可以通过与社会组织开展项目合作、举办培训活动等形式，将其教育思想与实践经验分享给更多的社会成员，从而实现教育家精神的广泛影响与代际传承。这种协同发展不仅增强了社会组织的活力，还为教育家精神在新时代背景下的创新与发展提供了可能。

5.4.3　教育家精神在社会组织中的实践

（1）教育家精神在组织管理中的应用

首先，教育家精神在组织管理中的应用体现在以人为本的管理理念上。教育家强调每个人都是独特的个体，拥有不同的潜能和学习方式。因此，在组织管理中，领导者需要关注员工的个性化发展，制定灵活的管理策略，以激发员工的创造力和积极性。通过尊重和理解员工的需求，组织可以营造出一个更加和谐和高效的工作环境。

其次，教育家精神强调终身学习和持续改进的文化。在组织管理中，这表现为对员工培训和发展的高度重视。领导者不仅要为员工提供必要的技能培训，还要鼓励他们不断学习新知识，适应变化。这种学习型组织的构建，有助于提高组织的整体竞争力和适应能力，确保在快速变化的市场中立于不败之地。

最后，教育家精神在组织管理中的应用还体现在榜样作用上。教育家通常以身作则，通过自己的行为影响和激励他人。在组织中，领导者需要展现出高尚的道德标准和职业操守，以此赢得员工的信任和尊重。同时，领导者要勇于承担责任，在面临困难和挑战时，要坚定信念，带领团队共克时艰。这种领导风格不仅能提升团队凝聚力，还能促进组织的可持续发展。

（2）教育家精神在组织文化建设中的作用

教育家精神在组织文化建设中扮演着引领者和塑造者的角色。

首先，教育家精神强调以人为本，这种理念能够有效促进组织内部形成人文关怀氛围。通过关注员工的发展与成长，教育家精神帮助组织构建一个尊重个体、激发个体潜能的环境，从而增强团队凝聚力。

其次，教育家精神注重道德与诚信，这为组织文化注入了强大的道德基因。在教育家精神的引领下，组织更倾向于建立诚信为本、责任为先的文化氛围，这不仅有助于提升组织的公信力，还能在组织内外形成一种积极的道德影响力，推动整个团队的健康发展。

最后，教育家精神提倡持续学习与创新，这种理念能够推动组织形成学习型文化。在教育家精神的激励下，组织鼓励员工不断学习新知识、新技能，并勇于尝试新方法、新思路。这种文化氛围不仅能提高组织的适应能力和创新能力，还能帮助组织在激烈的竞争中保持持续发展的动力。

通过以上几个方面的作用，教育家精神在组织文化建设中不仅能够提升组织的整体素质，还能为组织的长期发展奠定坚实的文化基础。

（3）教育家精神与社会组织改革的关系

教育家精神在社会组织改革中扮演着不可或缺的角色。

首先，教育家精神强调以人为本，这与现代社会组织改革的目标高度契合。在改革过程中，教育家精神推动组织更加关注人的发展。这种精神促使社会组织在变革中更多地考虑成员的成长与福利，从而形成一个更为人性化的工作环境。

其次，教育家精神所蕴含的创新意识为社会组织改革提供了动力。教育家常常是新思想和新方法的倡导者，他们不满足于现状，勇于探索和实践新的教育模式。这种创新精神在社会组织改革中同样重要，能够帮助组织打破传统束缚，引入新的管理理念和服务模式，提高组织的适应力和竞争力。

最后，教育家精神还体现在对社会责任的承担上。在社会组织改革中，教育家精神引导组织不仅关注内部的效率和利益，还重视对外部社会的贡献。通过积极参与社会公益活动，推动公共政策的落实，社会组织在教育家精神的引领下，能够更好地履行其社会责任，实现可持续发展。教育家精神与社会组织改革的结合，不仅推动了社会组织的自身发展，还为社会的进步注入了新的活力。

5.5 教育家精神的生活方式特质

5.5.1 教育家生活哲学的内涵

（1）教育家的生活态度

教育家的生活态度往往体现出一种超然与执着并存的张力。他们将生活视为不断学习与自我完善的过程，注重内心的宁静与精神的富足。在面对复杂多变的社会环境时，教育家通常保持一种平和与宽容的心态，不急功近利，而是着眼于长远的发展与深远的影响。他们坚信教育不仅是传授知识的过程，还是塑造人格、启迪心灵的过程，因此在生活中也常常表现出对人的尊重与对真理的追求。教育家通常具有高度的责任感，愿意为社会进步和他人成长贡献自己的力量，这种责任感也深刻影响了他们的生活方式和人生选择。他们善于从日常生活中发现教育的契机，并将其融入自己的教育实践，不断反思与进步。这种积极而又淡然的生活态度，使教育家能够在纷繁的世界中保持初心，坚定不移地走在育人的道路上。

（2）教育家的生活价值观

教育家的生活价值观往往体现出对简单、朴素和精神富足的追求。他们倾向于将物质生活置于精神追求之后，认为真正的幸福源于内心的充实与对社会的贡献。许多教育家在生活中秉持着"安贫乐道"的态度，不追求奢华的生活方式，而是将更多的精力投入教育事业和学生的成长。

在教育家的价值观里，人与人之间的真诚与善良被视为最重要的品质。他们常常以身作则，通过自己的行为影响学生和周围的人。教育家相信，教育不仅是传授知识，还要培养积极向上的生活态度。他们通过日常生活中的点滴，传递出对真善美的追求，引导学生树立正确的价值观和人生观。

此外，教育家的生活价值观还体现在他们对社会责任的重视上。他们不仅关注自己的生活质量，还关心整个社会的进步与发展。在他们看来，个人的幸福与社会的和谐密不可分。因此，教育家常常积极参与社会公益活动，努力为社会的进步贡献自己的力量。他们通过自己的生活方式，诠释了什么是真正的教育家精神。

（3）教育家的生活方式与教育实践

教育家的生活方式深刻影响着他们的教育实践，二者之间存在着密不可分的关系。

首先，教育家的日常生活习惯往往渗透着他们对知识的渴求与对自我提升的追求。这种对学习的执着使他们不仅自身不断汲取新知识，还将这种精神传递给学生。他们通过日常的阅读、思考，不断完善自己的教育理念，并在课堂上、在与学生的互动中潜移默化地影响学生。

其次，教育家的作息安排和工作习惯也直接影响着他们的教学方式。许多教育家崇尚规律的生活，他们认为只有在一个秩序良好的环境中，才能更好地进行教育工作。这种规律性不仅体现在时间的管理上，还体现在他们对待教育工作的严谨态度上。他们通过制订严格的计划并执行，将这种严谨的态度传递给学生，培养学生的时间管理能力和自律精神。

最后，教育家的生活方式还体现在他们如何处理与学生、同事及社会的关系上。许多教育家提倡简朴而真诚的生活方式，他们在日常生活中注重以身作则，通过自己的言行举止，影响和感染学生，培养学生的道德品质和社会责任感。这种生活方式不仅丰富了教育实践的内涵，还使教育家在学生心目中更具亲和力和影响力。

通过生活方式与教育实践的紧密结合，教育家不仅在知识层面上影响着学生，还在精神层面上塑造着学生的世界观、人生观和价值观。这种深远的影响，使教育家的生活方式成为其教育实践的重要组成部分。

5.5.2 教育家精神与生活方式的融合

（1）生活方式对教育家精神的影响

生活方式对教育家精神的影响体现在多个层面。

首先，教育家的日常生活习惯和作息规律直接影响其思维方式和工作效率。有条不紊的生活节奏使他们能够保持清晰的头脑，从而在教育实践中做出更为理性和长远的决策。例如，规律的作息和健康的生活习惯使教育家在面对复杂教育问题时，能够保持专注和耐心。

其次，教育家的社交圈和文化活动也对其精神世界产生深远影响。与不同领域的专家进行交流，参加文化活动或学术研讨会，能够开阔他们的视野，激发创新思维。这些经历不仅丰富了他们的精神生活，还促使他们在教育理念上不断创新，以适应社会的快速变化。

最后，生活方式中的价值观和道德准则会深刻影响教育家的教育理念和行为准则。一个崇尚简约和诚信的教育家，往往会在教育实践中强调学生的品德培养和人格塑造。教育家在教育过程中更注重言传身教，通过自身的生活态度去影响和引导学生，使其在学习之外，也能成为一个具备良好品格的社会公民。

（2）教育家精神对生活方式的指导

教育家精神在个人生活方式的选择与实践中起着潜移默化的指导作用。

首先，教育家精神强调自律与自省，这种内在的修养要求个体在日常生活中追求简约与质朴。这种精神促使人们在物质丰裕的现代社会中，依然能够保持清醒的头脑，不被消费主义裹挟，而是选择一种更加注重内心平和与精神富足的生活方式。

其次，教育家精神倡导终身学习，这种理念不仅体现在职业生涯中，还渗透到日常生活的方方面面。在教育家精神的引导下，个人会更加注重知识的积累与更新，通过阅读、思考和实践不断提升自我。这种不断追求进步的生活态度，使人们在面对快速变化的社会环境时，能够保持开放的心态。

最后，教育家精神还强调社会责任感与奉献精神，这种价值观直接影响着人们生活方式的选择。在教育家精神的指导下，个人不仅关注自身的幸福与成功，还关注如何通过自己的努力为社会做出贡献。这种精神促使人们在日常生活中积极参与公益活动，关注弱势群体，努力创造一个更加和谐美好的社会环境。通过这种生活方式，个人不仅能实现自我价值，还能为社会的进步与发展贡献力量。

（3）教育家精神与生活方式的互动关系

教育家精神不仅体现在其教育理念和实践中，还深刻影响着他们的生活方式，并反过来被生活方式所塑造。

首先，教育家通常具有强烈的自律性和求知欲，这种精神特质促使他们形成了一种不断学习与反思的生活方式。他们通过持续的学习来更新自己的知识体系，并将这种学习态度融入日常生活，成为个人习惯的一部分。

其次，教育家的生活方式也反映在他们的人际交往和社会活动中。他们往往注重与同行、学生及社会的互动，通过参与各种社会活动，传播其教育理念和价值观。这不仅丰富了他们的生活体验，还使他们的教育精神在更广泛的社会层面得到实践和认可。

最后，教育家精神在家庭生活中也表现得尤为明显。许多教育家将家庭视为教育实践的重要场所，他们注重家庭教育，通过言传身教影响家庭成员，尤其是下一代的价值观念和生活方式。这种家庭与事业的互动，不仅增强了教育家精神的影响力，还为社会培养了更多具有良好素质的公民。

通过这种方式，教育家精神与生活方式形成了一种良性互动，二者相互促进，共同发展。教育家在生活中实践其教育理念，而生活方式又为教育精神的丰富和传播提供了广阔的舞台。

5.5.3　教育家精神在现代生活方式中的体现

（1）现代生活方式中的教育家精神

首先，现代生活方式中的教育家精神体现在他们对教育理念的坚持与创新上。面对快节奏的现代生活，教育家更加注重培养学生的综合素质。他们强调培养学生的独立思考能力、创造力及团队合作精神，以应对未来社会的复杂挑战。

其次，教育家精神在现代生活方式中的另一个体现是对于终身学习的倡导。随着信息技术的飞速发展，知识更新周期缩短，教育家鼓励学生树立终身学习的理念，保持对新知识的好奇与渴求。他们通过设计多样化的学习路径，帮助学生在不同的人生阶段都能获得成长与进步。

最后，现代教育家还关注学生的心理健康。在竞争日益激烈的社会环境中，他们努力营造一个充满支持性和包容性的学习环境，帮助学生在学业上取得进步的同时，保持心理和情感上的平衡。这种关注学生全面发展的教育家精神，正成为现代生活方式不可或缺的一部分。

（2）教育家精神与现代生活节奏的协调

在现代社会的快速发展下，生活节奏日益加快，人们的时间被各种事务分割得支离破碎。教育家精神在这种背景下，需要找到与现代生活节奏相协调的方式，以确保教育的有效性和持久性。

首先，教育家精神强调的终身学习理念在现代生活中显得尤为重要。面对信息爆炸和知识更新速度的加快，教育家精神通过倡导持续学习和自我提升，帮助个体在快节奏的生活中保持竞争力。这种精神鼓励人们将学习融入日常生活，利用碎片化时间进行知识积累和技能提升。

其次，教育家精神注重平衡工作与生活的关系。在现代生活中，工作压力和生活压力常常让人感到不堪重负。教育家精神提倡通过教育和自我反思，找到工作与生活的平衡点。这不仅有助于保持个人的身心健康，还能提高工作和学习的效率，从而更好地适应现代社会的需求。

最后，教育家精神强调社群合作的重要性。在快节奏的现代生活中，个体常常感到孤立无援。教育家精神通过推动社区教育和合作学习，帮助人们建立起互相支持的"网络"。这种精神鼓励人们在快节奏的生活中，不忘与他人建立深厚的人际关系，通过合作和交流，实现共同成长和进步。

总之，教育家精神在与现代生活节奏的协调中，发挥着不可或缺的作用。它通过倡导终身学习、平衡工作与生活，以及促进社群合作，帮助个体在快速变化的世界中找到自己的位置，实现个人和社会的共同发展。

（3）教育家精神在生活方式变革中的适应性与引领作用

随着社会的快速发展，人们的生活方式发生了深刻变革。科技进步、全球化及信息化的浪潮，正以前所未有的速度改变着人们的日常生活。面对这些变化，教育家精神不仅需要适应新的生活方式，还应在其中发挥引领作用。

首先，教育家精神在生活方式变革中的适应性体现在对新兴技术的接受与应用上。现代社会中，信息技术、人工智能等新兴科技正在重塑人们的学习与生活方式。教育家积极利用这些技术工具，拓展教育的边界，推动在线教育、个性化学习等方式的普及。他们认识到，只有适应科技带来的变化，才能更好地服务于学生的成长与发展。

其次，教育家精神在生活方式变革中的引领作用体现在对价值观的坚守与传播上。在物质生活日益丰富的今天，精神层面的追求显得尤为重要。教育家通过言传身教，帮助学生树立正确的价值观，强调责任感、诚信与社会贡献。他们不仅关注学生知识的积累，还注重培养其健全的人格，使之在纷繁复杂的生活方式变革中保持清醒的头脑与坚定的信念。

最后，教育家精神在生活方式变革中的引领作用还表现在对可持续发展的关注上。现代生活方式的快速变化带来了资源消耗、环境污染等问题。教育家通过教育活动，倡导绿色生活方式，培养学生的环保意识和社会责任感。他们鼓励学生在日常生活中践行可持续发展的理念，从点滴小事做起，共同守护地球家园。

总之，教育家精神在生活方式变革中，既需要灵活适应新环境，也要坚守教育的初心与使命，从而为社会的可持续发展与人类文明的进步贡献智慧与力量。

5.6　教育家精神的遗产特质

5.6.1　尊师重教的传统

尊师重教是中华民族传承千年的优良传统，深刻影响了我国教育家精神的发展。自古以来，教师被视为知识与道德的化身，肩负着传道、授业、解惑的重任。在古代，师者如父，学生对教师的尊敬不仅体现在学业上的恭敬之态，还渗透到日常生活的方方面面。儒家思想尤其强调尊师重教,孔子被尊奉为"至圣先师",其弟子对他毕恭毕敬,这种风范影响了后世无数学子与教育家。

在古代,尊师重教的传统不仅停留在精神层面,还在制度上得到了保障。历代王朝通过设立官学、私塾等教育机构,在一定程度上确保教师的地位与尊严。唐代开始实行的科举制度进一步强化了尊师重教的社会风气,在当时,读书人若想出人头地,教师的教导与提携往往起到关键作用。在这种社会背景下,教师不仅是知识的传播者,还是社会道德的守护者。

随着时代的变迁,尊师重教的传统在我国教育家精神中不断传承与发展。近现代以来,虽然教育形式发生了巨大变化,但尊师重教的核心价值依然深入人心。教育家不仅继承了这一传统,还将其融入现代教育理念,强调师生之间的尊重与信任,为培养新一代具有社会责任感的人才奠定了基础。

5.6.2 教育与修身的关系

教育与修身的关系自古以来便是我国教育家精神的重要组成部分。在中国传统文化中,教育不仅是知识的传授,还是人格的培养和自我修养的提升。教育家强调,教育的目的不仅在于使人获得技能和知识,还要使人通过学习与实践,达到内在品德的完善。

历代教育家都十分重视修身,认为修身是齐家、治国、平天下的基础。通过修身,个体能够不断提升自己的道德水平和精神境界,从而更好地服务于家庭和社会。朱熹曾提出"格物致知"的理念,强调通过探究事物的道理,来做到知行合一,从而实现自我完善。这种教育理念不仅关注学生的智力发展,还重视学生的道德培养和人格塑造。

此外,教育与修身的关系还体现在教育环境对个体修养的影响上。良好的教育环境能够激发学生的内在潜能,促使他们主动追求自我提升。而教育家所倡导的师生关系也强调教师在学生修身过程中的引导作用。教师不仅要传授知识,还要通过自身的言行举止,成为学生修身的榜样。在这种教育理念下,教育不仅是知识的传递,还是精神的传承与修养的实践。

5.6.3 教育与社会秩序的关联

教育在维系和构建社会秩序方面具有不可替代的作用。

首先,教育通过传授知识和价值观,培养个体的社会责任感与道德意识。

这种责任感和意识是社会稳定的重要基石，它使每个社会成员能够在日常生活中遵循共同的规则和规范，从而减少社会矛盾和冲突。

其次，教育是实现社会流动的重要途径。通过提供公平的教育机会，社会各阶层的人能够凭借自身的努力获得向上流动的机会。这种流动不仅增加了社会的活力，还在一定程度上缓解了社会的不平等，使社会结构更加稳定。

最后，教育在文化传承和社会整合中也扮演着关键角色。通过教育，社会共同的文化传统和价值观得以代代相传，增强了社会的凝聚力。特别是在多元文化的社会中，教育可以帮助不同文化背景的人找到共同的价值基础，从而促进社会的和谐与团结。

总之，教育与社会秩序的关联体现在它通过培养有责任感和道德意识的公民、促进社会流动及整合多元文化，为社会的稳定和发展提供了重要支持。教育不仅是个人发展的工具，还是社会秩序的重要维护工具。

5.6.4　古代经典教育文献的价值

古代经典教育文献是教育家精神传承的重要载体，其价值体现在多个方面。

首先，这些文献系统记录了古代教育家的思想精髓和实践经验，为后世提供了丰富的教育理论基础。例如，《论语》中孔子的教育言论至今仍对教育实践具有指导意义。

其次，古代经典教育文献承载了中华民族的教育价值观，反映了教育与修身、齐家、治国之间的密切关系，强调了教育在社会发展中的基础性作用。这些价值观通过文献代代相传，塑造了我国教育家的精神特质。

再次，古代经典教育文献还具有实践指导价值。许多教育理念和方法经过历史的检验，被证明具有普遍适用性。例如，《礼记·学记》中关于教学相长的论述，至今仍被广泛应用于现代教育。这些文献不仅为教育家提供了理论支持，还通过具体的教育案例和方法指导，帮助他们更好地开展教育实践。

最后，古代经典教育文献也是文化传承的重要组成部分。它们通过文字将古代教育家的智慧和经验保存下来，成为后人学习和研究的重要资料。这些文献在传承过程中，不断被注释和解读，丰富了其内涵，使其在不同的历史时期都能发挥重要作用。通过这些文献，现代教育家能够更好地理解和继承古代教育家的精神，为当代教育事业的发展做出贡献。

5.6.5　教育家精神在现代教育中的应用

随着社会的不断发展，教育家精神在现代教育中的应用愈加广泛且深入。

首先，教育家精神强调的"以人为本"理念在现代教育中得到了充分体现。许多学校和教育机构在制订教学计划和课程内容时，更加注重学生的个性化发展，力求通过因材施教的方式激发学生的潜力。这种以学生为中心的教育模式，不仅提升了教学效果，还促进了学生的全面发展。

其次，教育家精神中的"终身学习"观念在现代社会中被广泛接受和实践。越来越多的教育工作者认识到，学习不应局限于学校教育阶段，而应贯穿于人的一生。为此，各类成人教育、职业培训和在线学习平台蓬勃发展，为不同年龄层次的人群提供了多样化的学习机会。这种终身学习的理念不仅帮助个体在快速变化的社会中保持竞争力，还为社会的持续进步提供了源源不断的动力。

最后，教育家精神还体现在对教育公平的追求上。现代教育工作者通过各种方式努力缩小教育差距，促进教育资源的均衡分配。例如，一些公益组织和政府机构积极推进偏远地区和贫困家庭的教育援助项目，确保每一个孩子都有接受良好教育的机会。这种对教育公平的执着追求，不仅体现了教育家精神的核心价值，还为构建和谐社会做出了重要贡献。

通过这些实践，教育家精神在现代社会中焕发出新的活力，为推动教育事业的发展和社会的进步发挥了重要作用。

5.6.6　教育家精神与文化遗产的保护

教育家精神在中国文化遗产保护中发挥着不可或缺的作用。

首先，教育家通过其深厚的文化底蕴和历史责任感，积极推动将文化遗产内容融入现代教育体系。例如，许多教育家提倡在学校课程中增加传统文化的比重，使学生在学习过程中了解并尊重文化遗产的价值。

其次，教育家往往是文化遗产保护的实际推动者。他们不仅通过撰写文章、发表演讲等方式呼吁社会关注文化遗产的保护，还参与具体的保护行动。例如，一些教育家通过组织文化活动、建立文化保护基金等形式，直接参与物质和非物质文化遗产的保护工作。

最后，教育家精神还体现在对文化遗产保护的创新性思考上。面对现代化进程的加速,许多教育家提出了在现代社会中有效保护和传承文化遗产的新思路。他们强调利用现代科技手段,如数字化技术,对文化遗产进行记录和保存,以确保这些珍贵的文化财富能够在未来继续传承下去。通过这些努力,教育家不仅保护了文化遗产本身,还传承了其中蕴含的精神价值。

第六章　教育家精神与文学

教育家精神与文学之间存在着紧密的互动关系，这种关系既表现为文学作为文化载体对教育家精神的传承与表达，也表现为教育家精神通过文学形式对社会价值观的塑造与引领。

6.1　文学在教育家精神传承中的作用

文学在教育家精神传承中的作用主要体现在三个方面。

首先，文学作品通过生动的叙事和深刻的描写，将教育家精神融入故事情节和人物形象，使读者在阅读过程中潜移默化地感受到其中的价值观和理念。这种情感共鸣往往比纯粹的理论灌输更具感染力和持久性。

其次，文学作为一种文化载体，能够跨越时间和空间的限制，将历史上不同阶段的教育家精神进行记录和传播。例如，许多经典文学作品中描绘的教育理念和师德风范，不仅影响了当时的读者，还为后世提供了宝贵的精神财富。文学的这种传承功能，使教育家精神能够在不同的时代和地域持续发挥作用。

最后，文学还通过激发读者思考和反思，促进教育家精神的创新和发展。文学作品常常提出各种社会问题，引导读者去思考解决方案。这种批判性思维的培养，正是教育家精神的重要组成部分，也为未来的教育实践提供了新的思路和方向。通过文学的启发，教育家精神得以不断丰富和更新，以适应社会发展的需要。

6.1.1　古代教育家与文学的关系

在古代，教育家与文学之间的关系密不可分。

首先，许多著名的教育家本身也是杰出的文学家。例如，孔子不仅是一位伟大的教育家，他的言行还被收录在《论语》中，成为后世文学创作的重要素材。孔子的教育思想通过文学作品广泛传播，对后代产生了深远影响。

　　其次，古代教育家常常通过文学作品来传达他们的教育理念。例如，《师说》是唐代文学家韩愈所作，文中不仅论述了为师之道，还通过生动的语言和丰富的例证，阐述了尊师重道的重要性。韩愈通过这篇文章，将教育理念与文学形式相结合，使他的教育思想得以广泛传播。

　　最后，文学作品在古代教育中扮演着重要的角色。许多教育家将文学作品作为教材，用以培养学生的道德情操和文化素养。例如，《诗经》作为中国最早的诗歌总集，被广泛用作教育材料，通过吟诵一些诗歌，学生不仅提高了文学修养，还接受了深刻的思想教育。

　　总的来说，古代教育家与文学的关系是相互促进的。教育家通过文学作品传播他们的思想，而文学则在教育过程中发挥了重要的作用。这种关系不仅丰富了教育的内容，还提升了文学的社会功能，使两者在古代文化中相得益彰。

6.1.2　近现代文学与教育家精神的互动

　　近现代文学在继承古代教育家精神的基础上，进一步拓展了其内涵与表现形式。随着社会的变革和思想的解放，文学作品开始更加关注个体成长与社会责任，这与近现代教育家精神强调的人格培养、社会责任感高度契合。许多文学作品通过描绘教育家的形象或叙述教育理念，潜移默化地传达了教育家精神，使读者在欣赏文学作品的同时，也能感受到其中蕴含的教育哲理。

　　文学家在这一时期开始主动与教育家展开互动，通过小说、散文、戏剧等形式，探讨教育的本质与意义。例如，鲁迅的作品常常描述底层民众的困境，反映了他对教育公平与社会进步的深切关注。这种文学创作不仅激发了读者对社会问题的思考，还在无形中传播了教育家精神，使其更加深入人心。

　　与此同时，近现代教育家逐渐认识到文学在教育中的重要作用。他们不仅在教学中引入优秀的文学作品作为教学材料，还鼓励学生通过文学创作表达自己的思想与情感。这种互动不仅丰富了教育的内容与形式，还使教育家精神在文学的滋养下得以更广泛地传播和传承。文学与教育的结合，为培养具有独立思考能力和强烈社会责任感的新一代奠定了坚实的基础。

6.1.3　当代文学对教育家精神的反映

　　当代文学作品在多个层面上反映了教育家精神，这体现在作品的主题和情节设置中，还通过人物形象的塑造和价值观念的传递得以展现。

首先，许多当代作家将教育家精神融入作品的主线，通过讲述教育工作者的奋斗历程，展现他们对教育理想的坚守。这些作品往往描绘了教育工作者在艰难环境下的不懈努力，以及他们对学生成长的深远影响。例如，一些小说和报告文学通过真实或虚构的故事，展现了乡村教师扎根基层、默默奉献的精神，这种精神正是当代教育家精神的重要组成部分。

其次，当代文学在人物塑造上也反映了教育家精神的核心价值观。许多作品中的教师形象被赋予了高度的责任感和使命感，他们不仅传授知识，还重视学生独立思考能力的培养和人格发展。在这些作品中，教师常常被描绘成学生人生道路上的引路人，他们以身作则，通过言传身教影响学生的价值观和人生观。

最后，当代文学还通过探讨教育改革和社会变迁，反映教育家精神在新时代背景下的新内涵。一些作品聚焦于教育体制的变革，探讨如何在新的社会环境下实现教育的公平与质量。这些作品不仅反映了教育工作者在改革中的探索和实践，还通过文学的形式引发了读者对教育本质的思考，无形中进一步弘扬了教育家精神。

总的来说，当代文学通过多样化的叙事手法和丰富的人物刻画，生动地反映了教育家精神，使其在新的时代背景下焕发出新的生命力。这些作品不仅记录了教育工作者的辛勤付出，还在更广泛的社会层面引发了对教育价值的重新审视。

6.2　文学作为教育家精神的传承载体

6.2.1　文学与教育家精神的内在联系

（1）文学创作中的教育家精神表达

在文学创作中，教育家精神的表达往往通过人物形象的塑造与故事情节的铺陈得以展现。作家常以饱含深情的笔触，描绘那些在三尺讲台上奉献一生的教师形象，他们以身作则，传递着对知识与道德的坚守。这些人物不仅在学术上追求卓越，还在人格上追求完美，他们的言行举止深刻影响着周围的学生与同事。

在一些作品中，教育家精神体现为对教育公平的执着追求。作家通过细腻的描写，展现那些在艰苦环境下依然坚守教育理想的教师，他们不畏艰难，努力为每一个孩子提供平等的学习机会。这种精神通过文学的传播，激励着更多人关注教育公平问题。

此外，文学创作还通过展现教师在面对困境时的坚韧与智慧，表达教育家精神的核心内涵。这些作品中的教师角色，往往在个人生活与职业生涯中遇到重重困难，但他们凭借对教育事业的热爱与责任感，克服种种挑战，最终赢得学生与社会的尊重。这种精神通过文学的力量，感染着每一位读者，促使他们思考教育的本质与价值。

（2）教育家精神在文学中的形象塑造

教育家精神在文学作品中的形象塑造常常通过人物的言行、思想和命运来展现。

首先，文学作品往往通过塑造具有高尚师德的教师形象来体现教育家精神。这些人物通常以无私奉献、关爱学生、追求真理的形象出现，他们的教育理念和实践常常成为故事情节发展的关键。

其次，文学作品还通过对教育家面对困境与挑战时的情境描写，进一步深化其精神内涵。例如，在面对教育资源匮乏、社会偏见或个人困境时，教育家所表现出的坚韧不拔与顽强拼搏不仅丰富了其人物形象，还增强了作品的感染力。

最后，文学作品还通过展示教育家对学生成长的深远影响，来凸显其精神价值。在这些故事中，教育家不仅是知识的传授者，还是学生人生道路上的引路人，他们的言传身教常常对学生的人生产生重大影响，这种师生关系的描绘也为教育家精神的形象塑造增添了人性光辉。

（3）文学与教育家精神的互动机制

文学与教育家精神的互动机制是一个复杂而多层次的过程。

首先，文学作品常常通过塑造具有教育家精神的角色，将其理念和价值观传递给读者。这些角色不仅体现了教育家的智慧与仁爱，还通过其言行引导读者思考和践行这些精神。

其次，文学创作本身也受到教育家精神的深刻影响。许多作家在作品中自觉或不自觉地融入了教育家的思想，以期在社会中传播这些价值观。例如，某些文学作品会通过情节的发展和冲突的解决，展现教育家所提倡的道德观念和社会责任感。

最后，文学与教育家精神的互动还体现在读者的接受与反馈中。文学作品通过影响读者的世界观和价值观，间接推动教育家精神的传播与发展。读者在阅读过程中，可能会被作品中蕴含的教育家精神所感染，从而在实际生活中践行这些理念。这种双向的互动机制使文学成为教育家精神传承与创新的重要载体。

6.2.2 教育家精神对文学主题的渗透

（1）教育家精神在文学主题中的体现

教育家精神在文学主题中的体现，常常通过作品中的人物形象、故事情节及思想内涵等进行表达。

首先，许多文学作品通过塑造具有崇高教育理想的人物，展现教育家精神中的无私奉献与责任感。这些人物往往不畏艰难，致力于培养下一代，他们的言行举止和人生选择都折射出对教育事业的执着追求。

其次，文学作品中的教育家精神还体现在对知识与真理的追求上。作家通过描绘教师或学者的探索历程，表达出对知识传承和创新的重视。这种追求不局限于学术层面，还包含了对道德、人格培养的深层次思考，体现了教育家精神中"教书育人"的核心价值。

最后，文学作品还通过反映教育改革和社会变迁，展现教育家精神在不同历史时期的演变与发展。这些作品不仅记录了教育理念的变化，还展现了教育家在面对社会动荡和时代挑战时所表现出的坚定信念和改革勇气。他们以实际行动推动教育进步，为社会发展注入持久动力。这种精神通过文学的传播，激励着更多人关注和参与教育事业。

（2）文学主题与教育家精神的融合

文学主题的多元化使教育家精神在不同层面上得以呈现与传递。

首先，在许多文学作品中，教育家的理想与信念常常成为核心主题。这些作品通过描绘教育家的奋斗历程和教育理念，展现了他们对知识、道德和人格培养的执着追求。例如，一些小说和散文通过主人公的成长故事，反映了教育家精神中的无私奉献和诲人不倦。

其次，作家在描写细腻的情感和复杂的人物关系时，将教育家精神融入其中。这种融合不仅体现在对教育家个人经历的叙述上，还通过文学手法，使教育家精神更具感染力。例如，某些诗歌中常用松柏来象征教育家在教育事业中展现出的坚韧不拔的精神。

最后，文学作品主题的多样性和深刻性，不断丰富和扩展着教育家精神的内涵。例如，在一些现代文学作品中，教育家精神不再局限于传统的师道尊严，还更多地关注学生个体发展和社会责任的培养。这些作品通过展现教育家在不同社会背景下的努力与探索，引发读者对教育本质和意义的深刻思考。

通过这些方式，文学主题与教育家精神实现了深度融合，不仅使文学作品更具思想深度，还使教育家精神在更广泛的读者群体中得到传播和认同。这种融合不仅是对教育家精神的传承，还在新时期对其进行了发展与创新。

（3）教育家精神对文学创作的启发

教育家精神对文学创作的启发体现在多个层面。

首先，教育家所倡导的道德修养和人格完善为文学创作提供了丰富的精神资源。作家在塑造人物形象时，往往会借鉴教育家所推崇的理想人格，使作品中的人物更具感染力和教育意义。

其次，教育家精神强调的社会责任感和历史使命感，激励着作家关注现实问题，以文学为载体传达对社会公正、教育公平等问题的深刻思考。这种精神促使文学作品不仅停留在审美层面，还具有深刻的社会批判性和启蒙意义。

最后，教育家所追求的创新理念也为文学创作带来了新的视角和表现手法。作家在创作过程中，不断探索新的叙事方式和语言表达，以求更好地传递教育家精神的内涵与价值。这种教育家精神与文学创新的结合，推动了文学形式和内容的多样化发展。

6.2.3　文学与教育理念的互动创新

（1）文学中的教育理念创新

文学作品在传承文化的同时，不断吸收和反映着时代的教育理念，并在这一过程中对其进行创新和拓展。

首先，文学通过生动的叙事和形象的描写，将抽象的教育理念具体化。例如，现代小说中越来越多地出现关于个性化教育和全人教育的探讨，这些作品不仅展示了新的教育观念，还通过人物的成长历程和教育实践，让读者更直观地理解这些理念的实际应用。

其次，文学在探讨教育理念时，往往能够突破传统教育学的框架，融入更为丰富多样的视角。一些文学作品开始关注边缘群体和特殊教育需求，通过描绘这些群体的教育经历，推动了全纳教育和公平教育理念的发展。这些作品不仅引发了社会的广泛关注，还为教育政策的制定提供了新的思路。

最后，文学作品还通过跨文化的交流和融合，为教育理念的创新提供新的动力。在全球化的背景下，许多文学作品开始引入国外的教育理念，并结合本地的文化背景进行再创造。这种跨文化的交流和融合，不仅丰富了文学的表达形式，还为教育理念的多元化发展提供了可能。通过这些方式，文学在推动教育理念创新方面发挥着不可或缺的作用。

（2）教育理念对文学创作的影响

文学创作作为一种精神生产活动，深受社会各类思想潮流的影响，而教育理念则是其中不可忽视的重要因素。

首先，教育理念往往通过塑造作家的世界观和价值观，间接影响其创作方向。例如，儒家教育思想中的仁爱与责任感，常常促使作家在作品中探讨社会伦理与人际关系。

其次，教育理念也直接影响文学作品的主题选择与表达方式。现代教育提倡的平等与个性发展，使许多文学作品开始关注个体命运与自我价值的实现，而不再局限于传统的历史叙事或英雄主义。

再次，教育理念对文学创作的影响还体现在文学作品的受众定位上。随着教育普及和大众文化水平的提高，文学创作逐渐从精英文化向大众文化靠拢。作家在创作时，不仅要考虑作品的艺术价值，还要关注其教育功能与社会影响，以满足更广泛的读者群体需求。例如，儿童文学的兴起与发展便是教育理念推动下的直接产物，作家通过寓教于乐的方式，将道德教育与知识传递融入生动的故事情节。

最后，教育理念的变革也促使文学创作形式不断创新。例如，随着素质教育理念的推广，越来越多的文学作品开始注重培养读者的批判性思维与创造力。文学创作不再局限于单一的故事叙述，而是通过多样化的叙事手法与结构安排，激发读者思考，提升读者的参与感。这种创作形式的转变，不仅丰富了文学的表现力，还为教育理念的传播提供了新的途径。

（3）文学与教育理念的相互促进

首先，文学作品通过其丰富的表现形式和深刻的思想内涵，为教育理念的传播提供了载体。文学作品中的人物形象、故事情节及思想主题，往往蕴含着深刻的教育意义，能够引发读者对人生、社会及自我价值的思考。这种思考有助于教育工作者在实践中更好地贯彻和落实教育理念。

其次，教育理念的更新与发展为文学创作提供了新的灵感和素材。随着社会对教育质量要求的提高，新的教育理念不断涌现，这些理念不仅影响了教育实践，还对文学创作产生了深远影响。例如，关注个体发展、强调全面教育的理念，促使作家在作品中更多地关注人物的内心世界和成长历程，从而丰富了文学的表现内容。

最后，文学与教育理念的相互促进还体现在二者对社会文化的影响上。文学通过其广泛的传播性和影响力，有效推动新教育理念的普及和接受。而教育理念的推广，也在潜移默化中提升了公众的文学素养和审美能力。这种良性互动不仅促进了教育事业的发展，还为文学的繁荣创造了良好的社会环境。

6.3　文学在师德建设中的功能

6.3.1　文学对师德的塑造作用

（1）文学中的师德形象

在中国文学的长河中，教师这一职业常常被赋予崇高的道德意义，文学作品通过塑造各种鲜活的师德形象，传达出对教育事业的敬意与思考。古代文学作品中不乏对"为人师表"的赞美，如韩愈在《师说》中诠释了"传道受业解惑"的师者风范。韩愈不仅在学问上精益求精，还在品德上成为学生的楷模，这种严于律己、宽以待人的师者形象在多部古典作品中反复出现。

近现代文学中，师德形象更加多元化。巴金的作品中常常出现那些在困境中坚守教育理想的教师形象，他们面对艰难时局，依然不改初心，用实际行动诠释了何为真正的师德。

在当代文学中，师德形象更加贴近现实生活。作家通过描绘普通教师的日常工作与生活，展现出他们在平凡岗位上的不平凡。例如，一些作品中塑造的乡村教师，他们克服重重困难，坚持在艰苦的环境中教书育人，用爱心和耐心点亮孩子们的未来。这些文学作品通过对师德形象的生动刻画，不仅让读者感受到教师职业的神圣，还引发了社会对师德建设的关注与思考。

通过文学作品中的师德形象，我们可以看到，教师不仅是知识的传授者，还是道德的引领者。他们在潜移默化地影响着学生的人生观和价值观，这种深远的影响力通过文学的传播，得以在更广阔的时空中延续。文学作品通过对师德形象的塑造，不仅弘扬了尊师重道的传统美德，还为当代师德建设提供了丰富的借鉴与启示。

（2）文学对师德建设的促进

文学作为一种感性与理性交融的表达形式，在师德建设中发挥着潜移默化的促进作用。

首先，文学作品通过生动的故事情节和鲜明的人物形象，为教师树立了道德榜样。这些榜样不仅体现了高尚的师德风范，还为教师在实际教学中如何践行师德提供了具体参照。

其次，文学作品中蕴含的深刻哲理和人文关怀，能够引发教师对自身职业道德的反思。通过阅读经典文学作品，教师得以从多角度审视自己的教育实践，从而在心灵深处激发对教育事业的热爱与责任感。这种内在的驱动远比外在的规章制度更具持久性和稳定性。

最后，文学还通过营造积极向上的文化氛围，推动师德建设的群体效应。许多文学作品描绘了优秀教师群体如何共同追求教育理想，这种群体形象有助于在学校中形成崇德向善的风气，促使每位教师自觉提升自身的师德修养。文学的这种凝聚力和感召力，使其成为师德建设中不可或缺的重要力量。

（3）文学与师德教育的结合

文学作为一种情感和思想的表达形式，在师德教育中具有独特的优势。通过对文学作品的阅读与分析，教师能够更直观地感受高尚师德的具体表现。文学作品中常常蕴含着丰富的人物情感和道德冲突，这些都能引发读者对自身职业道德的深刻反思。

首先，文学作品可以通过生动的故事情节和鲜活的人物形象，将抽象的师德概念具体化。例如，通过阅读关于优秀教师的小说或传记，教师可以更加直观地理解什么是无私奉献和爱生如子。这种情感共鸣能够激发他们对教师职业的热爱和敬畏之心。

其次，文学作品在师德教育中还能提供多样化的视角。不同作家对师德有着不同的理解和诠释，这种多元化的观点有助于读者全面认识师德的内涵。例如，某些作品可能强调教师的严格要求和责任感，而另一些作品则可能突出教师的宽容和耐心。通过比较和分析这些不同视角，读者能够对师德的内涵形成更加全面的认知。

最后，文学还能够通过创作实践促进师德的内化。对写作感兴趣的教师可以尝试进行文学创作，如撰写教育随笔或教育故事，这不仅可以锻炼他们的语言表达能力，还能够促使他们在创作过程中反思自己的职业道德和教育理念。这种亲身参与的体验，能够更有效地促进师德规范的内化与践行。

总之，文学与师德教育的结合，不仅能丰富教育形式，还能通过情感共鸣和多元视角，帮助学习者更深刻地理解和践行高尚师德。这种结合为师德教育提供了一种更加生动和有效的途径。

6.3.2　文学在师德教育中的应用

（1）文学作品在师德教育中的使用

文学作品在师德教育中的使用具有独特价值。通过对经典文学作品的阅读与分析，教师能够更深刻地理解师德的内涵。例如，鲁迅的作品常常揭示社会问题，启发教师思考自身的职业道德和社会责任。同时，文学作品中的道德困境和人性探讨也为师德教育提供了丰富的讨论素材。

许多师范院校在课程设置中引入文学作品阅读环节，旨在通过文学的熏陶提升教师的职业素养。例如，《论语》中的师生对话场景可以帮助教师理解古代教育家的师德风范。

此外，文学作品还被应用于师德培训和研讨会中。在这些场合，教师可以通过角色扮演，深入体验文学作品中的师德情境。这种沉浸式的学习方式不仅提高了教师的参与度，还增强了他们对师德教育的认同感和实践能力。

（2）文学作品对师德教育方法的创新

文学作品通过其独特的叙事方式和情感表达，为师德教育提供了新的方法和视角。

首先，文学作品能够通过生动的故事情节和人物塑造，将抽象的师德概念具体化。例如，文学作品通过描写一位具有高尚师德的教师在面对困境时的抉择和坚持，能够让人更直观地理解师德的重要性。

其次，文学作品可以激发教师的同理心和情感共鸣。许多文学作品通过细腻的心理描写和情感冲突，展现了教师在职业生涯中的心路历程和道德抉择。这种情感上的共鸣往往比传统的说教更具感染力，能够潜移默化地影响教师的价值观和职业操守。

最后，文学作品还为师德教育提供了多样化的教学方法。例如，组织教师阅读和讨论文学作品，可以促进教师之间的互动和交流。此外，文学作品还可以作为案例分析的素材，帮助教师在实际情境中应用师德原则，提高他们的道德判断力和决策能力。通过这些创新方法，文学不仅丰富了师德教育的内容，还提升了师德教育的效果和吸引力。

（3）文学作品与师德教育效果的评估

文学作品与师德教育效果的评估密切相关，通过文学作品的介入，师德教育的效果可以从多个维度进行衡量。

首先，文学作品能够引发教师的情感共鸣，使其在阅读和思考中深化对师德内涵的理解。这种情感层面的触动有助于教师将高尚的师德内化为自身的行为准则。

其次，文学作品的应用为师德教育提供了一个开放的讨论平台。在对文学作品进行赏析与讨论的过程中，教师可以自由交流观点，分享心得，这种互动性不仅丰富了教育形式，还增强了参与者的主动性。通过讨论，教师的师德认知水平得以显露，教育效果也因此变得可观察和可评估。

最后，文学作品还可以作为一种隐性的评估工具，通过教师在阅读文学作品后的行为变化和教学实践中的具体表现来判断师德教育的成效。文学作品的影响往往会在教师的日常工作中体现出来，例如，教师更加关注学生的个体差异，或在教育实践中更加注重公平与正义。这种长期的、潜移默化的改变，正是师德教育所追求的深层次效果。

6.3.3 师德建设中文学面临的挑战与机遇

（1）师德建设中文学面临的挑战

当前师德建设中文学面临的挑战主要体现在以下几个方面。首先，文学作品在师德建设中的应用范围相对狭窄，许多教师和学生对文学的兴趣不高，导致文学在师德教育中的影响力有限。其次，现代社会的快节奏和信息爆炸使人们的深度阅读习惯逐渐减弱，教师和学生更倾向于快速获取信息，文学作品的深层次价值难以得到充分挖掘和传播。再次，文学创作和内容选择上的功利性倾向明显，一些作品过于迎合市场需求，缺乏对师德内涵的深入探讨和弘扬，这使文学在师德建设中的作用大打折扣。最后，师德建设中文学教育的师资力量相对薄弱，许多教师自身缺乏文学素养，难以为学生提供有效的指导。

（2）师德建设中文学面临的机遇

首先，文学作品以其独特的感染力和叙事方式，引发教师的情感共鸣，从而深化教师对师德内涵的理解。通过阅读文学作品，教师不仅可以感受到榜样的力量，还能在情感体验中反思自身的职业道德。

其次，文学为师德建设提供了丰富的素材和案例。无论是历史上的教育家故事，还是虚构的教师形象，文学作品都能全方位地展现高尚师德的具体表现。这些素材可以作为师德培训的重要内容，激发教师的职业认同感和责任感。

最后，文学在师德建设中还具有创新表达的优势。现代文学形式多样，包括小说、诗歌、戏剧等，这些形式可以通过不同的视角和手法，将师德主题表现得更加生动和富有感染力。利用新媒体和数字化手段传播文学作品，也可以扩大师德教育的影响力，吸引更多教师参与师德建设。

（3）文学与师德建设的未来发展

随着社会的不断进步和教育改革的深入，文学在师德建设中的作用将愈发明显。

首先，可以通过更加多元化的形式将师德教育融入文学作品，例如，借助影视改编、数字化阅读等方式，使教师在不知不觉中受到高尚师德情操的熏陶。这种多样化的传播方式，不仅能够扩大文学的影响力，还能让师德教育更加生动和具体。

其次，未来文学在师德建设中的应用将更加注重互动性和参与感。通过组织教师参与文学创作、书评分享等活动，激发教师对师德内涵的深入思考和自我反省。这种参与式的文学活动，有助于教师将抽象的师德理念内化为自身的职业操守，从而在实际教学中更好地践行师德规范。

最后，文学与师德建设的结合还将更加注重国际视野和跨文化交流。通过引进和翻译国外优秀的教育文学作品，可以为国内教师提供更多的师德教育资源。同时，我国的优秀教育文学作品逐步走向世界，为全球教师职业道德建设贡献中国智慧。这种跨文化的文学交流将为师德建设注入新的活力和灵感，推动师德标准向更高层次发展。

6.4　现代文学形式与教育家精神的传播

6.4.1　现代文学形式的多样性

（1）新媒体文学的特点

新媒体文学作为信息时代的产物，具有鲜明的时代特征。首先，其创作和传播方式更加多元化。借助互联网平台，作者可以随时发布作品，读者也能即时阅读和反馈，这种互动性是传统文学无法比拟的。其次，新媒体文学内容相对更加碎片化。由于现代生活节奏加快，读者时间趋于分散，作品往往以短小精悍的形式呈现，如微小说、短篇连载等。最后，新媒体文学具有更强的包容性和开放性。多样化的题材和丰富的流派往往都能在网络平台上找到属于自己的受众群体，文学创作的门槛有所降低，使更多普通人能够参与其中，丰富了文学的表现形式和内容。这种开放的创作环境，也促进了不同文化和思想之间的交流与融合。

（2）现代文学形式与传统文学形式的比较

现代文学形式与传统文学形式相比，最显著的差异体现在媒介和表达方式上。传统文学多以纸质书籍、报刊为载体，读者通过文字自行想象和理解，而现代文学则借助互联网、电子书、社交媒体等多种平台传播，形式更加多样化。这不仅包括文字，还融合了图像、音频、视频等多媒体元素，使文学作品的呈现更加立体和直观。

在叙事手法上，传统文学注重情节的连贯性和结构的完整性，通常以线性叙事为主，而现代文学形式则更加灵活多变。许多现代文学作品倾向于非线性叙事，打破时间与空间的限制，甚至通过超文本链接实现多线叙事，读者可以根据个人兴趣选择不同的阅读路径，增加了互动的可能性。

此外，现代文学的创作和传播速度远远超过传统文学。传统文学的出版周期较长，从创作到发行需要经过多个环节，而现代文学借助网络平台可以实现即时发布和广泛传播。这种快速传播的特性使现代文学在反映社会现实、回应时代议题方面更加迅速和直接，同时也促使文学创作更加多元化和大众化。

现代文学与传统文学的受众群体也有所不同。传统文学的读者往往需要具备一定的文化素养和阅读习惯，而现代文学由于形式多样且易于获取，吸引了更多年轻读者和新兴文化群体。这种变化不仅拓宽了文学的受众范围，还为文学创作注入了新的活力和元素。

（3）现代文学形式对教育家精神传播的影响

现代文学形式的多元化发展，为教育家精神的传播提供了更为广阔的平台和更加灵活的手段。

首先，新媒体平台的兴起打破了传统文学在时间和空间上的限制，使教育家精神能够以更快的速度传递给大众，并且传播范围广。尤其是通过移动设备，读者可以随时随地接触到富有教育意义的文学作品，这无疑加速了教育家精神的普及。

其次，现代文学形式的多样性使教育家精神的表达形式更加丰富。例如，通过影视改编、漫画及互动小说等形式，教育家精神不再局限于文字的描述，而是通过视觉、听觉等多重感官刺激，使受众更深刻地感受到其中的内涵。这种多样化的表达方式，不仅吸引了不同年龄层的读者，还增强了教育家精神的感染力。

最后，现代文学的互动性为教育家精神的传播带来了新的活力。在网络平台上，读者可以通过评论、分享、二次创作等方式参与文学作品的传播，这种互动性不仅提高了读者的参与感，还促进了教育家精神在社交网络中的自发传播。通过这种裂变式的扩散，教育家精神得以在更广泛的社会群体中扎根发芽。

6.4.2　教育家精神在现代文学中的传播

（1）现代文学对教育家精神的再现

在现代文学作品中，教育家精神不再是抽象的理念，而是通过具体的人物形象和故事情节得以生动再现。在这些作品中，作家常常通过对教师角色的描绘，展现出教育家精神的不同侧面。例如，一些小说和散文刻画了那些在艰苦条件下依然坚守教育岗位的教师，他们以无私的奉献精神和坚定的教育信念感染着读者。这些人物不仅是知识的传播者，还是道德的引领者，他们的言行举止透露出对教育事业的无限热爱。

此外，现代文学通过描绘教育改革的艰难历程，再现了教育家精神在时代变迁中的重要作用。在这些作品中，教育家常常被塑造成敢于挑战传统、勇于创新的先锋人物。他们不畏权威，积极探索新的教育方法和理念，以期为学生提供更好的学习环境。例如，一些文学作品详细描述了教育家在推行素质教育过程中所遇到的阻力与挑战，以及他们如何通过不懈努力最终实现教育目标。

现代文学还通过展现师生关系中的温暖与冲突，再现了教育家精神的核心价值。在这些作品中，师生之间的互动被赋予了更深层次的意义，教师不仅传授知识，还潜移默化地影响着学生的人生观和价值观。文学作品通过细腻的笔触，描绘了教师在学生成长过程中所扮演的重要角色，以及他们如何通过言传身教，培养学生的独立思考能力和创新精神。这些作品让读者深刻感受到教育家精神在塑造学生人格和推动社会进步中的巨大力量。

（2）教育家精神在现代文学中的传播路径

随着现代文学形式的多元化发展，教育家精神的传播路径也愈加丰富和多样。

首先，文学作品通过数字化平台和社交媒体广泛传播，使教育家精神能够突破传统媒介的限制，触及更广泛的读者群体。电子书、网络文学平台等的兴起，为教育家精神注入了新的传播活力。

其次，文学作品与影视、戏剧等艺术形式的结合，也为教育家精神的传播开辟了新的路径。许多现代文学作品被改编为影视剧、话剧，甚至通过短视频平台进行二次创作和传播。这种跨媒介的传播方式，不仅扩大了教育家精神的影响力，还使其内涵在不同艺术形式中得到深刻的诠释和展现。

最后，教育家精神在现代文学中的传播还依赖于教育机构和文化组织的推动。各类文学奖项、读书会、文学节及校园文学活动等，为教育家精神的传播提供了平台和契机。在这些活动中，读者不仅能够接触到优秀的文学作品，还能够在互动和交流中深刻领会教育家精神的实质和价值。通过这些多层次、多渠道的传播路径，教育家精神在现代文学中得以广泛传播，并持续影响着当代社会的精神文明建设。

（3）现代文学对教育家精神传播的效应

现代文学在传播教育家精神方面展现出了显著的效应。

首先，体现在其广泛的受众基础上。通过小说、散文、诗歌等多种体裁，现代文学能够吸引不同年龄段和文化背景的读者，使教育家精神在更广泛的社会群体中得到认知和理解。例如，一些以教师职业道德和教育理念为主题的文学作品，不仅在教育行业内引发讨论，还引起了公众对教育问题的关注。

其次，现代文学通过情感共鸣深化了教育家精神的影响力。文学作品往往通过生动的情节和细腻的人物刻画，使读者在阅读过程中产生情感共鸣。这种情感上的触动，使教育家精神不再是抽象的理念，而成为读者心中切实可感的价值追求。例如，一些描写教师无私奉献、学生成长蜕变的故事，能够让读者深刻体会到教育事业的崇高与伟大，无形中传播和弘扬了教育家精神。

最后，现代文学还通过多样化的传播途径增强了教育家精神的渗透力。随着互联网和数字媒体的发展，文学作品可以通过电子书、网络连载、社交媒体等多种渠道迅速传播，打破了传统纸质媒介的限制。这种传播方式的变革，使教育家精神能够以更快的速度在更广的范围传播开来，进一步扩大了其社会影响力。例如，一些优秀的教育主题文学作品在网络上引发热议，通过读者的分享和讨论，使教育家精神在网络空间中得到广泛的传播。

6.4.3　现代文学与教育家精神传播的互动

（1）教育家精神对现代文学创作的指导

教育家精神以其深厚的道德内涵和人文关怀，为现代文学创作提供了丰富的思想资源和价值导向。在文学作品中，教育家精神不仅是一种理念的传递，还是对人性真善美的追求和对社会正义的呼唤。许多作家在创作过程中，自觉或不自觉地受到教育家精神的影响，将这种精神融入人物塑造和情节构建，使作品更具感染力和教育意义。

首先，教育家精神强调的"为人师表"和"身正为范"在现代文学创作中体现为对主人公道德品质的高要求。作家在塑造人物形象时，往往会将教育家精神中的无私奉献、爱岗敬业等品质赋予角色，使之成为读者心中的榜样。例如，在一些描写教师生活的小说中，主角常常是以身作则、甘于寂寞的形象，他们的言行举止无不体现出教育家精神的内涵，这种精神不仅影响了角色的命运走向，还在潜移默化中感染着读者。

其次，教育家精神对现代文学创作的指导还体现在作品主题的升华上。许多作家在创作时，会将教育家精神中的"育人"理念融入作品的主题，使文学作品不局限于讲述故事，还应具备启迪心智、净化心灵的作用。例如，一些反映教育改革和社会进步的文学作品，通过展现教育工作者在困境中的坚持与努力，揭示出教育对个人成长和社会发展的重要性，这种主题的深化使文学作品具有了更深远的社会意义。

最后，教育家精神还对现代文学创作的形式和风格产生了一定影响。在教育家精神的影响下，一些作家开始尝试采用更为朴实、真实的写作手法，以贴近生活、贴近读者的方式进行创作。这种创作风格的转变，不仅增强了作品的亲和力和感染力，还使文学作品更具有现实意义和教育价值。例如，一些描写乡村教育的小说，采用平实而细腻的笔触，真实再现了教育工作者的艰辛与伟大，这种写作风格的转变，正是教育家精神在文学创作中的具体体现。

总之，教育家精神对现代文学创作的指导是多方面的，它不仅影响了作品的主题和人物塑造，还在一定程度上改变了文学创作的形式和风格。在这种精神的指引下，现代文学作品更具思想深度，为读者提供了丰富的精神食粮。

（2）现代文学对教育家精神传播的促进

现代文学通过多样化的形式和广泛的传播渠道，极大地促进了教育家精神的传播。

首先，现代文学作品往往能够以更加贴近生活、贴近大众的方式呈现教育家精神的内涵。例如，许多小说和散文通过生动的故事情节和细腻的人物刻画，将教育家的理念和价值观融入其中，使读者在阅读过程中潜移默化地受到影响和启发。

其次，现代文学借助新媒体平台，如社交媒体、电子书和有声书等，扩大了教育家精神的影响范围。这些新兴媒介不仅打破了传统文学传播的时空限制，还通过互动性和参与性强的特点，吸引更多年轻读者关注和理解教育家精神。这种传播方式的变革，使教育家精神能够在更广泛的社会群体中产生共鸣。

最后，现代文学还通过跨文化交流和国际化传播，推动教育家精神走向世界。许多中国作家的作品被翻译成多种语言，在国际舞台上展示了中国教育家的思想和风貌。这种跨文化的传播，不仅提升了我国教育家精神的国际影响力，还为全球教育事业的发展提供了新的视角和启示。通过这些努力，现代文学正在以更加积极和多样化的方式促进教育家精神的传播和发展。

（3）现代文学与教育家精神传播的协同发展

随着信息技术的飞速发展，现代文学形式日趋多样化，其与教育家精神的传播呈现出愈发紧密的协同发展趋势。

首先，现代文学借助新媒体平台，突破了传统文学传播的时空限制，使教育家精神能够以更快的速度在更广的范围影响读者。文学作品不再局限于纸质媒介，电子书、有声书、文学App（应用软件）等新兴形式为教育家精神的传播提供了多样化的载体。

其次，文学创作者与教育工作者之间的跨界合作日益增多，这种合作不仅丰富了文学作品的内涵，还使教育家精神更加生动具体地呈现在读者面前。例如，一些知名作家与教育专家联手创作，将教育理念融入小说、散文等文学体裁中，使读者在欣赏文学之美的同时接受教育家精神的熏陶。

最后，现代文学作品在主题上更加关注社会现实和人文关怀，这与教育家精神中的育人、树人理念不谋而合。文学作品通过对现实生活的深刻描绘和对人性的深刻洞察，唤起读者对教育本质和意义的思考，从而进一步推动教育家精神在社会中的传播与弘扬。这种协同发展不仅提升了文学作品的社会价值，还为教育家精神的传承提供了新的路径和方法。

6.5　教育家精神与文学的实践案例分析

6.5.1　教育家精神在文学作品中的体现案例

（1）古代文学作品中的教育家精神案例

在中国古代文学作品中，教育家精神常常通过人物形象和故事情节得以生动体现。以《论语》为例，孔子作为伟大的教育家，其言论通过弟子的记录得以流传。书中孔子的谆谆教诲不仅体现了他对道德修养的重视，还反映出其因材施教、有教无类的教育理念。例如，孔子对不同学生提出的相同问题给予不同解答，体现了他对个体差异的尊重和理解。

此外，《师说》这篇文章也充分展现了教育家精神。韩愈在文中强调了教师的重要作用，明确了教师在知识传承和人格塑造方面的双重责任。韩愈还批判了当时社会上轻视教师的观念，呼吁人们重新认识教师的价值，这种对教育事业的坚定捍卫体现了强烈的教育家精神。

总的来说，古代文学作品通过塑造具有教育家精神的人物形象，不仅反映了当时的教育思想，还为后世提供了宝贵的教育经验和启示。这些作品中蕴含的教育理念和精神，至今仍具有深刻的现实意义。

（2）近现代文学作品中的教育家精神案例

在中国近现代文学的发展过程中，许多作家通过其作品展现了深刻的教育家精神，这不仅反映了当时社会对教育改革的呼声，还体现了教育家对理想人格和社会进步的追求。

案例一：叶圣陶的教育题材小说

叶圣陶作为教育家兼作家，其作品中充满了对教育问题的关注与思考。在《倪焕之》这部小说中，他通过主人公倪焕之的教育实践，展现了对现代教育理念的探索。倪焕之试图通过新式教育唤醒学生的自主意识，培养他们的独立人格，但遭遇了重重阻力。叶圣陶通过这一角色，表达了对传统教育模式的反思，以及对教育革新的迫切希望。他的作品不仅是对教育现状的批判，还是对未来教育方向的指引。

案例二：冰心的儿童文学与教育理想

冰心以其独特的女性视角，在儿童文学领域展现了强烈的教育家精神。她的作品《寄小读者》通过书信体形式，与小读者分享人生感悟，传递积极向上的价值观。冰心强调爱与宽容的教育理念，她认为教育不仅是知识的传授，还是人格的培养。在她的笔下，教育成为一种充满温情和关爱的过程，旨在培养有爱心、有责任感的下一代。冰心通过文学作品，实践着她的教育理想，为教育家精神的传播做出了重要贡献。

这些近现代文学作品中的教育家精神案例，不仅反映了作家对教育问题的深刻思考，还展示了文学在推动教育改革和社会进步中的重要作用。通过阅读以上提到的作品，读者能够感受到教育家对理想教育的追求，以及通过教育实现社会变革的坚定信念。

6.5.2 文学作品对教育家精神传播的影响案例

（1）教育家精神在文学作品中的传播效果

文学作品作为教育家精神传播的重要载体，其影响不仅体现在文本内容本身，还体现在对读者价值观的深层次塑造上。

首先，文学作品通过生动的情节和细腻的人物刻画，使教育家精神更加具象化。读者在阅读过程中，能够直观感受到教育家精神的深刻内涵，如无私奉献、追求真理和关爱学生等品质，从而在潜移默化中受到启发。

其次，文学作品的传播扩大了教育家精神的影响范围。无论是传统纸质书籍，还是现代电子书和网络文学，文学作品都能够跨越时空限制，将教育家精神传递给不同地区、不同背景的读者。特别是通过现代媒体的传播，教育家精神得以在更广泛的受众中产生共鸣。

最后，文学作品还通过引发读者的思考和讨论，进一步巩固了教育家精神的社会认同。许多文学作品在描绘教育家精神时，常常设置一些具有争议的情节或人物，激发读者对教育理念和师德师风的深入探讨。这种互动不仅加深了读者对教育家精神的理解，还促进了社会对教育事业的关注和支持。通过文学作品的广泛传播，教育家精神得以在社会各个层面得到弘扬和传承。

（2）文学作品对教育家精神传播的作用机制

文学作品在传播教育家精神的过程中，通过情感共鸣、价值认同和行为引导三种主要机制发挥作用。

首先，文学作品通过情感共鸣激发读者的内心体验。许多文学作品通过刻画教育家的生活片段、奋斗历程和精神追求，使读者在阅读过程中产生情感上的共鸣。这种共鸣不仅拉近了读者与教育家之间的心理距离，还增强了读者对教育家精神的感知和理解。例如，描写一位教育家在艰苦环境中坚持教育理想的故事情节，往往能引发读者对坚持、奉献等精神的深刻思考和情感认同。

其次，文学作品通过价值认同强化教育家精神的核心价值观。在文学作品中，教育家的理念和精神常常通过人物对话、内心独白和故事情节的发展得以体现。这些内容影响着读者的价值观，使他们在阅读中逐渐认同教育家所倡导的精神和理念。例如，作品中反复强调的为人师表、无私奉献等精神，会在无形中影响读者的价值判断，促使他们在现实生活中追求和实践这些精神。

最后，文学作品通过行为引导激励读者将教育家精神付诸实践。文学作品不仅是精神的传递者，还是行动的倡导者。通过展示教育家在面对困境时所做出的选择和努力，文学作品为读者提供了具体的行为范例。这些范例激励读者在现实生活中以教育家精神为指导，积极面对挑战，勇于承担责任。例如，作品中教育家克服重重困难，最终实现教育理想的故事，能够激励读者在自己的生活和工作中，以相似的毅力和决心去追求自己的目标。

总之，文学作品通过对情感、价值观和行为的综合影响，有效地传播和弘扬了教育家精神。这种作用机制不仅丰富了读者的精神世界，还在潜移默化中推动了教育家精神在社会中的传播和实践。

6.5.3　教育家精神与文学融合的实践探索

（1）教育家精神与文学融合的实践模式

在中国教育发展的历程中，教育家精神与文学的融合呈现出多种实践模式。这些模式不仅丰富了文学的表现形式，还在潜移默化中传播和弘扬了教育家精神。

首先，主题渗透模式是教育家精神与文学融合的重要方式之一。许多文学作品通过塑造具有教育家精神的人物形象，将这种精神内核融入故事情节。例如，一些小说和戏剧作品通过描绘教育家在艰难环境中坚持教育理想的故事，展现了他们无私奉献、追求真理的精神。这种模式不仅让读者感受到了教育家精神的力量，还在无形中传递了正面的价值观和道德观。

其次，文学创作与教育实践结合模式也是一种有效的融合方式。一些教育家亲自参与文学创作，或通过撰写教育随笔、散文等形式，将自身的教育理念和实践经验融入文学作品。这种模式不仅丰富了文学的题材和内容，还为教育实践提供了新的视角和方法。例如，著名教育家陶行知通过撰写大量教育随笔，将其实践中的教育理念和方法生动地展现出来，为后人提供了宝贵的经验和启示。

最后，文学活动与教育精神推广模式也是一种非常重要的融合方式。该模式通过组织各类文学活动，如征文比赛、文学讲座、读书会等，将教育家精神融入其中。这些活动不仅激发了学生的文学兴趣，还在活动中传递了教育家精神的核心价值。例如，一些学校和教育机构通过举办以"师德"为主题的征文比赛，鼓励学生用文字表达对教师职业的敬意和对教育家精神的理解，从而在校园中营造出浓厚的教育文化氛围。

通过这些实践模式，教育家精神与文学实现了有效的融合，不仅推动了文学的发展，还在更广泛的层面上传播和弘扬了教育家精神，为社会的进步和发展注入了新的动力。

（2）教育家精神与文学融合的实践效果

在当代教育改革的背景下，教育家精神与文学的融合已经在实践中展现出了显著的效果。

首先，这种融合为教育理念的传播提供了一种更为生动和深入人心的方式。在文学作品中，教育家精神不再只是抽象的理论和口号，而是通过具体的人物形象和故事情节得以体现，使读者在情感共鸣中理解和接受这些精神内涵。

其次，文学作品作为教育家精神传播的载体，扩大了教育家精神的影响范围。无论是小说、散文还是诗歌，文学形式的多样性使教育家精神能够触及不同年龄层和文化背景的读者。这种广泛的传播效果是传统教育手段难以企及的。

最后，教育家精神与文学的融合在一定程度上推动了文学创作的繁荣。许多作家在创作过程中，有意在作品中融入教育家精神，使作品不仅具有文学价值，还承载了深刻的教育意义。这种趋势不仅丰富了文学创作的题材和内容，还为教育事业的发展注入了新的活力。通过这样的融合实践，教育家精神在文学的助力下得以更广泛和深入地传播，为社会带来了积极的影响。

（3）教育家精神与文学融合的发展趋势

随着社会的不断进步和教育理念的不断更新，教育家精神与文学的融合呈现出新的发展趋势。

首先，文学作品在表现教育家精神时，逐渐从单一的英雄式描绘转向更加多元化和生活化的表达。这种转变使教育家精神不再只是高高在上的理念，而是更加贴近普通人的生活，让读者能够在日常情境中感受到的教育家的智慧与情怀。

其次，跨媒体的融合趋势愈发明显。文学不再仅仅依赖纸质书籍传播，还通过影视、网络平台等多种媒介形式，将教育家精神更广泛地传播开来。这种跨媒体的传播方式，不仅扩大了文学作品的影响力，还使教育家精神能够以更加生动和直观的形式触达更多受众。

最后，教育家精神与文学的融合正朝着互动性更强的方向发展。越来越多的文学作品开始注重读者的参与和反馈，通过设置开放式的结局或互动环节，激发读者的思考和讨论。这种互动性的增强，不仅提升了读者的阅读体验，还使教育家精神在潜移默化中更加深入人心，达到更好的传播效果。

总之，教育家精神与文学的融合正在不断创新和发展，通过多元化的表达、跨媒体的传播及更强的互动性，使这一精神能够在更广泛的层面上影响和激励更多的人。

第七章　教育家精神与历史

7.1　教育家精神的历史渊源

7.1.1　古代教育家精神的形成

（1）儒家教育思想的影响

儒家教育思想作为中国古代教育理念的核心，深刻影响了中国教育家的精神塑造。

首先，孔子提出的"有教无类"思想打破了贵族对教育的垄断。这种教育平等的理念激励了后世无数教育家，推动了教育的普及与发展。

其次，儒家强调的"修身齐家治国平天下"不仅是个人修养的体现，还是教育的重要目标。教育不再局限于知识的传授，更在于培养具有家国情怀和社会责任感的人才。这种以德为先的教育理念成为历代教育家追求的理想，他们通过言传身教，将这种精神代代相传。

最后，儒家的"因材施教"思想也深深影响了中国教育家的教学方法。孔子根据学生的不同特点进行个性化指导，这种尊重个体差异的教育方式，在古代教育实践中得到了广泛应用。历代教育家在继承这一思想的基础上，不断探索更加有效的教学方法，为中国教育的发展注入了持久动力。

（2）古代教育家的教育理念

古代教育家的教育理念深受儒家思想的影响，强调道德修养与人格完善。孔子作为儒家学派的创始人，提出了"有教无类"的教育思想，主张无论贫富贵贱，人人都应享有受教育的权利。他强调教育的目的在于培养"君子"，即具有高尚品德和广博知识的人才。孔子还提出了"因材施教"的理念，认为教师应根据学生的个性特点和学习能力，采取不同的教学方法，以达到最佳的教学效果。

孟子继承并发展了孔子的思想，提出了"性善论"，认为人性本善，教育的作用在于引导人回归本性，发扬善端。他特别强调环境和教育对人成长的重要性，主张通过教育培养人的道德判断力和自律能力。

荀子则提出了"性恶论"，认为善是后天教育和环境影响的结果。因此，他强调教育应通过严格的规范和纪律，培养学生的道德品质和社会责任感。荀子还提出了"学不可以已"，认为学习是一个持续不断的过程，应贯穿人的一生。

总的来说，古代教育家的教育理念以道德教育为核心，注重学生的个性发展与全面成长。他们不仅关注知识的传授，还重视培养学生的品德和人格，为后世的教育思想奠定了基础。

（3）古代教育家精神的实践与传承

我国古代教育家精神的实践与传承，离不开那些具有远见卓识的教育家的身体力行。

首先，孔子作为儒家学派的创始人，其教育思想不仅影响了当时的学子，还在后世得到了广泛传承。他提倡"有教无类"，强调教育应在各个阶层普及，而不局限于贵族。孔子的弟子们将其言论编撰成《论语》，使其中的教育理念跨越时空，影响后代教育。

其次，古代教育家精神的传承还体现在私学和书院的兴盛上。汉代时，董仲舒等学者通过私人讲学，传播自己的学术思想和教育理念。到了宋代，书院制度逐渐成熟，白鹿洞书院、岳麓书院等成了学术交流和教育实践的重要场所。在这些书院中，教育家不仅传授知识，还注重培养学生的品德和人格，体现了古代教育家精神中"德才兼备"的理念。

最后，古代教育家精神的实践还表现在科举制度的推行中。科举制度为广大士人提供了一个相对公平的竞争平台，使教育不再只是上层社会的特权。科举制度鼓励学子们通过自身努力获取功名，从而实现社会阶层的流动。在这一过程中，教育家通过编撰教材、设立私塾等方式，帮助学子备考，进一步推动了教育家精神的传承与发展。

总的来说，古代教育家精神的实践与传承，是教育家通过教育理念的传播、教育机构的建设及教育制度的推动，逐步形成和发展起来的。这些实践不仅在当时产生了深远影响，还为后世的教育发展奠定了坚实的基础。

7.1.2　近代教育家精神的发展

（1）近代教育变革与思想启蒙

近代，中国社会经历了巨大的动荡与变革，西方列强的入侵促使知识分子开始反思传统教育体系的弊端。随着洋务运动、戊戌变法及辛亥革命等一系列政治与社会改革的推进，教育领域也逐渐成为变革的重点领域。洋务运动期间，以"自强"和"求富"为口号的改革者们开始兴办新式学堂，引进西方的科学技术和教育理念，试图通过教育培养新型人才以应对国家危机。

与此同时，思想启蒙运动也在知识界悄然兴起。严复、梁启超等思想家开始大力宣传西方的民主、科学与自由思想，强调教育应当以培养具有独立思考能力的国民为目标。他们批判封建科举制度的僵化，呼吁建立现代教育体系，使教育真正成为推动社会进步的动力。严复在其翻译的《天演论》中引入了进化论思想，强调物竞天择、适者生存的理念，极大地冲击了传统士人的世界观，激发了人们对新知识的渴望。

在这种背景下，许多教育家开始投身于教育改革的实践。蔡元培等人不仅在理论上积极倡导新教育，还通过创办新式学校、参与推动教育立法等方式，推动教育改革。他们强调教育应当注重实用性与科学性，倡导全面发展的教育理念，为近代中国教育变革奠定了重要基础。这些变革与启蒙不仅推动了教育领域的现代化进程，还为后来中国社会的发展提供了思想资源与人才支持。

（2）近代教育家的教育实践

在中国近代社会的剧烈变革中，教育家不仅在思想上引领了教育改革的潮流，还通过具体的教育实践为国家培养了大批具有新思想的人才。蔡元培在北京大学的改革中，倡导"思想自由，兼容并包"的理念，打破了传统封建教育对学术思想的束缚，鼓励学生独立思考和创新。他还大力引进西方先进的教学方法和课程体系，使中国高等教育逐渐与国际接轨。

陶行知作为平民教育的倡导者，深入农村和基层，开展了一系列具有广泛社会影响的教育实验。他在南京创办的晓庄试验乡村师范，旨在培养具有实践能力的乡村教师。陶行知强调教育与生产劳动相结合，提倡"教学做合一"，通过实际行动让教育真正服务于普通民众的生活需求。

此外，黄炎培在职业教育领域做出了重要贡献。他联合蔡元培等48人在上海发起成立中华职业教育社，积极推广职业教育，以培养适应社会需求的实用型人才为目标。黄炎培认为，教育应当与社会经济发展紧密结合，职业教育是解决中国社会贫困和失业问题的重要途径。他通过一系列的职业教育实践，为中国近代职业教育体系的建立奠定了基础。

这些近代教育家的教育实践不仅推动了中国教育体制的现代化进程，还为后来的教育改革提供了宝贵的经验和启示。他们以实际行动诠释了教育家的社会责任感与历史使命感，为中国教育的转型和发展做出了不可磨灭的贡献。

（3）近代教育家精神的特点与影响

近代中国社会处于剧烈变革之中，教育家精神在这一时期呈现出鲜明的特点。

首先，近代教育家精神具有强烈的民族使命感。面对列强环伺、国家危亡的局面，教育家将教育视为救国的重要手段，致力于培养具有爱国精神和现代科学知识的新一代。他们强调教育与国家命运的紧密联系，力图通过教育唤醒国民的民族意识。

其次，近代教育家精神强调开放与包容。随着西学东渐，许多教育家积极引进西方先进的教育理念和教学方法，结合中国实际进行本土化改造。他们提倡学术自由，鼓励多元文化交流，以开放的心态吸收世界文明的成果。这种开放与包容的态度不仅丰富了中国的教育思想，还促进了中西文化的融合。

最后，近代教育家精神的影响深远而广泛。它不仅推动了教育制度的现代化，还为后来的教育改革奠定了基础。许多教育家通过创办学校、组织教育团体、发表教育相关的文章等方式，传播先进的教育理念，培养了大批具有现代意识的人才。他们的努力不仅改变了无数个体的人生轨迹，还为中国社会的进步和发展注入了新的活力。

总之，近代教育家怀揣着强烈的民族使命感，秉持开放与包容的态度，他们的精神产生了深远的影响。教育家精神不仅在当时发挥了重要作用，还在今天继续影响着中国的教育事业。

7.2　1949—1978年的教育家精神

7.2.1　社会主义建设初期的教育家精神

中华人民共和国成立后，面对百废待兴的局面，国家迅速着手重建教育体系。1949年，中华人民共和国成立之初，第一次全国教育工作会议提出：教育必须为国家建设服务，学校必须为工农开门。20世纪50年代，随着社会主义改造的逐步推进，教育领域也开始了全面的社会主义改造。

首先，国家确立了教育为无产阶级政治服务的基本方针。这意味着教育不仅要传授知识，还要培养社会主义事业的建设者和接班人。这一时期，教育与政治的联系更加紧密，教育方针的制定往往直接服务于国家的政治目标。

其次，教育与生产劳动相结合成为社会主义教育的重要原则。教育必须与生产劳动相结合，培养全面发展的新人。在这一思想的指导下，各级学校纷纷开展劳动教育，组织学生参加农业、工业生产，以增强他们的实践能力和劳动意识。

最后，普及教育、提高全民文化素质成为社会主义教育的重要任务。为了实现这一目标，国家大力发展基础教育，尤其是在农村地区，兴建学校，增加师资力量，努力消除文盲，提高全民的文化水平。这一系列措施为社会主义教育方针的确立奠定了坚实的基础。

通过这些方针政策的实施，社会主义教育体系逐步建立起来，为我国的教育事业发展指明了方向。这一时期的教育方针的确立，不仅影响了当时的教育实践，还为后来的教育改革和发展提供了宝贵的经验。

7.2.2　教育家在社会主义建设中的作用

在社会主义建设的初期，教育家肩负起了为国家培养新一代建设者和接班人的重任。面对百废待兴的社会局面，他们积极响应国家号召，通过多种形式的教育实践，为社会主义建设输送了大量高素质人才。

首先，教育家在思想启蒙和价值观塑造方面发挥了关键作用。他们通过课程设置和教材编写，将正确的思想观念融入日常教学，帮助学生树立正确的世界观、人生观和价值观。特别是在政治思想教育方面，教育家通过组织政治学习、开展社会实践等活动，增强了学生对社会主义制度的认同感和归属感。

其次，教育家致力于教育体制的改革与创新。在推行大规模经济建设的背景下，国家根据社会需求，调整教育结构，推动职业教育和高等教育的发展。许多教育家深入工厂、农村，开展扫盲运动和职业培训，提高了广大劳动者的文化素质和技能水平，为社会主义建设提供了有力的人才支持。

最后，教育家还积极参与国家政策的制定和实施。他们通过参与教育规划和政策咨询，为政府提供科学决策依据。许多教育家在教育立法、教育经费投入、教师待遇改善等方面提出了宝贵建议，推动了教育事业的健康发展。同时，他们还通过国际交流与合作，引进先进的教育理念和教学方法，为社会主义建设注入了新的活力。

总之，教育家在社会主义建设中不仅是知识的传播者，还是教育变革的推动者。他们通过多方面的努力，为社会主义建设事业做出了不可磨灭的贡献。

7.2.3　教育家精神与社会主义教育的实践

在中华人民共和国成立初期，教育家肩负起为社会主义建设培养人才的重任。他们不仅积极响应国家号召，投身于教育改革的实践，还通过自身的学术积淀和教育经验，探索适合中国国情的教育道路。

首先，教育家在课程设置和教材编写上进行了大胆革新。以著名教育家叶圣陶为例，他主张将政治思想教育融入教材，通过语文、历史等课程培养学生的爱国主义精神和集体主义意识。同时，他们注重实践教学，鼓励学生走出课堂，参与社会生产劳动，以增强对社会主义建设的直接体验和认知。

其次，教育家致力于推动教育公平，尤其是在农村和边远地区的教育普及上做出了巨大努力。他们深入基层，了解当地教育需求，提出了许多因地制宜的教育方案。例如，教育家陶行知推行的"生活即教育"理念，强调教育要与实际生活相结合，使农村学生也能获得实用的知识和技能。

最后，在教师队伍建设方面，教育家强调教师的思想政治素质和专业能力的提升。他们通过组织教师培训和教研活动，帮助教师树立社会主义教育理念，提高教学水平。同时，教育家还积极倡导尊师重教的社会风气，为教师创造良好的工作环境和发展空间。

在这些实践活动中，教育家展现出了坚定的理想信念、无私的奉献精神和卓越的教育智慧，为社会主义教育事业的发展奠定了坚实基础。他们的努力不仅推动了当时教育的进步，还为后人留下了宝贵的精神财富。

7.3　改革开放和社会主义现代化建设新时期的教育家精神

7.3.1　改革开放初期的教育家精神

（1）改革开放对教育家精神的激发

改革开放为中国社会带来了深刻的变革，教育领域也不例外。在这一历史背景下，教育家精神得到了极大的激发和重塑。

首先，改革开放为教育家们提供了更为广阔的思考空间和实践空间。他们开始重新审视传统教育模式，尝试引入新的教育理念和方法。

其次，国家对教育事业的重视程度不断提高，政策上的支持使教育家能够更加积极地投身于教育改革。无论是基础教育还是高等教育，改革的浪潮推动着教育家不断探索和创新。许多教育家通过国际交流与合作，吸收国外先进的教育经验，结合中国实际，提出了许多具有前瞻性的教育改革方案。

最后，社会的多元化发展也为教育家精神注入了新的活力。随着市场经济的发展，社会对人才的需求变得更加多样化，这要求教育家不仅要关注学生的学术能力，还要培养他们的综合素质和社会适应能力。在这一过程中，教育家表现出极大的创造力和责任感，他们通过各种途径，努力提升教育质量，培养适应新时代需求的人才。

总之，改革开放为教育家精神提供了新的发展契机，使教育家在思想解放和实践创新的道路上不断前行。他们以更加开放和包容的态度，积极应对各种挑战，为中国教育事业的发展做出了重要贡献。

（2）教育家在教育改革中的角色与贡献

在中国改革开放初期，教育家以其敏锐的洞察力和坚定的教育信念，积极投身于教育改革的浪潮。他们不仅是改革政策的执行者，还是改革思想的引领者。

首先，教育家在思想解放的背景下，提出了许多具有前瞻性的教育理念。例如，他们强调教育应以人为本，注重学生的全面发展。这种理念的转变为后来的素质教育奠定了基础。许多教育家通过撰写文章、发表演讲，不断传播新的教育思想，推动了整个社会对教育本质进行再思考。

其次，在实践层面，教育家通过各种方式积极参与教育改革的实施。他们深入教学一线，进行教学实验和试点改革，探索适合中国国情的教育模式。例如，在课程设置方面，他们主张增加选修课和实践课，以培养学生的创新能力和实践能力。此外，他们还推动了考试制度的改革，试图打破"一考定终身"的传统模式，使评价体系更加多元化。

最后，教育家在改革过程中发挥了重要的桥梁作用。他们不仅将政府的教育政策和方针具体化，还通过各种渠道将基层教师和学生的需求和意见反馈给决策层，提高了政策的可操作性和针对性。同时，他们还通过组织学术会议、成立教育研究会等形式，加强了教育界内部的交流与合作，为教育改革提供了智力支持和实践经验。

总之，教育家在改革开放初期的教育改革中，以其独特的视角和不懈的努力，为中国教育事业的发展做出了不可磨灭的贡献。他们的实践和探索，不仅推动了教育理念的更新和教育模式的变革，还为后来的教育改革提供了宝贵的经验。

（3）改革开放初期教育家精神的特点

改革开放初期，教育家展现出了极强的使命感和责任感。他们勇于突破传统教育模式的束缚，积极探索适应时代需求的新路径。

首先，教育家精神在这一时期体现出强烈的创新意识。许多教育家意识到旧有的教育方法已无法满足社会快速发展的需求，开始尝试引入新的教学理念和方法，推动教育改革。

其次，教育家表现出坚定的实践精神。他们不仅在理论上进行探索，还参与教育实践，通过创办实验学校、开展教学实验等方式，验证并推广新的教育模式。这种实践精神使许多新的教育理念得以落地生根，为后来的教育发展奠定了基础。

最后，教育家精神中的人文关怀在这一时期尤为突出。面对社会变革带来的种种挑战，教育家更加关注学生的全面发展，强调素质教育和个性化培养。他们致力于创造一个更加包容和公平的教育环境，让每个学生都能得到适合自己的发展机会。这种人文关怀不仅体现在教育理念上，还贯穿在教育家的日常教学和管理实践中。

7.3.2　教育家精神与教育现代化

（1）教育现代化对教育家精神的要求

教育现代化对教育家精神提出了更高的要求。

首先，教育家需要具备全球视野和开放的心态。在全球化背景下，教育内容和方式不断更新，教育家必须紧跟国际教育趋势，吸收先进的教育理念，推动本土教育的创新和发展。

其次，教育家要具有强烈的社会责任感。教育现代化不仅是技术的进步，还是教育公平和质量的提升。教育家应致力于缩小城乡、区域和校际差距，确保每个孩子都能享受到优质的教育资源。同时，他们还需要关注社会弱势群体，努力通过教育改变他们的命运。

最后，教育家必须勇于实践和创新。面对现代科技的迅猛发展，教育家应善于利用信息技术，推动教学模式的变革。他们需要不断探索新的教育方法，注重培养学生的创造力、批判性思维和解决问题的能力，以适应未来社会的需求。教育家还应积极参与教育改革，为政策的制定和实施提供实践依据和建议。通过不断实践和反思，教育家精神在现代化的进程中焕发出了新的活力。

（2）教育家在教育现代化中的实践与创新

在教育现代化的进程中，教育家扮演了至关重要的角色。他们不仅是理论的提出者，还是实践的引领者。面对社会经济的快速发展和全球化趋势，教育家积极探索适应时代需求的教育模式，推动教育理念和教学方法的革新。

首先，在课程设置方面，教育家致力于打破传统学科界限，推行跨学科和综合性课程。例如，一些教育家提倡将科学与人文相结合，培养学生的综合素质和创新能力。他们通过引入项目式学习和研究性学习，鼓励学生主动探索和解决问题，从而提升学生的实践能力和自主学习能力。

其次，在教学方法上，教育家大力推广信息技术在教育中的应用。他们通过引入多媒体教学、在线课程和虚拟实验室等现代化手段，丰富教学内容和形式，提高教学效果。同时，教育家注重个性化教育，根据学生的兴趣和特长，制定个性化的学习方案，促进学生的全面发展。

最后，在教育管理方面，教育家积极探索现代学校制度的建立和完善。他们推动学校管理的科学化和民主化，倡导建立以人为本的管理模式。通过引入现代管理理念和方法，教育家努力提高学校管理的效率和效益，为学生的成长和发展创造良好的环境。

总之，教育家在教育现代化过程中，通过不断的实践与创新，推动了中国教育事业的发展和进步。他们的努力不仅提高了教育质量，还为培养适应未来社会需求的人才奠定了坚实基础。

（3）教育现代化背景下的教育家精神内涵

教育现代化不仅是技术手段的革新，还是教育理念的深刻变革。在这一背景下，教育家精神被赋予了新的内涵。

首先，教育家更加强调以人为本的精神。他们认识到，现代教育不局限于传授知识，更重要的是培养具有独立思考能力和创新精神的人才。因此，教育家致力于构建一个更加开放和包容的教育环境，尊重学生的个性发展，鼓励他们自主探索和实践。

其次，教育家精神在教育现代化进程中体现出强烈的创新意识。面对快速变化的社会需求和技术进步，教育家不断探索新的教学方法和模式。他们积极利用现代科技手段，如在线教育和人工智能，以提高教学效果和扩大教育覆盖面。同时，他们也在课程设置上进行大胆创新，注重学科融合，以培养学生的综合素质，提高学生解决复杂问题的能力。

最后，教育家精神在教育现代化背景下还表现出高度的社会责任感。教育家不仅关注学生的学业成绩，还关注他们的全面发展和社会的可持续发展。他们努力推动教育公平，缩小区域教育差距，确保每一个孩子都有机会接受优质教育。此外，教育家还积极参与社会公益事业，利用自己的专业知识和影响力，推动社会进步和公共政策的改善。通过这些努力，教育家不仅在塑造未来的人才，还在构建一个更加美好的社会。

7.3.3　市场经济体制下的教育家精神

（1）市场经济对教育家精神的影响

市场经济体制的建立为中国社会带来了深刻的变革，教育领域也不可避免地受到了影响。

首先，市场经济的竞争机制促使教育家在办学理念上更加注重效率与质量。资源的有限性使教育家必须在教育投入与产出之间找到最佳平衡点，这无疑对传统的教育观念提出了挑战。

其次，市场经济强调的自主性与开放性为教育家精神注入了新的活力。教育家获得了更多的自主权，可以根据社会需求和学校实际情况灵活调整教育策略。然而，这种自主性也意味着更大的责任和压力，教育家需要在市场经济的浪潮中保持教育本心，不为功利所动。

最后，市场经济带来的社会分层和多元化需求，使教育家在追求教育公平与质量的同时，必须面对资源分配不均的现实问题。教育家不仅要关注学生的学习状况，还要重视他们的社会适应能力。在这种背景下，教育家精神体现为一种在理想与现实之间不断寻求平衡的智慧与坚持。

（2）教育家在市场经济中的适应与转变

随着中国市场经济的深入发展，教育领域受到了前所未有的冲击与影响。

面对经济体制的转型，教育家意识到传统的教育理念和模式已无法完全适应新的社会需求。因此，他们开始主动调整自身的教育思想和实践方式，以更好地服务于社会和个体的发展。

首先，教育家在市场经济中表现出更强的开放性与包容性。他们不再局限于象牙塔内的理论研究，而是积极走向社会，与企业、政府和国际组织展开广泛合作。通过这些合作，教育家不仅获取了更多的资源和支持，还使教育内容更加贴近实际需求，进而培养出更具实践能力的人才。

其次，教育家逐渐意识到市场经济对人才需求的多样性，开始推动教育模式的多元化发展。他们尝试打破传统的学科界限，倡导跨学科教育和综合素质培养。例如，在课程设置上，增加实践课程和职业技能培训，以提高学生的就业竞争力。同时，他们也更加注重学生创新能力和创业精神的培养，鼓励学生在实践中探索和创造。

最后，教育家在市场经济中不断寻求自我转型与提升。他们通过参加各类培训、研讨会和国际交流，不断更新自己的知识结构和教育理念。同时，他们也开始利用现代信息技术，推动教育信息化和智能化发展。通过引入在线教育、智能教学工具和大数据分析等手段，教育家努力提高教学质量和效率，以适应快速变化的市场需求。

总之，面对市场经济的挑战与机遇，教育家以开放的心态和积极的行动，不断适应和转变，为中国教育事业的发展注入了新的活力。他们的努力不仅促进了教育整体水平的提高，还为社会培养了大量具有创新精神和实践能力的人才。

（3）市场经济体制下教育家精神的新发展

自中国实行市场经济以来，社会结构和人们的价值观念发生了深刻变化，教育家精神在这一背景下也展现出新的发展趋势。

首先，教育家更加注重实践与创新精神的结合。面对市场经济对人才的多元需求，教育家不再局限于传统的知识传授，他们更加强调培养学生的创新能力与实践能力，以适应快速变化的社会环境。

其次，教育家精神在市场经济中更加凸显了社会责任感。在经济利益驱动下，部分教育机构可能出现过度商业化的倾向，但许多教育家坚守教育的本质，强调教育公平，努力缩小区域和阶层之间的教育差距。他们通过各种公益项目和教育扶贫行动，积极推动教育资源的均衡分配，体现出强烈的社会责任感。

最后，市场经济体制下的教育家精神还体现在国际视野的拓展上。随着全球化进程的加快，中国教育家更加注重吸取国际先进教育理念，同时推动本土教育经验的国际传播。他们通过国际交流与合作，不断丰富和完善自身的教育思想，使中国教育在国际舞台上发挥更大作用。这种开放与包容的态度，使教育家精神在新的历史时期焕发出新的活力。

7.4　当前的教育家精神

7.4.1　当前教育家精神的新内涵

（1）当前的社会变迁与教育家精神的演变

当前，社会正经历着深刻的变迁，经济全球化、信息化及文化多样性的发展，促使教育领域发生了巨大变化。在这一背景下，我国教育家精神也在不断演变。

首先，教育家不再仅仅关注知识的传授，他们更加注重培养学生的综合素质与创新能力。他们认识到，在全球化背景下，学生需要具备跨文化交流的能力和开放的视野。

其次，信息化技术的迅猛发展为教育带来了新的机遇和挑战。当代教育家开始探索如何将信息技术有效地融入教学过程，以提高教育质量和学生的学习效果。教育家在这一过程中体现出与时俱进的特质，他们积极拥抱新技术，同时坚守教育的本质，努力在技术与人文之间寻找平衡。

最后，教育家精神中也融入了更多的社会责任感。现代教育家致力于推动教育公平，努力让每一个孩子都能享受到优质的教育资源。他们通过各种方式，如乡村支教、教育扶贫等行动，践行着新时代的教育家精神。这种精神不仅是对传统教育理念的继承，还是对当前社会需求的积极回应。

（2）当前教育家精神的核心价值

当前教育家精神的核心价值体现为对教育理想的执着追求、对社会责任的勇敢担当及对人格修养的不断完善。

首先，教育家始终坚守教育理想，不为利益所动，致力于培养具有独立思考能力和创新精神的人才。他们深知教育不仅仅是传授知识的过程，更是塑造人格、启迪心灵的过程。

其次，当前教育家精神蕴含着强烈的社会责任感。教育家将自身工作与国家、社会的未来紧密相连，力求通过教育改变社会现状，促进教育公平。他们关注弱势群体的教育问题，努力缩小城乡、区域和学校之间的教育差距，推动教育资源的均衡分配。

最后，教育家高度重视自身人格的修养与完善。他们以身作则，通过言传身教影响学生，培养学生良好的道德品质与社会责任感。在面对复杂多变的社会环境时，他们始终保持清醒的头脑，坚持教育初心，不断反思与提升自我，以适应新时代对教育工作者的要求。

（3）当前教育家精神的时代特征

首先，当前教育家精神在新时代背景下展现出独有的特征体现为其强烈的社会责任感。教育家不再仅仅关注课堂教学，还将目光投向整个社会的教育公平与正义。他们积极参与教育政策的制定与实施，努力推动教育资源的均衡分配，确保每个孩子都能享受到优质教育。

其次，创新精神成为当前教育家精神的重要标志。面对信息技术的迅猛发展，教育家勇于接受新事物，探索新型教学模式。他们将数字化工具融入教学过程，推动在线教育和混合式学习的发展，以适应学生多样化的学习需求。

最后，国际视野与本土实际的结合也是当前教育家精神的一大特征。在全球化背景下，教育家不仅关注国内教育问题，还放眼世界，借鉴国际先进教育理念和实践。与此同时，他们坚定不移地立足本土，探索符合中国实际的教育发展道路，为培养具有国际竞争力的新一代人才而不懈努力。

7.4.2 教育家精神在当前教育实践中的体现

（1）当前的教育家精神与教育公平

当前，教育家精神在推动教育公平方面发挥着至关重要的作用。

首先，教育家通过政策倡导和实践创新，努力缩小城乡教育差距。他们深入偏远和贫困地区，了解当地教育的实际需求，并通过建立支教机制和远程教育平台，将优质教育资源引入这些地区，确保每个孩子都有机会接受良好的教育。

其次，教育家关注弱势群体的教育权益，积极为留守儿童、流动儿童和残障儿童争取更多的教育资源和政策支持。他们通过设立专项基金、开展特殊教育培训等方式，提升这些群体的教育质量，努力打破因经济、地域或身体条件导致的教育不公。

最后，教育家还致力于推动教育制度的公平性改革。他们通过研究和实践，提出了一系列关于考试制度、招生政策和教育资源分配的改革建议，旨在建立一个更加公正、透明的教育体系。这些努力不仅改善了教育的现状，还为未来的教育发展奠定了坚实的基础。

（2）当前的教育家精神与教育创新

当前，教育家精神在教育创新中扮演着至关重要的角色。

首先，教育家积极探索新的教学模式，以适应快速变化的社会需求。他们不再拘泥于传统的灌输式教育，而是推崇以学生为中心的个性化教学。通过引入项目式学习等方式，教育家力图培养学生的创新思维和实践能力。

其次，教育技术的迅猛发展为教育创新提供了新的契机。当代教育家敏锐地把握这一趋势，积极推动信息技术与教育教学的深度融合。他们不仅鼓励教师使用多媒体工具和在线资源，还倡导教师充分利用智能教育平台，以提升教师的教学效果，加强学生学习体验。这种对新技术的开放态度和应用能力，使教育创新更加切实可行。

最后，教育家还致力于改革教育评价体系，以支持和促进教育创新。他们认识到，单一的考试成绩无法全面衡量学生的综合素质和发展潜力。因此，他们尝试建立多元化的评价机制，包括过程性评价、综合素质评价等，以激励学生全面发展。通过这种方式，教育家推动了教育内容和方法的创新。

总之，当前的教育家精神在教育创新中展现出强大的引领作用。他们通过探索新的教学模式、应用先进的教育技术及改革评价体系，不断推动教育事业向前发展。这种精神不仅丰富了教育创新的内涵，还为培养具有国际竞争力的新时代人才奠定了坚实的基础。

（3）当前的教育家精神与教师专业发展

首先，当前的教育家精神在教师专业发展中表现为对教育理想的坚守与追求。教育家精神强调教师不仅要将教育作为职业，还应将其作为终身事业去热爱和奉献。这种精神激励着教师在专业道路上不断追求卓越，不断超越自我，以培养全面发展的人才为己任。

其次，当前的教育家精神推动了教师专业能力的持续提升。教育家精神倡导终身学习的理念，鼓励教师在教学实践中不断反思与创新。通过参加各类培训和学术交流活动，教师能够更新教育理念，提升教学技能，以适应新时代教育发展的需求。同时，教育家精神还鼓励教师积极参与教育科研，将理论与实践相结合，以科研促教学，推动教育质量的提升。

最后，当前的教育家精神强调教师团队合作与共同发展。教育家精神不仅关注个体教师的成长，更注重教师团队的建设与发展。通过建立学习共同体，教师之间可以分享教学经验，共同探讨教育问题，形成合力，推动学校整体教育质量的提高。这种合作精神不仅促进了教师个人的专业成长，还为教育事业的可持续发展提供了有力支持。

7.4.3 当前教育家精神的传承与发扬

（1）教育家精神的传承机制

教育家精神的传承并非一朝一夕之功，而是通过多层次、多渠道的机制得以延续和发展。

首先，师徒传承是一种重要的传承方式。在教育领域，老一辈教育家通过言传身教，将他们的教育理念、教学方法及精神追求传授给新一代教育工作者。这种面对面的交流与指导，不仅让年轻教师在专业技能上得以提升，还在无形中熏陶着他们的教育情怀和职业操守。

其次，教育家精神的传承也依赖于制度化的保障。许多教育机构通过设立奖项、基金及荣誉称号等方式，激励那些在教育实践中体现出卓越精神和贡献的教育工作者。这种方式不仅肯定了教育家的付出，还为后来者树立了榜样，使教育家精神在更广泛的范围内得以传播和弘扬。

最后，学术交流也是传承教育家精神的重要途径。通过举办教育论坛、学术会议及专题研讨会，教育工作者得以分享各自的实践经验与心得体会。在这些交流中，教育家精神作为一种无形的财富，在思想的碰撞与融合中不断得到丰富和发展。同时，出版相关著作和发表相关论文，将教育家的思想和实践经验记录下来，供后人学习和借鉴，也是传承机制中不可或缺的一环。

总的来说，教育家精神的传承机制是一个系统工程，需要多方面的共同努力。通过师徒传承、制度保障及学术交流等多种方式，教育家精神得以在不同的时代和环境中生根发芽，不断焕发出新的生机与活力。

（2）教育家精神的现代传播途径

随着信息技术的迅猛发展，教育家精神的传播不再局限于传统的口耳相传或书本记载。

首先，互联网和新媒体平台成了传播的主要阵地。通过各类教育网站、微信公众号、微博等社交媒体，许多教育家的思想与实践被广泛分享。这些平台不仅提供了快速传播的渠道，还使教育家精神能够以更加生动、多样的形式（包括视频、音频、图文等）展现给公众。

其次，举办各类教育研讨会和论坛也是传播教育家精神的重要途径。在这些场合，教育家通过主题演讲、圆桌讨论等形式，分享他们的教育理念和实践经验。这些活动往往吸引大量的教育从业者及社会相关人士参与，从而使教育家精神在更广泛的群体中得到传播和认同。

最后，教育家精神的传播还依赖于学校的推广。许多学校通过校本课程、专题讲座、校园文化建设等方式，将教育家精神融入日常教学和管理。这种潜移默化的影响，不仅让学生了解和认同教育家精神，还在教师群体中形成了学习和传承教育家精神的良好氛围。通过这些多层次、多渠道的传播途径，教育家精神得以在现代社会中持续发扬光大。

第八章 教育家精神与艺术

8.1 教育家精神中的"美育"传统

8.1.1 "美育"思想的历史沿革

中国"美育"思想的历史源远流长，其起源可以追溯到古代的儒家教育理念。早在先秦时期，孔子就提出了"兴于诗，立于礼，成于乐"的教育思想，强调了艺术在人格养成中的重要作用。孔子认为，音乐和礼仪不仅能够陶冶情操，还能塑造人的内在品格，使之达到内外兼修的理想状态。这种以艺术教育为手段，以人格完善为目的的思想，奠定了中国古代美育思想的基础。

到了汉代，随着儒家学说被尊为正统，美育思想进一步得到推广和发展。董仲舒提出的"天人合一"观念，强调了人与自然、社会的和谐关系，艺术教育被视为实现这一和谐的重要途径。魏晋南北朝时期，随着道家思想的兴起，美育思想开始融入更多自然与自由的元素，艺术教育逐渐从单纯的政治教化工具向个体心灵的自我修养转变。

近代以来，随着西方教育思想的引入，中国美育思想发生了新的变化。蔡元培等教育家积极倡导"以美育代宗教"，强调美育在现代教育体系中的独立价值。蔡元培认为，美育不仅能够提升人的审美能力，还能培养人的道德情操和社会责任感。在他的推动下，美育被正式纳入中国现代教育体系，成为培养全面发展人才的重要组成部分。

中华人民共和国成立后，美育思想得到了进一步的发展和实践。特别是改革开放以来，随着素质教育的提出，美育在教育体系中的地位日益重要。政府和教育部门相继出台了一系列政策文件，明确了美育在培养学生综合素质中的重要作用。美育课程在中小学和高校中逐渐普及，艺术教育成为培养学生创新精神和实践能力的重要途径。

总的来看，中国美育思想经历了从古代的儒家教育思想的奠基，到近代西方教育理念的引入，再到现代素质教育的实践与发展。在这一过程中，美育始终扮演着提升个体素质、促进社会和谐的重要角色，其内涵和实践方式也在不断丰富和发展。

8.1.2 美育与艺术教育的关系

美育作为一种教育理念，强调通过美的感受和体验来塑造人的心灵与品格。艺术教育则是实现美育的重要途径，它通过音乐、美术、戏剧等具体形式，将美的元素融入教育过程，使学生在艺术的熏陶中提升审美能力与创造力。

在实践中，艺术教育不仅是美育的载体，还是其具体表现形式。学生在参与艺术活动的过程中，不仅能够提升艺术技能，还能受到美的熏陶，形成健康的审美情趣和人生态度。这种以美育人、以文化人的教育方式，使美育与艺术教育密不可分。

此外，艺术教育还承担着传承和创新文化的重要使命。通过艺术教育，学生不仅能够接触到丰富的文化遗产，还能在创作中融入现代元素，推动文化的创新与发展。在这一过程中，美育所强调的审美价值和社会责任感得以体现，进一步深化了艺术教育的内涵。

因此，美育与艺术教育的关系可以被视为一种相互促进、共同发展的互动关系。艺术教育通过具体的艺术形式实践美育理念，而美育则为艺术教育提供了价值导向和精神支持，二者共同致力于人的全面发展。

8.1.3 美育在现代教育中的作用

随着社会的不断发展，美育在现代教育体系中的地位愈发重要。

首先，美育有助于培养学生的审美能力与创造力。通过接触音乐、文学等，学生能够在潜移默化中提升对美的感知，激发内在的创造潜能。这种能力不仅对艺术类学科有益，还对科学、技术等领域产生积极影响。

其次，美育在促进学生心理健康与人格完善方面发挥着不可替代的作用。美育活动能够帮助学生释放压力、调节情绪，从而保持心理平衡。同时，通过欣赏和创作美的事物，学生能够更好地理解他人与世界，培养出包容、开放的心态，进而塑造健全的人格。

最后，美育还具有社会性功能，能够增强学生的社会责任感与文化认同。在美育过程中，学生不仅能感受到传统文化的魅力，还能加深对多元文化的理解与尊重。这种文化认同与包容心态有助于学生在未来更好地融入社会，成为具有全球视野与责任感的公民。

8.2 艺术教育中的"启智润心"

8.2.1 艺术教育的启智作用

艺术教育作为一种独特的教育形式，不仅在审美培养上具有重要作用，还在智力开发方面展现出独特的优势。

首先，艺术教育通过激发学生的创造力与想象力，促进大脑的活跃。在绘画、音乐、舞蹈等艺术活动中，学生需要调动感官、情感和思维，这种多维度的参与有助于提升他们的认知能力。

其次，艺术教育能够培养学生的批判性思维和问题解决能力。在艺术创作过程中，学生需要面对各种不确定性，并通过自主探索和实践找到解决方案。这种训练不仅提高了学生的分析和判断能力，还增强了他们的决策信心。

最后，艺术教育有助于提高学生的记忆力和注意力。在音乐学习中，学生需要记忆乐谱并在演奏中保持精神高度集中，这种训练可以迁移到其他学科的学习中，提高整体学习效果。此外，艺术活动往往需要团队合作，这也在无形中培养了学生的沟通能力和团队精神，进一步促进了学生智力的全面发展。

通过这些途径，艺术教育不仅丰富了学生的知识结构，还为他们提供了多元化的智力发展机会，为他们未来的学习和生活奠定了坚实的基础。

8.2.2 艺术教育的润心功能

艺术教育作为一种情感和心灵的滋养方式，能够在潜移默化中影响个体的心理状态和情感世界。

首先，艺术作品本身的感染力能够直接触动人的内心。音乐的旋律、绘画的色彩、舞蹈的节奏，都能在无形中引发情感共鸣，使人们在欣赏和参与中获得情感的宣泄与满足。这种情感体验不仅有助于缓解压力，还能提升个体的幸福感。

其次，艺术教育通过创造性的表达方式，帮助个体更好地理解和调节自己的情绪。在参与艺术活动的过程中，学生不只是被动的接受者，更是主动的创造者。他们可以通过绘画、音乐、戏剧等形式，将自己的内心世界外化，从而在创作中实现自我认知和情感调节。这种自我表达的过程有助于培养学生健康的心理状态，增强学生的情绪管理能力。

最后，艺术教育还具有促进人际交往和增强社会连接的功能。在集体性的艺术活动中，如合唱、合奏、集体创作等，学生需要与他人协作，共同完成作品。这一过程不仅能培养学生的团队合作精神，还能让学生在互动中增进对彼此的理解和信任，从而建立深厚的人际关系。这种人际交往的经验，有助于个体更好地适应社会，同时也能提升其社会责任感。

总之，艺术教育的润心功能体现在其能够通过情感体验、自我表达和人际交往等，滋养个体的心灵世界，促进心理健康，提升社会适应能力。这种润物细无声的影响，使艺术教育在现代教育体系中具有不可替代的地位。

8.2.3 "启智润心"与教育家精神的融合

"启智润心"作为艺术教育的重要目标，强调通过艺术的熏陶与感染，启迪学生的智慧，滋润学生的心灵，使其在认知、情感和价值观上得到全面发展。而教育家精神，则以关怀学生全面成长、注重人格塑造为核心，追求教育的终极关怀。

首先，二者的融合体现在教育理念的契合上。艺术教育不仅是技能的传授，还通过艺术作品和艺术活动，培养学生的审美能力、创造力及独立思考的能力，这与教育家精神中强调的"育人"目标高度一致。

其次，在教育实践过程中，"启智润心"与教育家精神的融合表现为教学方式的创新。教师在艺术教育中，不仅要传授知识与技巧，还要通过引导学生参与艺术创作和欣赏，激发他们的内在潜能，帮助他们建立自信和自我认同。这种教育方式与教育家精神中的"因材施教""关怀备至"不谋而合，强调尊重学生的个性差异，关注他们的内心世界和情感需求。

最后，二者的融合还体现在对教育成果的评价上。传统的教育评价往往侧重于知识的掌握和技能的熟练程度，而"启智润心"与教育家精神的结合，则更加注重学生的综合素质和人格发展。通过艺术教育，学生不仅能够获得知识和技能的提升，还能够在情感、态度和价值观上得到升华，这正是教育家精神所追求的长远目标。因此，评价艺术教育的效果，不仅要看学生的作品和成绩，还要关注他们在学习过程中所获得的自我成长和心灵滋养。

"启智润心"与教育家精神深度融合，因此，艺术教育不仅是一种知识的传递，还是一种心灵的洗礼和人格的塑造，为学生的全面发展奠定了坚实的基础。

8.3 文化传承与艺术教育的现代转化

8.3.1 传统文化在艺术教育中的传承

传统文化是一个民族精神与智慧的结晶，其在艺术教育中的传承不仅是文化延续的重要体现，还是塑造学生文化认同与审美素养的核心手段。

首先，通过艺术教育传承传统文化，能够让学生在学习过程中深入理解本民族的历史与文化脉络。例如，中国画、书法、戏曲等传统艺术形式的教学，不仅传授技艺，还传递着深厚的文化内涵与价值观。

其次，艺术教育在传承传统文化时，注重与现代生活的结合，使传统文化焕发新的生命力。例如，将传统剪纸艺术与现代设计理念结合，或在音乐教育中融入现代元素重新演绎古典乐器，都是传统文化在艺术教育中传承的创新实践。这种结合不仅提升了学生的学习兴趣，还使传统文化在新时代背景下得以发展和延续。

最后，艺术教育还通过跨学科的方式，将传统文化融入其他学科教学中。例如，在历史、文学课程中引入传统艺术作品的欣赏与创作，通过多维度的方式增强学生对传统文化的理解与认同。这种综合性的教育方式，不仅丰富了艺术教育的内容，还拓展了传统文化传承的路径，使其在现代教育体系中占据重要的位置。

8.3.2 艺术教育的现代转化策略

随着社会的快速发展，艺术教育面临着新的挑战和机遇。为了更好地适应现代社会的需求，艺术教育的现代转化策略需要从以下几个方面着手。

首先，艺术教育应注重跨学科融合。通过将艺术与科技、工程、数学等学科相结合，培养学生的综合素质和创新能力。这种跨学科的教学模式不仅能够激发学生的创造力，还能够提升他们解决问题的能力，为未来的职业发展打下坚实的基础。

其次，艺术教育需要充分利用现代科技手段。在线教育平台、虚拟现实技术和人工智能等新兴科技为艺术教育提供了丰富的工具和资源。通过这些技术，学生可以更直观地感受艺术的魅力，从而提高学习效果。同时，科技的应用还能打破地域和时间的限制，让更多的人有机会接触到优质的艺术教育资源。

最后，艺术教育应加强与社会实践的结合。通过组织学生参与社区艺术项目、文化交流活动和艺术展览等实践活动，让学生在真实的社会环境中锻炼自己的艺术技能和综合素养。这种实践导向的教学模式不仅能够提升学生的社会责任感，还能够帮助他们更好地理解艺术在社会中的角色和价值。

通过这些现代转化策略，艺术教育能够更好地适应时代的发展，培养出具有国际视野、创新精神和实践能力的新一代艺术人才。这不仅有助于艺术教育的可持续发展，还为社会的文化繁荣和创新发展注入了新的活力。

8.3.3　教育家精神在文化传承中的作用

首先，教育家精神对传统文化起到了守护作用。无论时代如何变迁，教育家精神始终强调文化根基的重要性，通过教育实践将传统价值观、伦理道德及民族精神传递给下一代。这种传承不局限于知识的传递，更是文化认同感的塑造，让年轻一代在多元文化的冲击下依然能够坚守本民族的文化自信。

其次，教育家精神在文化传承中具有推动创新与发展的作用。教育家并不只是文化的守护者，更是文化的革新者。他们通过不断探索与实践，将传统文化与现代教育理念相结合，赋予传统文化新的生命力。例如，教育家通过艺术教育将传统音乐、戏剧、书法等引入课堂，不仅让学生接触传统文化，还通过现代教学方法激发他们的兴趣与创造力，使传统文化在新的时代背景下焕发新的光彩。

最后，教育家精神在文化传承中的作用还体现在其对全球化背景下的文化交流与融合的促进。在全球化浪潮中，教育家通过跨文化交流，将本国文化推向世界，同时也积极吸纳外来文化的精华，丰富本国文化的内涵。这种双向的文化交流不仅增强了本国文化的国际影响力，还培养了学生的全球视野与跨文化理解能力，为文化的可持续发展奠定了坚实基础。

8.4　艺术教育中的师德与人文关怀

8.4.1　艺术教育中的师德建设

（1）师德的内涵与价值

师德的内涵与价值在教育体系中具有深远的影响。作为教师职业道德的核心，师德不仅是教师个人修养的体现，还是教育质量和学生发展的重要保障。高尚的师德能够引导教师在日常教学中以身作则，成为学生的道德楷模。这种道德力量不仅影响学生的学业成绩，还对学生的价值观和人格塑造起着潜移默化的作用。

教师的师德直接关系到教育公平的实现。具备良好师德的教师往往能够平等地对待每一位学生，无论其家庭背景、智力水平或个性差异如何。他们会用心关注学生的全面发展。这种公平的教育态度有助于缩小教育差距，促进社会的和谐与进步。

此外，师德在教育行业中的价值还体现在其对教育风气的引领作用上。高尚的师德能够带动整个教育团队的道德水平提升，形成良好的教育氛围。在这样的环境中，教师更愿意分享教学经验，互相学习，共同进步。这不仅有助于提升整体教学质量，还能吸引更多优秀人才加入教育行业，为教育事业的可持续发展提供动力。

因此，师德不仅是教师个人职业生涯的基石，还是整个教育事业发展的重要支撑。具备良好师德的教师，能够在日常的教育工作中，以实际行动诠释教育的真正意义，培养出德才兼备的下一代。这种精神和价值正是师德在教育体系中不可或缺的重要原因。

（2）师德与艺术教育的关系

师德与艺术教育的关系密不可分，二者在教育实践中相互促进、相辅相成。

首先，师德是艺术教育质量的重要保障。教师的道德水平直接影响学生的学习体验和艺术感知，高尚的师德能够为学生创造一个积极、健康的学习环境，激发学生的创造力和艺术潜力。

其次，艺术教育为师德的培养提供了重要平台。在艺术教育过程中，教师不仅传授技艺，还通过艺术作品中的情感表达和人文精神，潜移默化地影响学生的价值观和道德观。这种影响反过来也促使教师不断提升自身的道德修养，以身作则，成为学生的榜样。

最后，师德与艺术教育的结合有助于培养全面发展的人才。艺术教育不仅是技能的传授，还是人格的塑造。具有高尚师德的教师能够在艺术教育中引导学生关注社会、关爱他人，培养学生的责任感和使命感，从而实现艺术与道德的双重教育目标。

（3）师德建设的实践路径

师德建设不仅是理论上的探讨，还需要在实践中不断推进和落实。

首先，教育机构应建立健全师德考核机制。通过制定明确的师德标准和评价体系，将师德表现纳入教师的年度考核内容，并与职称评定、绩效奖励挂钩，从而形成有效的激励和约束机制。

其次，应加强师德培训与教育。教育部门和学校可以通过组织专题讲座、研讨会及师德先进个人经验分享会等形式，提升教师的职业道德素养。同时，定期开展师德师风建设活动，营造浓厚的师德教育氛围，让教师在潜移默化中受到熏陶和教育。

最后，要充分发挥榜样的示范作用。通过评选和表彰师德先进个人和集体，树立师德典范，宣传他们的先进事迹，激励更多教师见贤思齐。同时，对于违反师德的行为要严肃处理，做到警钟长鸣，确保教师队伍的纯洁性和高尚性。通过这些实践路径，师德建设才能真正落到实处，发挥其应有的作用。

8.4.2　人文关怀在艺术教育中的体现

（1）人文关怀的内涵与意义

人文关怀作为一种教育理念，强调对个体生命价值与精神需求的尊重与关注。在艺术教育中，人文关怀不仅是一种教育方法，还是对学生全面发展的一种深层次理解和支持。它意味着教师在教授艺术技巧的同时，要关注学生的情感需求、心理健康及人格成长。通过艺术教育，学生不仅能够掌握技能，还能在艺术的熏陶中找到自我表达的方式，提升对生活的感悟力。这种关怀不应局限于课堂之内，更应贯穿于学生的整个成长过程。教师通过言传身教，让学生感受到被理解和尊重，从而激发他们的创造力和自信心。在这样的教育环境中，学生更容易形成积极的人生态度和健全的人格，为未来的发展奠定坚实的基础。人文关怀让艺术教育更具温度，使学生在追求艺术卓越的同时，也能成为一个有责任感、有情怀的社会人。

（2）人文关怀与艺术教育的结合

人文关怀与艺术教育的结合不仅是教育理念的创新，还是对学生全面发展需求的回应。

首先，在艺术教育中融入人文关怀表现为对学生个体差异的尊重与理解。教师通过关注学生的个性特点、情感需求和心理状态，能够更好地引导他们在艺术创作中表达自我，从而达到情感的释放与心灵的滋养。

其次，人文关怀强调对学生生命价值和人生意义的关怀，这与艺术教育的目标不谋而合。艺术教育不仅是技巧的传授，还是对生命体验的探索。在艺术课堂上，教师通过引导学生欣赏和创作艺术作品，帮助他们感知生命的美好，理解人生的多样性，从而培养积极的生活态度和正确的人生观。

最后，人文关怀还体现在艺术教育的社会责任感中。艺术作为一种文化载体，具有传播思想、影响社会的作用。在艺术教育中，教师不仅要培养学生的艺术技能，还要引导他们关注社会问题，通过艺术创作传递人文关怀的精神。例如，学生可以通过绘画、音乐、戏剧等形式，表达对弱势群体的关注，呼吁社会正义与公平，从而在艺术实践中实现自我价值与社会价值的统一。

通过人文关怀与艺术教育的结合，学生不仅能够提高艺术素养，还能够在情感、态度和价值观方面得到全面发展。这种教育模式不仅关注学生的当下成长，还为他们未来的生活奠定了坚实的基础。

（3）人文关怀在艺术教育中的实践

首先，人文关怀体现在教师对学生个性化发展的重视上。教师不仅关注学生艺术技能的提升，还关注学生情感和心理的健康发展。例如，在绘画课程中，教师会根据每个学生的兴趣和特长，制订不同的学习计划，帮助他们找到最适合自己的艺术表达方式。

其次，人文关怀还体现在师生关系的构建上。教师通过营造平等、尊重和开放的课堂氛围，鼓励学生自由表达自己的想法和感受。在这种环境中，学生更愿意分享自己的艺术创作过程，从而获得更多的指导和鼓励，增强自信心和创造力。

最后，人文关怀在艺术教育中的实践还体现在社会责任感的培养上。学校和教师积极组织学生参与各类社会公益活动，如社区艺术工作坊、艺术义卖等，让学生在实践中体会艺术的社会价值，培养他们的社会责任感和奉献精神。通过这些实践活动，学生不仅提升了艺术技能，还学会了如何用艺术服务社会，实现自我价值。

8.4.3 师德与人文关怀的互动机制

（1）师德与人文关怀的互动关系

师德与人文关怀在艺术教育中相辅相成，形成了密不可分的互动关系。

首先，师德的培养往往离不开人文关怀的滋养。教师在日常教学中通过关注学生的情感需求和个性发展，能够更好地践行师德规范。这种关怀不仅体现在课堂上对学生学业的指导，还渗透在对他们生活和心理的全方位关注中。

其次，人文关怀的落实也依赖于教师自身高尚的师德。具备良好师德的教师，往往更能理解和尊重学生的个体差异，从而在教育过程中自然流露出关怀之情。他们不仅传授知识，还在潜移默化中影响学生的价值观和人生观，使学生在充满关怀的环境中成长。

最后，师德与人文关怀的良性互动能够形成一种积极的教育氛围。在这样的氛围中，教师的言行举止对学生具有示范作用，而学生在感受到关怀的同时，也会更加尊重和信任教师。这种互动关系不仅提升了教育的质量，还促进了师生之间的情感交流，使教育过程更加人性化和富有成效。

（2）师德与人文关怀在艺术教育中的融合

在艺术教育实践中，师德与人文关怀的融合不仅是教育理念的体现，还是教育质量的重要保障。教师作为学生成长道路上的引路人，其人格魅力与道德素养会直接影响学生的学习体验与价值观塑造。

首先，师德与人文关怀的融合体现在教师对学生的尊重与理解上。在艺术教育中，学生往往需要表达个性化的创意与情感，教师应当以包容的心态去接纳和引导，而不是以单一的标准去评判。通过尊重学生的个体差异，教师不仅能够激发学生的创造力，还能帮助他们建立自信心，从而更好地投入艺术创作。

其次，教师在日常教学中应注重情感交流，将人文关怀融入教学的每一个细节。例如，在艺术作品的点评环节，教师不仅要从技术层面给予指导，还要从情感层面给予关怀，帮助学生理解艺术作品背后的深层含义。通过这种情感上的互动，学生不仅能够提高艺术技能，还能在精神层面获得成长。

最后，师德与人文关怀的融合体现在教师对教育事业的无私奉献上。艺术教育往往需要教师投入大量的时间与精力，尤其是在学生遇到困难时，教师的耐心与坚持显得尤为重要。教师应以身作则，用实际行动诠释师德的内涵，通过无私的奉献精神去感染和激励学生，让他们在潜移默化中学会坚持与努力。

总之，师德与人文关怀在艺术教育中的融合，不仅是提高教育质量的有效途径，还是培养学生全面发展的重要手段。通过这种融合，教师不仅能够成为学生的良师益友，还能在教育过程中实现自我价值的升华。

（3）师德与人文关怀的长效机制

师德与人文关怀的长效机制建设，需要从制度、文化与实践三个层面共同推进。

首先，在制度层面，学校应建立健全师德考核与评价体系，将师德表现作为教师聘任、晋升和评优的重要依据。通过定期评估和反馈，帮助教师不断提升自身的道德素养和职业操守。同时，设立专门的监督机制，确保师德建设不流于形式，真正落到实处。

其次，在文化层面，学校应积极营造尊师重教、崇德向善的校园文化氛围。通过举办师德主题活动、宣传优秀教师事迹等方式，引导广大教师树立崇高的职业理想和道德追求。同时，注重人文关怀的渗透，营造温暖和谐的工作环境，让教师在工作中感受到尊重与关怀，从而激发其内在的工作热情和责任感。

最后，在实践层面，师德与人文关怀的长效机制需要通过具体的行动来实现。学校应定期开展师德培训和研讨会，提升教师的职业道德水平和人文素养。同时，建立教师心理支持系统，关注教师的心理健康，提供必要的心理辅导和支持。通过多种形式的关怀活动，如节日慰问、困难帮扶等，增强教师的归属感和幸福感，从而形成师德与人文关怀的长效机制，促进教师队伍的持续健康发展。

8.5 教育家精神引领艺术教育创新

8.5.1 教育家精神与艺术教育的创新理念

（1）创新理念的内涵与特点

创新理念的提出并非一蹴而就，它是在对传统教育模式进行深刻反思的基础上实现的突破。在艺术教育领域，创新理念强调对学生个性化发展的尊重，注重培养学生的创造力和批判性思维能力。艺术教育不仅关乎技能的传授，还在于思维方式的塑造和培养。因此，秉持创新理念的教师应在教学过程中持续探索新颖的教学方法，勇于突破传统框架，以充分激发学生的艺术潜能。

首先，创新理念的特点体现在其开放性上。它鼓励多元文化的融合，提倡跨学科的交流与合作。在这种理念下，艺术教育不再局限于画室和琴房，而是与科技、人文等领域产生广泛联系。其次，创新理念具有前瞻性。它不仅关注当下的教育需求，还着眼于未来社会的发展趋势，培养学生适应未来社会的能力。最后，创新理念强调实践性。它要求将理论知识应用于实际操作，通过项目实践、艺术创作等方式，让学生在真实情境中学习和成长。

在教育家精神的引领下，艺术教育的创新理念亦融入了对人文关怀的深切重视。教师不仅是知识的传授者，还是学生心灵的引路人。在创新过程中，教师需要关注学生的情感需求，营造一个充满包容、理解和支持的学习环境。只有这样，艺术教育才能真正实现"启智润心"的目标，培养出既具有创新精神又拥有人文素养的全面发展的人才。

（2）教育家精神在艺术教育中的创新作用

首先，教育家精神在艺术教育中的创新作用体现在对传统教育观念的突破与重塑上。在面对艺术教育日益多样化的今天，教育家精神强调的不仅是技艺的传授，还是对学生创造力与想象力的激发。教育家通过引入多元化的艺术表现形式，鼓励学生打破常规，勇于探索未知领域，使艺术教育不再局限于画布与乐谱，还要成为思维创新的孵化器。

其次，教育家精神在艺术教育中的创新作用表现在教学方法的革新上。传统的艺术教学往往注重模仿与技巧训练，而教育家精神则倡导个性化、探究式的学习方式。教师在教学中更加关注学生的个体差异，教师会因材施教，通过项目式学习等方式，引导学生在艺术创作中实现自我表达与创新。

最后，教育家精神推动了艺术教育评价体系的创新。传统的艺术教育评价往往依赖于结果导向的评分标准，而教育家精神则强调过程与结果并重。在这种理念的指导下，评价标准更加多元，不仅关注学生的艺术作品，还重视学生在创作过程中表现出的创新思维与合作能力。这种评价体系的转变，激发了学生的自主性与创造力，使艺术教育真正成为培养创新人才的摇篮。

（3）创新理念在艺术教育中的实践

首先，创新理念在艺术教育中的实践体现在教学模式的变革上。传统的单向传授方式正逐渐被互动式和体验式教学所取代，教师不再是唯一的信息源。在这种模式下，学生通过自主探究和合作学习，成为知识的创造者。例如，在美术课程中，教师鼓励学生打破常规，运用多种材料和技法进行创作，从而激发他们的创新思维。

其次，创新理念在艺术教育中的实践表现在评价体系的多元化上。以往的艺术教育评价往往以作品的最终呈现为唯一标准，现如今，过程性评价和自我评价被引入其中。学生在整个创作过程中的努力、创意构思及反思能力都成为评价的重要组成部分。这种多元化的评价体系不仅关注结果，还重视学生的成长与发展。

最后，艺术教育中的创新实践包括对科技手段的有效利用。虚拟现实、增强现实等技术为艺术教育提供了新的平台和工具。学生可以通过这些技术体验到传统课堂无法提供的沉浸式学习环境，从而激发更多的创意和灵感。例如，在音乐教育中，学生可以使用数字音频工作站进行创作和编辑。这不仅提高了他们的技术能力，还拓宽了他们的艺术视野。

通过这些实践，创新理念在艺术教育中得以落地生根，为培养具有创造力和批判性思维的新一代艺术人才提供了有力支持。这种注重实践与体验的教育方式，正不断推动着艺术教育向更高层次发展。

8.5.2 艺术教育创新的路径与方法

（1）艺术教育创新的路径探索

首先，艺术教育创新的路径体现在教学模式的变革上。传统的艺术教育往往以教师为中心，学生被动接受知识，而现代艺术教育则更加注重以学生为主体，鼓励学生积极参与和互动。通过引入项目式学习、工作坊及跨学科合作等方式，学生能够在实践中激发创造力，提升艺术感知与表达能力。同时，借助现代科技手段，如虚拟现实、增强现实等技术，艺术教育可以突破时空限制，为学生提供更加丰富的学习体验。

其次，艺术教育创新的路径包括课程体系的优化。在课程设置上，艺术教育注重多元文化与艺术形式的融合，不仅涵盖传统的音乐、美术等科目，还应增加现代艺术形式如数字媒体艺术等内容。通过构建灵活多样的课程体系，学生可以根据自身兴趣与特长选择适合自己的发展方向，从而实现个性化成长。此外，加强艺术与诸如科学、技术、工程和数学（STEM）等学科的交叉融合，能够全面提升学生的综合素质，并有效增强其创新思维与解决问题的能力。

最后，艺术教育创新的路径涉及评价机制的改革。传统的艺术教育评价往往以结果为导向，注重学生的作品或表演成绩，而忽视了学生的学习过程与个体成长。现代艺术教育评价则更加关注学生的全面发展，采用多元化的评价方式，如过程性评价、自我评价与同伴评价等。通过建立科学合理的评价机制，不仅能够激励学生的学习积极性，还能够为其提供更加全面的反馈与指导，促进其持续进步与发展。

（2）艺术教育创新的方法论

艺术教育创新的方法论需要从多维度进行探讨，以确保其能够适应时代发展并满足学生多元化的需求。

首先，艺术教育创新应注重跨学科融合。通过将艺术与科技、文学、历史等学科相结合，可以创造出更具综合性和实践性的课程内容，激发学生的创造力和想象力。例如，利用虚拟现实技术进行艺术创作，或者通过历史背景分析艺术作品，都能为学生提供全新的学习体验。

其次，艺术教育创新应强调实践与理论并重。传统的艺术教育往往偏重于理论知识的传授，而忽视了实践操作的重要性。因此，在创新方法论中，应增加实践环节的比重，鼓励学生参与实践项目和创作活动。通过亲身实践，学生不仅能够更好地理解理论知识，还能够锻炼并提升解决实际问题的能力。

最后，艺术教育创新需要构建开放的评价体系。传统的评价方式通常以考试成绩和作品成果为主，这种单一的评价标准容易限制学生的创造性思维。因此，创新的方法论应引入多元化的评价机制，包括自我评价、同伴评价和专家评价等，综合考量学生的创新能力、合作精神和艺术表现力。通过这种开放的评价体系，可以更全面地反映学生的综合素质和潜力，激励他们在艺术道路上不断探索和进步。

总之，艺术教育创新的方法论应着眼于跨学科融合、实践与理论并重及开放的评价体系。这些方法不仅能够提升学生的艺术素养，还能够培养他们的综合能力，为学生未来的发展奠定坚实的基础。

（3）艺术教育创新的案例分析

随着全球化与信息化的迅猛发展，艺术教育领域涌现出许多创新的实践案例。这些案例展示了教育家精神在引领艺术教育创新中的重要作用。

①跨学科融合的艺术教育创新。在某知名艺术学院，学校通过将艺术课程与科技、工程学科相结合，开设了"艺术与科技"跨学科课程。学生在学习艺术创作的同时，也接触到编程、虚拟现实等技术。这种融合不仅提升了

学生的创造力，还培养了他们的技术应用能力。通过这种跨学科的教学模式，学生能够更好地适应现代社会的多元需求，并在未来的职业生涯中具备更强的竞争力。

②社区参与式的艺术教育创新。在一所中学的艺术教育改革中，学校积极引入社区资源，邀请当地艺术家和文化机构参与教学活动。学生不仅在校内学习艺术理论与技巧，还走出校园，参与社区艺术项目，如进行壁画创作、参加社区音乐会等。通过这种社区参与式的艺术教育，学生能够更深刻地理解艺术的社会功能，增强社会责任感。同时，这种模式加强了学校与社区的联系，提升了艺术教育的社会影响力。

③数字化艺术教育的创新实践。某大学艺术系通过引入先进的数字技术，建立了虚拟艺术实验室。学生可以在虚拟空间中进行艺术创作与展示，打破了传统艺术教育在时间和空间上的限制。这种数字化艺术教育不仅丰富了教师的教学手段，还激发了学生的创新思维。通过虚拟现实技术，学生能够体验到传统课堂无法提供的艺术创作过程，这种体验激发了他们的学习兴趣，提高了他们的实践能力。

这些案例展示了艺术教育创新的多样性和可行性，为未来的艺术教育改革提供了有益的参考。在教育家精神的引领下，艺术教育必将迎来更加广阔的发展空间。

8.5.3 未来路径：教育家精神的持续引领

（1）教育家精神的长远影响

教育家精神作为一种深植于我国文化土壤中的价值观念，其影响不局限于当下的教育实践，还将在未来持续发挥作用。

首先，教育家精神所强调的"以人为本"理念将在未来的教育发展中愈发重要。这种理念促使教育者更加关注学生的个性发展与全面成长，推动教育从单纯的知识传授向人格塑造转变。

其次，教育家精神所蕴含的创新意识和批判精神将为未来的教育改革提供不竭动力。面对快速变化的社会环境和技术进步，教育体系需要不断调整和创新。教育家精神中所包含的勇于探索、敢于变革的品质，将成为引领未来教育创新的灯塔，确保教育体系始终适应时代需求。

最后，教育家精神的长远影响体现在其对教育公平的追求上。在未来的教育发展中，如何缩小教育资源的不均衡分配，如何让更多学生享受到优质教育，仍然是亟待解决的问题。教育家精神所倡导的公平公正理念，将继续引导政策制定者和教育实践者为此努力，推动教育公平的实现。

通过这些方面的持续作用，教育家精神不仅在当下具有重要意义，还将在未来为我国教育事业的发展指引方向，成为推动教育进步的永恒动力。

（2）艺术教育创新的持续动力

首先，艺术教育创新的持续动力源于社会文化环境的不断变化。随着全球化进程的加快，各种文化思潮相互交融，艺术教育必须与时俱进，不断吸收新鲜的文化元素，以保持其时代性和前瞻性。这要求艺术教育工作者具备敏锐的文化触觉，及时将新的艺术形式和理念引入教学，使学生能够接触到多元化的艺术表现形式。

其次，科技的迅猛发展为艺术教育创新提供了强大的技术支撑。数字艺术、虚拟现实、人工智能等新兴技术正在深刻改变艺术创作和表现的方式。艺术教育需要积极拥抱这些技术变革，通过引入先进的科技手段，丰富教学内容和形式，提升学生的艺术创造力和表现力。这不仅能激发学生的学习兴趣，还能培养学生运用现代科技进行艺术创新的能力。

最后，艺术教育创新的持续动力来自对学生个性化发展的关注。传统的艺术教育往往注重技能的传授，而忽视了学生的个性化需求和创造力的培养。现代艺术教育强调以学生为中心，根据学生的兴趣和特长，提供个性化的教育方案。这要求教育者不断探索新的教学方法，注重培养学生的创新思维和独立思考能力，使他们在艺术道路上走得更远。通过不断创新教学模式，艺术教育才能真正实现其育人目标，培养出具有国际视野和创新能力的艺术人才。

（3）教育家精神与艺术教育的未来发展

随着社会的不断进步和教育理念的持续更新，教育家精神与艺术教育的结合将在未来展现出更加广阔的前景。

首先，教育家精神所强调的人文关怀与道德引领将继续在艺术教育中发挥核心作用。艺术教育不仅是对技艺的传授，还是对人格的塑造和心灵的滋养，未来这一理念将更加深入人心，推动艺术教育走向全人教育。

其次，随着科技的飞速发展，艺术教育的形式和手段将不断创新。教育家精神中的开拓与创新意识将引领艺术教育与现代科技的结合，如虚拟现实、人工智能等技术的应用,将为艺术教育带来全新的体验和可能性。这不仅能够丰富艺术教育的内容,还能够提升学生的创造力和想象力,使艺术教育更加多元化和个性化。

最后,在全球化背景下,教育家精神与艺术教育的融合将更加注重跨文化交流与合作。未来的艺术教育将不局限于本土文化的传承,还将吸纳世界各地的优秀文化成果,培养学生的全球视野和跨文化理解能力。教育家精神中的开放与包容态度将为艺术教育的国际化发展提供重要支撑,推动艺术教育在全球范围内实现更高水平的发展。

总之,教育家精神与艺术教育的未来发展将在人文关怀、科技创新和跨文化交流等方面迎来新的突破。这不仅有助于提高艺术教育的质量、增强艺术教育的影响力,还将为培养具有全球视野和创新能力的优秀人才提供有力支持。教育家精神作为一种引领力量,将在未来的艺术教育中继续发挥不可替代的作用。

第九章　教育家精神与管理

9.1　教育家精神的管理价值

9.1.1　教育家精神对管理理论的启示

教育家精神对管理理论的启示体现在多个方面。

首先，教育家精神强调以人为本，这为管理理论提供了新的视角。在管理实践中，以人为本意味着关注员工的成长与发展，而不只是追求短期的绩效目标。管理者需要像教育家一样，具备敏锐的洞察力，了解每个团队成员的独特性，从而为员工制订更具针对性的发展计划。

其次，教育家精神所蕴含的长期主义对管理理论有着深远影响。教育家往往关注学生的长期发展，而不只是关注一次考试的成绩。这种精神启示管理者在制定策略时，应着眼于长远的目标和可持续发展，而非仅仅关注眼前的利益。管理者需要培养团队的持续学习能力，以适应不断变化的外部环境。

最后，教育家精神中的创新与变革能力也为管理理论注入了新的活力。教育家常常需要在教育方法和内容上进行创新，以满足不同学生的需求。同样，管理者也需要具备创新意识，不断优化组织结构和管理模式，以提高组织的适应性和竞争力。通过借鉴教育家的创新精神，管理者可以更好地适应复杂多变的市场环境，实现组织的跨越式发展。

9.1.2　教育家精神在管理决策中的作用

教育家精神在管理决策中发挥着重要的作用，其核心在于将人的发展置于决策的中心。

首先，教育家精神强调以人为本，这要求管理者在决策过程中充分考虑师生的实际需求与长远发展。这种决策理念不仅关注眼前的管理目标，还着眼于人的全面成长，力求通过每一项决策为教育参与者创造更加有利的发展环境。

其次，教育家精神注重道德引领与价值观的传递。在管理决策中，管理者不仅要考虑效率和效益，还需要将道德标准和正确的价值观纳入考量范畴。

教育家精神倡导的决策方式，往往会超越短期的功利性目标，追求更加公正、可持续的发展路径。这种精神促使管理者在面临复杂选择时，能够坚持原则，做出符合教育本质和长远利益的决策。

最后，教育家精神在管理决策中的作用还体现在创新与变革的推动上。教育家往往具备前瞻性的眼光和开拓创新的勇气，他们不满足于现状，敢于打破常规，推动教育管理的变革与创新。在这种精神的影响下，管理者会更加积极地探索新的管理模式、教学方法和技术手段，以应对不断变化的教育环境和挑战。这种勇于创新的决策方式，有助于推动整个教育体系的进步与发展。

通过以上几个方面，教育家精神为管理决策注入了更深层次的人文关怀和价值追求，使管理决策不仅具有科学性和高效性，还多了人性方面的思考和长远的规划。这种精神在当今快速变化的教育环境中显得尤为重要，它不仅指导管理者做出更加明智的决策，还为教育事业的可持续发展提供了坚实的保障。

9.1.3 教育家精神与管理效能的提升

教育家精神强调对教育理想的追求和对教育规律的深刻理解，这种精神在管理中能够有效提升管理效能。

首先，教育家精神注重以人为本，在管理中能够促进管理者更加关注教师与学生的需求，从而制定出更加贴合实际、富有针对性的管理策略。这种人本管理方式不仅能够激发教师的教学热情，还能提升学生的学习积极性，从而整体提高教育质量。

其次，教育家精神所蕴含的创新意识和批判性思维，使管理者在面对复杂多变的教育环境时，能够保持开放的心态，积极探索新的管理模式。这种精神驱使管理者不断反思现有制度，寻找改进空间，从而提升管理效能。例如，在课程设置和教学方法上，管理者可以借鉴教育家精神，推动教学改革，使教育更具时代性和实用性。

最后，教育家精神强调责任与担当，这种精神在管理效能提升中表现为管理者勇于承担责任，积极应对挑战。在实际管理工作中，管理者若能以身作则，树立榜样，将有助于营造积极向上的组织文化氛围，增强团队凝聚力。这种文化氛围能够有效提升相关人员的工作效率和执行力，从而实现管理效能的最大化。

总之，教育家精神在管理中的应用，不仅能够优化管理策略，推动创新，还能增强团队凝聚力，最终实现管理效能的全面提升。

9.2 教育家精神与现代教育管理

9.2.1 教育管理现状分析

（1）当代教育管理面临的挑战

首先，随着社会的快速发展，教育需求日益多元化，管理体系难以及时适应。传统的教育管理模式相对固化，难以及时响应学生、家长及社会对教育质量和多样性的要求。

其次，教育资源的分配不均问题依然严峻，尤其是在城乡和区域之间，这给教育管理者带来了巨大的压力。优质师资、教育经费及教学设备的分配不平衡，直接影响了教育的公平性与普惠性。

最后，信息技术的发展对教育管理提出了新的要求。数字化教育的普及需要教育管理体系具备更高的技术适应能力，而管理者在信息化建设中的决策力与执行力亟待提高，以应对在线教育、远程教学等新兴教育模式的挑战。这些因素共同构成了当代教育管理中亟待解决的现实问题，也为教育家精神在管理实践中的应用提供了广阔的空间。

（2）教育管理实践中的问题

当前，教育管理实践中存在诸多亟待解决的问题。

首先，教育管理实践中的问题体现在管理理念的滞后上。许多教育机构仍沿用传统的科层管理模式，强调自上而下的管理方式，缺乏对教师与学生实际需求的灵活应对。这种僵化的管理模式不仅限制了教学创新，还削弱了教育工作者的积极性和创造力。

其次，教育资源分配不均是教育管理中的一大难题。在一些经济欠发达地区，教育经费、师资力量及教学设备等资源相对匮乏，导致教育质量难以保证。而在一些资源丰富的学校，往往因为管理不善，出现资源浪费和低效使用的情况，进一步加剧了教育资源分配不均的问题。

最后，教育管理中的评价体系存在单一化和片面化的问题。当前的评价机制过度依赖考试成绩，忽视了学生综合素质的培养与发展。这种单一维度的评价方式不仅给学生带来了巨大压力，还导致教学过程中出现"重分数、轻能力"的倾向，背离了教育的初衷。同时，对教师的绩效评估也往往流于形式，缺乏科学性和公正性，难以真正激励教师提高教学质量。

（3）教育家精神对管理实践的指导

首先，教育家精神强调以人为本，这要求管理者在实践中关注师生的实际需求，创建有利于个人成长和发展的环境。管理者需从教育的本质出发，不仅要关注效率和结果，还要确保每一项决策都能促进人的全面发展。

其次，教育家精神提倡追求卓越，这引导管理者在日常工作中不断追求高质量的教育成果。无论是课程设置还是教学方法的选择，管理者都应秉持精益求精的态度，以提升整体教育水平为目标。这种精神促使管理者在面对困难和挑战时，勇于创新和变革，以适应不断变化的教育环境。

最后，教育家精神还强调社会责任感，管理者在实践中应始终牢记教育的社会功能，培养具有社会责任感的学生。这意味着管理者不仅要关注校内的事务，还需要将视野扩展到社会，通过各种实践活动和项目，增强学生的社会参与意识和责任感。这种全局观念使教育管理不仅是对行政事务的处理，还是对社会未来的投资和塑造。

9.2.2 教育家精神在管理实践中的应用

（1）教育家精神在教学管理中的应用

首先，教育家精神在教学管理中的应用体现在对教师团队的人文关怀上。具备教育家精神的管理者，注重营造和谐、包容的工作环境，尊重每一位教师的个性与创造力。管理者不仅关注教师的教学成果，还关心教师的职业发展与心理健康。通过与教师进行定期沟通，管理者可以帮助教师解决实际工作中的困难，从而有助于提升整体教学质量。

其次，教育家精神强调以学生为中心的教学理念，要求管理者在制订教学计划与管理制度时，必须充分考虑学生的需求与成长规律。管理者通过引入多元化的教学方法和评价体系，鼓励教师因材施教，激发学生的学习兴趣与潜能。在这种管理模式下，教学不再仅仅是知识的单向传递，更是师生之间相互学习与共同成长的过程。

最后，教育家精神在教学管理中的应用还体现在对教育创新的支持与推动上。具有教育家精神的管理者，勇于打破传统的教学管理模式，积极引入新的教育技术和教学理念，鼓励教师进行教学实验与创新。通过建立灵活的教学管理机制，管理者为教师和学生打造开放、包容的创新环境，使教学活动更加生动、有效，从而不断提高教育质量。

（2）**教育家精神在学生管理中的应用**

在学生管理中，教育家精神强调以学生为本，关注学生的全面发展。

首先，教育家精神倡导尊重学生的个性差异，因材施教。在管理实践中，学校应根据学生的兴趣、能力和需求，制定灵活多样的管理措施，促进学生个性化成长。例如，通过设立不同类型的课外活动和选修课程，满足学生多样化的发展需求。

其次，教育家精神注重培养学生的自主管理能力。学校在学生管理中应鼓励学生参与决策过程，培养他们的责任感和领导力。例如，设立学生会、社团等组织，可以让学生在实际管理中锻炼自己的组织和协调能力。同时，学校应为学生提供更多的自我管理机会，如自主安排学习时间、参与校园纪律管理事务等，以增强他们的自律意识。

最后，教育家精神强调关怀与爱护学生，关注他们的心理健康。在学生管理中，学校应建立健全心理健康服务体系，及时了解和解决学生的心理问题。例如，通过定期开展心理健康讲座、设立心理咨询室等方式，帮助学生缓解压力，使学生保持积极向上的心态。此外，学校应加强与家庭的沟通合作，共同关注学生的心理和情感需求，为他们的健康成长保驾护航。

通过在学生管理中应用教育家精神，学校不仅能够提高管理效能，还能促进学生的全面发展，为社会培养更多具有责任感、创新精神和实践能力的人才。

（3）**教育家精神在师资管理中的应用**

在师资管理中，教育家精神的融入能够有效提升教师队伍的凝聚力与教学水平。

首先，教育家精神强调以人为本，这要求管理者在师资管理中关注教师的个体发展需求，提供个性化的职业发展路径。通过建立完善的教师培训体系、倡导教师参与学术交流、鼓励教师进修学习，学校能够帮助教师不断提升专业素养，激发其内在的教学热情。

其次，教育家精神倡导追求卓越与创新。在师资管理中，管理者应鼓励教师在教学方法与内容上大胆创新，给予他们充分的自主权。通过设立教学创新奖项、举办教学研讨会等方式，学校能够营造良好的创新氛围，激励教师积极探索新的教育模式，从而提高整体教学质量。

最后，教育家精神强调团队合作与共同成长。在师资管理中，管理者应注重教师团队的建设，通过组织集体备课、进行教研活动等形式，促进教师之间的交流与合作。这不仅有助于教师相互学习、共同进步，还能增强团队的协作能力，形成良好的教学氛围。在这样的环境中，教师更愿意分享经验与资源，从而推动整个学校教育水平的提升。

9.2.3 教育家精神与管理问题的破解路径

（1）教育家精神在解决教育管理问题中的作用

教育家精神在解决教育管理问题中展现出独特的价值与作用。首先，教育家精神强调以人为本，这为教育管理提供了新的视角。在面对管理中的人际冲突和资源分配问题时，教育家精神倡导的理解与包容精神能够有效缓解矛盾，促进团队合作。其次，教育家精神注重长远发展，而不仅仅是关注短期的成绩和指标。这种精神促使管理者在决策过程中更加关注教育的可持续性，以及对学生和教师发展的长期影响。最后，教育家精神具有创新与变革的驱动力。面对教育管理中的一些僵化流程，教育家精神鼓励管理者勇于突破传统，尝试新的管理方法和技术，以适应不断变化的教育环境。通过这种精神的渗透，教育管理不仅能够解决现有问题，还能为未来的发展奠定坚实的基础。

（2）教育家精神与教育管理创新

教育家精神所蕴含的远见卓识和人文关怀为教育管理创新提供了丰富的思想资源。

首先，教育家精神强调以人为本，这为教育管理创新指明了方向。在管理实践中，以人为本不仅体现为关注学生的发展需求，还体现为尊重教师的创造力和专业性。通过激发师生的主动性和参与感，教育管理能够更加灵活和高效。

其次，教育家精神倡导的终身学习理念推动了教育管理模式的变革。面对快速变化的社会环境和知识更新，教育管理者需要不断学习新理念、新方法。这种持续学习的态度促使管理层在决策时更具前瞻性，能够及时调整管理策略以适应外部环境的变化。

最后，教育家精神中的批判性思维和创新意识为教育管理创新提供了动力。传统的教育管理模式往往因循守旧，缺乏突破。而具备批判性思维的教育管理者更愿意尝试新的管理方法和技术手段，推动教育管理向信息化、个性化方向发展。例如，通过引入大数据和人工智能技术，教育管理者可以更精确地分析教学效果和学生需求，从而制定更科学的管理政策。

在这种精神引领下，教育管理创新不再是被动应对问题，而是主动迎接挑战。教育家精神不仅为管理者提供了思想指导，还赋予他们实践创新的勇气和智慧。通过不断探索和实践，教育管理工作将朝着更加开放、包容和高效的方向发展。

（3）教育家精神在管理实践中的案例分析

在我国当代教育管理实践中，许多学校和教育机构逐渐意识到教育家精神对管理创新的重要性，并开始将其融入日常管理和决策。以下通过几个具体案例，对教育家精神在管理实践中的作用机制展开分析。

①北京市某中学的教学管理改革。北京市某中学在面对生源质量参差不齐的情况下，学校管理层决定引入教育家精神中的"因材施教"理念。校领导不再单纯依赖成绩考核教师，而是通过定期组织教师培训和举办教学研讨会，提升教师的教学水平和责任意识。同时，学校设立了多样化的课程体系，满足不同学生的学习需求。这一改革不仅提高了学生的整体成绩，还增强了教师的职业认同感和教学积极性。通过这一案例可以看出，教育家精神强调的个性化教育和管理的人性化，能够有效提升教学管理的质量。

②上海某小学的师资管理创新。上海某小学在师资管理中融入了教育家精神中的"以人为本"思想。学校不再仅仅关注教师的教学成果，而是更加注重教师的职业发展和心理健康。为此，学校特别设立了教师心理辅导室，并定期邀请教育专家举办讲座和培训。此外，学校还推行了教师轮岗制，让教师能够在不同岗位上积累经验，提升综合素质。通过这种人本化的管理方式，教师的工作满意度和归属感显著提升，学校的整体教学质量也得到了保障。这一案例表明，教育家精神在师资管理中的应用，能够有效激发教师的潜力，提升学校的管理效能。

③广州某高校的学生管理实践。广州某高校在学生管理中贯彻了教育家精神中的"自主管理"理念。学校鼓励学生自主成立各类社团和兴趣小组，并提供必要的资金和场地支持。同时，学校设立了学生自我管理委员会，让学生参与学校的日常管理和决策。通过这种自主管理的方式，学生的领导能力和组织能力得到了显著提升，校园文化也更加多元和活跃。这一案例显示，教育家精神强调的自主性和参与感，能够有效促进学生全面发展，提升学生管理的实效性。

通过以上案例分析可以看出，教育家精神在管理实践中的应用，不仅能够提升管理的科学性和人性化，还能够有效解决当前教育管理中的一些实际问题。教育家精神所倡导的个性化、人本化和自主性，为现代教育管理提供了新的思路和方法。在未来的管理实践中，应进一步推广和应用教育家精神，以实现教育管理的不断创新和发展。

9.3 教育家精神与教育领导力培养

9.3.1 教育领导力的理论框架

（1）教育领导力的内涵与特征

教育领导力不仅仅是管理者对学校或教育机构的运营能力，它更强调领导者在教育理念引领、团队凝聚及教育变革中的核心作用。一个具备教育领导力的领导者，首先要在复杂的教育环境中保持敏锐的洞察力，能够准确把握教育发展的趋势，并将这些趋势与学校实际情况相结合，制定出符合学生和教师发展需求的长远规划。

教育领导力不仅体现在决策层面，还体现在实践中的细节管理上。领导者需要通过自身的言行举止，传递正确的价值观和教育理念，从而影响整个教育团队。这种影响力往往不是通过强制手段实现的，而是通过潜移默化的引导和沟通，激发教师和学生的内在动力。

此外，教育领导力还具有鲜明的时代特征。在当今信息化和全球化的背景下，教育领导者需要具备跨文化的沟通能力和创新思维。他们不仅要关注学校内部的管理事务，还要积极参与更广泛的教育交流与合作，吸收先进的教育管理经验，推动学校教育质量的持续提升。这种开放的视野和不断学习的态度，是现代教育领导力不可或缺的一部分。

（2）教育领导力与教育家精神的关联

教育领导力与教育家精神之间存在着深刻的关联，这种关联不仅体现在理论层面的相互映照，还在实践过程中得以具体展现。

首先，教育家精神所蕴含的深厚人文关怀与教育理念，为教育领导力提供了价值导向。领导者在实施管理决策时，往往需要在复杂的教育环境中做出符合学生、教师和学校长远发展的决定，而教育家精神中的使命感和责任感则为这种决策提供了道德基础和精神支持。

其次，教育领导力不仅是一种管理能力，还是一种引领和创新的能力。

教育家精神中所倡导的开拓精神和反思精神，恰好为教育领导者提供了不断突破现状、追求卓越的动力。领导者在面对教育改革和创新时，可以借鉴教育家精神中的勇气与智慧，敢于挑战传统，提出富有前瞻性的教育理念和实施方案。

最后，教育领导力的核心在于"人"的领导，而教育家精神的本质也是以人为本。教育领导者在展现领导力的过程中，需要关注教师和学生的成长与发展，这与教育家精神中所蕴含的关怀、尊重和理解是相契合的。领导者在管理过程中，通过践行教育家精神，可以更好地激发教师的教学热情和学生的学习动力，从而实现教育目标的最大化。这种"以人为本"的领导方式，不仅提升了教育管理的有效性，还为教育领导者树立了良好的榜样。

总之，教育领导力与教育家精神的关联体现在价值导向、创新动力和人文关怀等多个层面。教育领导者通过深入理解和实践教育家精神，不仅能提升自身的领导能力，还能为教育事业的发展注入新的活力和动力。

（3）教育领导力培养的重要性

教育领导力培养的重要性在于其直接影响教育质量与学校发展方向。首先，优秀的教育领导者能够引领整个教育团队实现共同目标。他们不仅具备战略眼光，还能够有效协调各类资源，确保教育教学工作的高效运行。其次，教育领导力培养有助于提升教师团队的凝聚力和专业水平。通过领导者的引导和激励，教师更有可能发挥自身潜力，积极参与学校的发展和改革。最后，教育领导力的培养关乎教育公平与创新的实现。具备高水平领导力的教育管理者能够更好地识别和应对教育实践中的问题与挑战，推动教育公平，促进教育创新，从而为学生提供更优质的学习环境和发展机会。因此，教育领导力的培养不仅是学校管理的内在需求，还是推动整个教育事业发展的重要动力。

9.3.2 教育家精神在领导力培养中的作用

（1）教育家精神对领导力培养的指导

教育家精神强调以人为本、追求卓越及终身学习的理念，这些都为领导力培养提供了重要的指导方向。

首先，教育家精神倡导以人为本，强调领导者应关注团队成员的个性化发展，了解团队成员的需求与潜力，从而制定更具针对性的培养方案。这种人性化的管理方式能够激发团队成员的积极性和创造力，提升团队整体的凝聚力与向心力。

其次，教育家精神追求卓越的理念要求领导者不断自我提升，不仅要在专业知识和管理技能上精益求精，还要在人格魅力和道德操守上成为表率。领导者通过自身的不断进步，能够为团队树立榜样，激励他人追求更高的目标。同时，这种追求卓越的精神也促使领导者在决策过程中更加注重创新与长远规划，以适应不断变化的教育环境。

最后，终身学习的理念在教育家精神中占据重要位置，这为领导者领导力的培养提供了持续发展的动力。领导者需要不断学习新的知识和技能，以应对复杂多变的教育形势。通过持续的学习和反思，领导者能够更好地理解教育规律，提升自己的判断力和决策力。同时，这种学习精神也能够传递给团队成员，营造积极向上的学习氛围，从而推动整个组织的不断进步与发展。

教育家精神不仅为领导者提供了价值观和方法论上的指导，还为其在实际操作中提供了可遵循的原则。通过将这些精神内化于心、外化于行，领导者能够在实践中不断提升自己的领导力，实现个人与团队的共同成长。

（2）教育家精神与领导力发展的互动

教育家精神在领导力发展中的作用不局限于理论层面，其更在实践中通过互动与融合得以体现。

首先，教育家精神强调的使命感与责任感为领导力发展提供了价值导向。领导者在面对复杂的教育环境时，能够以教育家的情怀和视野做出决策，从而更好地服务于教育目标和学生发展。

其次，教育家精神中的创新意识和批判性思维推动了领导力的持续进步。领导者在管理过程中，需要不断反思和创新，而教育家精神所倡导的追求卓越与突破常规，恰好为领导者提供了思想动力。这种精神促使领导者勇于尝试新的管理方法和教学模式，以应对不断变化的教育需求。

最后，教育家精神注重人文关怀与团队合作，这与领导力发展中的协作能力高度契合。在教育管理中，领导者不仅需要具备出色的个人能力，还需要将团队的力量凝聚起来。教育家精神所蕴含的尊重个体、关注群体发展的理念，有助于领导者在团队中与他人建立信任与合作的关系，从而实现共同的教育目标。通过这种精神的渗透，领导力发展不局限于个人能力的提升，更在于构建和谐共进的教育生态。

（3）教育家精神在领导力培养中的实践案例

在现代教育管理中，许多成功的实践案例体现了教育家精神对领导力培养的深远影响。

首先，以北京某知名中学的校长为例，他秉持以人为本的教育理念，注重教师和学生的共同发展。在管理中，他强调民主决策，鼓励教师和学生参与学校重大决策的讨论，形成了良好的校园文化氛围。这种做法不仅提升了学校的整体管理效能，还培养了一批具有领导力的教师，他们在各自的教学领域中发挥着重要作用。

其次，在上海的一所小学，校长通过引入项目式学习，培养学生的自主学习能力和团队合作精神。这所学校的领导力培养不局限于教师层面，还积极推动学生自治，成立了学生会和各种社团，让学生在实践中锻炼领导才能。在这种模式下，教育家精神中的创新和实践精神得到了充分体现，为学生未来的发展奠定了坚实的基础。

最后，广州的一所职业技术学院在领导力培养中融入了社会责任感教育。学院定期组织师生参与社会公益活动，如社区服务和环保项目，培养他们的社会责任感和领导力。通过这些实践活动，师生不仅提升了个人能力，还学会了如何在团队中发挥领导作用，为社会发展贡献力量。

这些实践案例表明，教育家精神在领导力培养中具有重要价值。通过将教育家精神融入管理实践，不仅能提升教育质量，还能有效培养具备高素质领导力的教育和管理人才。

9.3.3　教育领导力培养的策略与方法

（1）教育领导力培养的策略

首先，在教育领导力的培养过程中需要注重系统化的培训体系建设。通过建立多层次、多维度的培训项目，确保教育领导者能够获得全面的能力提升。例如，设置针对不同管理层级的研修班，研修内容涵盖战略规划、团队管理、教育政策解读等方面，以满足各类教育管理岗位的需求。

其次，实践与理论相结合是培养教育领导力的关键。除了传统的课堂教学，应大力推广案例教学和实地考察。让领导者参与实际的教育项目管理，解决具体问题，提升其实际操作能力。同时，可以定期组织跨校或跨地区的经验交流会，让领导者分享成功经验和失败教训，以促进共同成长。

最后，建立长效的评估与反馈机制至关重要。制定科学合理的绩效评估指标，对教育领导者的工作进行定期考核，并根据评估结果提供个性化的发展建议。通过持续的反馈和调整，帮助领导者不断优化自己的管理方式，以适应快速变化的教育环境。同时，鼓励领导者进行自我反思，树立终身学习的理念，以确保持续的专业成长。

（2）教育领导力培养的具体方法

教育领导力的培养需要结合实际情境和具体方法，以确保教育家精神能够在管理者中得以传承和发扬。

首先，以实践为导向的学习模式是培养教育领导力的重要途径。通过实际案例分析和问题解决练习，未来的教育领导者可以更好地面对复杂教育环境中的挑战，并学会如何运用教育家精神进行有效决策。这种学习模式强调反思与行动相结合，促使管理者在实践中不断成长。

其次，导师指导与经验分享在教育领导力培养中具有不可替代的作用。通过与资深教育家的互动，未来的领导者可以获得宝贵的实践经验和智慧。这种一对一的指导关系不仅帮助教育领导者提升专业能力，还能在潜移默化中实现教育家精神的传承。定期的经验分享会和工作坊也为教育领导者提供了交流和学习的平台，使他们能够从他人的经验中汲取营养。

最后，跨领域合作与多元文化交流是培养教育领导力的关键方法。通过与其他领域专家的合作，教育领导者可以拓宽视野，学习不同领域的管理经验和创新思维。这种跨界交流有助于打破传统教育管理的局限，促进教育家精神在更广泛背景下的应用和发展。同时，参与国际教育交流项目，使教育领导者能够了解全球教育趋势，吸收先进的管理理念。

（3）教育家精神在领导力培养中的实施挑战

在教育家精神引领下的领导力培养过程中，面临着多重实施挑战。

首先，传统管理文化的制约使教育家精神难以深入扎根。许多教育机构的管理层习惯于自上而下的决策模式，缺乏对教育家精神所强调的民主与参与式管理的认同和实践。这导致在具体实施中，常常出现理念与实践相脱节的情况。

其次，教育领导者自身对教育家精神的理解和接受程度不一，给领导力培养带来挑战。一些领导者更关注短期绩效和行政任务的完成，而忽视了教育家精神所倡导的长远发展与人文关怀。这种认知差异直接影响到领导力培养的效果，使教育家精神难以全面渗透到管理实践中。

最后，资源和支持系统的缺乏加剧了实施难度。领导力培养需要持续的专业发展机会和资源投入，包括培训、导师指导和实践平台等。然而，许多教育机构在这些方面资源有限，难以为领导者提供充分的支持，限制了教育家精神在领导力培养中的实际应用。

面对这些挑战，教育机构需要积极转变观念，加强文化建设，提升领导者对教育家精神的理解和认同。同时，应加大资源投入，完善支持体系，为教育家精神在领导力培养中的实施创造良好的环境和条件。

9.4　教育家精神与教师发展

9.4.1　教师角色与教育家精神

（1）教师在教育中的角色定位

教师在教育中扮演着多重关键角色，其核心在于引导与塑造学生的全面发展。

首先，教师是知识的传授者，他们通过系统的课程设计和教学活动，将学科知识有效地传递给学生。这不仅包括课本知识的讲解，还包括培养学生的自主学习能力与批判性思维。

其次，教师是学生人格发展的引导者。在日常的教学互动中，教师通过言传身教影响学生的价值观和行为规范。他们不仅关注学生的学习成绩，还注重培养学生的道德品质和社会责任感，帮助学生在人格上逐渐成熟。

最后，教师是教育创新的推动者。面对不断变化的社会环境和教育需求，教师需要不断更新教学理念与方法，采用新技术和多元化的教学手段，以适应不同学生的学习需求。他们通过教研活动和教学反思，推动教育质量持续提升，为教育事业的发展注入新的活力。

（2）教育家精神对教师职业发展的影响

首先，教育家精神为教师提供了更高的职业理想和追求。在教育家精神的影响下，教师不再仅仅满足于传授知识，还追求培养具有独立思考能力和创新精神的学生。这种追求激励着教师不断提升自我，拓展自己的专业视野和教学技能。

其次，教育家精神强调人文关怀，这使教师在职业发展中更加注重学生个体的全面发展。教师在日常教学中，不仅关注学生的学习成绩，还关心他们的心理健康和人格成长。这种全方位的关注促使教师在职业生涯中不断学习心理学、教育学等相关知识，以更好地满足学生的成长需求。

最后，教育家精神鼓励教师在职业发展中勇于创新和实践。受这种精神影响的教师，常常在教学方法和管理模式上进行大胆尝试和改革。他们积极参与教研活动，分享自己的教学经验，并从同行的反馈中汲取营养。这种开放和创新的态度，使教师在职业发展道路上走得更加稳健和长远。

（3）教育家精神与教师专业成长

首先，教师的专业成长不仅是教学技能的提升，还是教育理念的内化与实践。教育家精神强调教师对教育的热爱与执着，这种精神推动着教师不断追求卓越。拥有教育家精神的教师，往往具备强烈的责任感与使命感，他们将学生的全面发展置于首位，而不仅仅关注学习成绩。这种精神促使教师在职业生涯中不断反思自身的教学方法，积极吸收新的教育理念，勇于尝试创新教学模式。

其次，教育家精神还表现在教师对终身学习的追求上。具备这种精神的教师，不仅要求学生不断进步，自身也处于持续学习和成长的状态。他们积极参与各类专业培训，关注教育领域的前沿动态，并乐于与同行分享经验。这种不断学习与自我提升的态度，使教师能够在专业成长的道路上走得更远。

最后，教育家精神还激励教师在专业成长中注重人文关怀。教师不仅是知识的传授者，还是学生人生道路上的引路人。拥有教育家精神的教师，善于倾听学生的心声，理解他们的需求，并在教学中融入更多的人文关怀元素，帮助学生在学业与人格上同步成长。这种精神让教师在专业成长的过程中，不仅关注自身教学能力的提升，还注重如何通过教育的力量影响和助力学生的人生发展。

9.4.2　教师专业发展的路径

（1）教师专业发展的理论模型

教师专业发展的理论模型在教育家精神的影响下，呈现出多元化和动态化的特征。

首先，终身学习模型强调教师的专业成长是一个持续的过程。在这一过程中，教师需要不断更新自己的知识体系和教学技能，以适应教育环境的变化。教育家精神中的创新与反思理念，促使教师在职业生涯中保持开放的心态，积极吸收新的教育理念和方法。

其次，阶段发展模型将教师的专业发展划分为多个阶段，每个阶段都有其特定的目标和挑战。从初任教师的适应期到经验丰富教师的成熟期，教育家精神为教师提供了不断追求卓越的动力。特别是在成熟期，教师往往面临职业倦怠的风险，而教育家精神所倡导的使命感和教育情怀，则为教师克服职业倦怠提供了内在驱动力。

最后，协作发展模型强调教师专业发展中的团队合作与共同体建设。教师之间的相互学习和经验分享，能够有效促进专业能力的提升。在这一过程中，教育家精神强调的共同体意识和合作精神，促使教师在协作中实现共同成长。学校管理者通过营造积极的组织文化氛围，鼓励教师参与校内外的专业交流活动，进一步推动教师专业发展的深度与广度。

这些理论模型在实践中并非孤立存在，而是相互交织，共同作用于教师的专业发展。教育家精神作为一种内在的精神力量，贯穿于教师专业发展的各个阶段和各个方面，为教师的持续成长提供了不竭的动力源泉。

（2）教育家精神在教师专业发展中的应用

教育家精神强调以人为本、终身学习及对教育事业的无私奉献，这些核心价值在教师专业发展中具有深远的意义。

首先，教育家精神鼓励教师树立终身学习的理念。在快速变化的教育环境中，教师需要不断更新自己的知识体系和教学方法，以适应新的教育需求。通过持续的学习与反思，教师不仅能提升自身的专业能力，还能在教学实践中融入更多创新元素，从而提高教学质量。

其次，教育家精神强调教师应具备高度的责任感与使命感。这种精神推动教师在专业发展中不仅关注个人的职业发展，还关注如何通过自身的成长去影响学生的未来。教师在日常教学中，通过践行教育家精神，能够更加注重学生的个性化发展，因材施教，培养学生的独立思考能力和创新精神。

最后，教育家精神倡导教师间的合作与分享。在教师专业发展中，教育家精神鼓励教师形成学习共同体，通过互相交流经验与心得，实现共同进步。这种合作不局限于校内，还可以扩展到跨校甚至跨地区的教师交流活动。通过分享教育智慧和成功经验，教师能够更全面地理解教育问题，从而在专业发展道路上走得更加长远。

（3）教育家精神与教师终身学习

教师作为教育事业的核心推动者，其专业发展不应仅限于职前培训和初期职业生涯的积累，而应贯穿其整个职业生涯。教育家精神倡导的持续追求卓越、不断自我超越的理念，与教师终身学习的要求不谋而合。在教育家精神的引领下，教师不仅将教学视为一种职业，还将其视为一项终身追求的事业。

首先，教育家精神强调对知识的渴求与探索，这激励教师在职业生涯中保持学习的热情。教师通过不断学习新的教育理论、教学方法和技术手段，能够更好地适应教育环境的变化，满足学生多样化的学习需求。同时，这种持续学习的态度也促使教师在实践中不断反思，提升自身的教学水平。

其次，教育家精神倡导的创新精神为教师终身学习提供了动力。在教育家看来，教育是一项充满创造性的工作，教师应勇于尝试新的教学模式和教育技术。通过终身学习，教师不仅能掌握最新的教育研究成果，还能在实践中不断创新，推动教育改革和发展。

最后，教育家精神中的社会责任感促使教师将终身学习视为一种使命。教师不仅是知识的传递者，还是社会价值的传播者。通过终身学习，教师能够不断提升自身的综合素质，更好地履行教育使命，培养具有社会责任感的下一代。在这个过程中，教师自身的职业价值和社会影响力将会得到进一步的提升。

总之，教育家精神与教师终身学习相辅相成，共同推动教育事业的发展。教师在教育家精神的引领下，通过终身学习，不仅能实现自身的专业成长，还能为社会培养更多优秀的人才。这种持续追求卓越的精神，正是教育家精神在教师终身学习中的最佳体现。

9.4.3　教师发展与教育管理的互动

（1）教师发展与教育管理的关系

教师发展与教育管理的关系密不可分，二者相互作用，共同推动教育质量的提升。首先，教育管理为教师发展提供了必要的环境和支持。合理的管理制度和激励机制能够激发教师的积极性和创造力，促使他们在专业知识和教学技能上不断提升。其次，教师的发展直接影响教育管理的成效。高素质的教师队伍能够更好地执行和落实教育管理政策，提高教学质量，从而实现教育管理的最终目标。最后，教师在发展过程中所反馈的问题和建议，为教育管理的改进提供了重要参考。管理层需要根据教师的实际需求，不断调整和优化管理策略，以更好地支持教师的成长和发展。这种双向互动不仅促进了教师个人的职业进步，还推动了整个教育机构的可持续发展。

（2）教育家精神在教师管理中的应用

在教育管理实践中，尤其是在教师管理中，教育家精神的渗透能够有效提升管理的人性化和科学化水平。

首先，教育家精神强调以人为本，这要求管理者在教师管理中更加关注教师的个体需求和发展。例如，在制定考核标准时，不仅要考虑教学成果，还要综合考量教师的科研能力、育人成效及其在学生成长中的引导作用。这种全方位的评价机制能够激励教师不断完善自我，提升整体教学水平。

其次，教育家精神倡导的终身学习理念为教师管理提供了新的思路。学校可以通过建立系统的培训机制和学习平台，帮助教师持续更新知识结构，适应教育改革的新要求。同时，鼓励教师之间的交流与合作，形成学习共同体，实现知识和经验的共享。这种管理方式不仅能提升教师的专业素养，还能增强教师团队的凝聚力。

最后，教育家精神中的创新意识在教师管理中同样具有重要价值。管理者应鼓励教师在教学方法、课程设计等方面进行大胆创新，并为其提供必要的支持和资源。通过建立激励机制，表彰和奖励在创新实践中取得突出成绩的教师，可以进一步激发整个教师队伍的创造力和活力，推动教育事业不断向前发展。

（3）教师发展对教育管理的反哺作用

首先，教师作为教育实践的核心执行者，其专业素养的提升会直接影响教育管理的质量。当教师在教学方法、学生管理及课程设计等方面取得进展时，能够为教育管理者提供更多有效的实践反馈，帮助优化管理策略。

其次，教师的发展能够推动管理理念的创新。具有深厚教育家精神的教师往往在工作中展现出更强的责任感与创新意识。他们不仅在课堂上实践新的教育理念，还会通过教研活动或座谈会等形式将这些经验分享给管理层，从而促进整个教育管理体系的革新。

最后，教师发展的反哺作用还体现在管理决策的民主化过程中。随着教师专业能力的提高，他们在学校事务中的话语权和参与度会相应增加。这种参与不仅能使管理决策更加科学合理，还能通过教师的反馈及时发现管理中的问题，从而迅速调整和改进管理措施，实现教育管理与教学实践的良性互动。

9.5　教育家精神与学生发展

9.5.1　学生发展与教育家精神的多维影响

（1）学生发展的内涵与目标

学生发展是一个多维度、多层次的动态过程，涵盖了学生在知识、能力、情感、价值观等多方面的成长。学生发展的内涵不局限于学生学习成绩的提高，还包括学生心理素质的增强、社会适应能力的提升及自我认知的深化。在教育过程中，学生发展的目标是将学生培养成为具备独立思考能力、创新精神及良好道德素养的全面发展个体。

在知识层面，学生发展的目标是培养学生掌握基础学科知识，并培养学生自主学习的能力。学生需要在教师的引导下，逐步构建自己的知识体系，并学会如何应用所学知识解决实际问题。同时，教育应注重培养学生的批判性思维和创造力，使他们在面对复杂问题时能够提出独特的见解和解决方案。

在能力层面，学生发展强调培养学生的综合素质，包括沟通能力、团队合作能力、领导力及解决问题的能力。这些能力的培养不仅有助于学生在校期间的学业表现，还为他们未来走入社会、适应职场打下坚实的基础。教育家精神强调以人为本，关注学生的个性化发展，因此在学生的能力培养中，教师应注重因材施教，根据学生的兴趣和特长进行引导。

在情感与价值观层面，学生发展的目标是帮助学生形成积极的人生态度和正确的价值观。教育不仅是传授知识，还是塑造人格的过程。通过教育，学生应学会理解和尊重他人，培养社会责任感，并在多元文化背景下具备包容性和全球视野。教育家精神强调爱的教育，教师应通过关怀和激励，帮助学生在情感上获得支持，从而实现身心的全面发展。

总的来说，学生发展的内涵与目标不仅追求学生学业上的成功，还要培养具备健全人格和综合素质的社会公民。在这一过程中，教育家精神所倡导的关爱、责任与奉献，为学生发展提供了重要的指导方向，使教育不仅是知识传递的过程，还是心灵滋养与人格塑造的过程。

（2）教育家精神对学生发展的影响

教育家精神强调以人为本、因材施教，这为学生发展提供了深厚的思想基础。在这种精神的引领下，教师不仅传授知识，还注重学生人格的培养和综合素质的提升。通过关注学生的个性特点和发展需求，教育家精神促使教育者为学生创造更具包容性和多样性的成长环境。

首先，教育家精神推动学生自主学习能力的培养。在教育家精神的熏陶下，教师更加注重激发学生的学习兴趣和主动性，帮助他们养成独立思考的习惯。这不仅会提升学生的学习效果，还为他们未来的终身学习打下坚实的基础。

其次，教育家精神对学生的情感发展具有积极作用。在教育过程中，教师以身作则，通过自身的高尚品德和人格魅力影响学生，培养学生的责任感、同情心和团队合作精神。这种情感教育有助于学生在未来的人际交往和职业发展中更具优势。

最后，教育家精神促进了学生的创新能力发展。在教育家精神的指导下，教师不拘泥于传统的教学模式，而是鼓励学生大胆探索、勇于实践。这种开放的教育理念激发了学生的创造力，使他们在面对复杂问题时能够提出独特的解决方案。

总的来说，教育家精神通过对学生学习能力、情感发展和创新能力的全方位影响，为学生的全面发展提供了有力支持。这种精神不仅促进了学生的当前成长，还为他们未来的发展铺平了道路。

（3）教育家精神与学生个性发展

教育家精神强调以人为本，尊重学生的独特性与个性差异。在教育实践中，教育家精神倡导因材施教，根据学生的兴趣、特长和性格特点，制定个性化的培养方案，以激发学生的潜力。这种精神不仅体现在课堂教学中，还贯穿于学生的日常生活和心理辅导中，帮助学生认识自我、接纳自我，并在自我探索中不断成长。

教育家精神鼓励学生勇敢表达自己的观点和见解，培养他们的独立思考能力和创新精神。教师在教育过程中扮演引导者的角色，通过创设开放、包容的学习环境，让学生在自由的氛围中发展个性。同时，教育家精神强调情感教育，注重学生的情感需求，通过师生间的良好互动，促进学生的情感发展与人格健全。

此外，教育家精神注重培养学生的社会责任感与道德素养，帮助学生个性发展的同时，形成正确的人生观、价值观和世界观。通过参与社会实践和公益活动，学生能够将个性发展与社会需求相结合，实现个人价值与社会价值的统一。这种全方位的个性发展模式，不仅关注学生的学业成就，还注重他们的全面成长与终身发展。

9.5.2 教育家精神在学生发展中的应用

（1）教育家精神与学生心理健康

教育家精神强调对学生个体的关怀与尊重，这与学生心理健康的核心目标高度契合。

首先，教育家精神倡导因材施教，注重每个学生独特的心理需求和发展轨迹。教师在教学过程中，通过理解和尊重学生的个性差异，能够有效减少学生的心理压力，提升他们的自信心与自我认同感。

其次，教育家精神强调爱与责任，这为学生心理健康提供了重要的情感支持。在教育实践中，教师不仅是知识的传授者，还是学生心灵的守护者。通过建立良好的师生关系，教师能够及时发现并疏导学生的心理问题，帮助学生克服成长中的困惑与焦虑。

最后，教育家精神鼓励学生参与集体生活，培养学生的社会适应能力。通过组织各种集体活动和合作项目，学生能够在实践中学会沟通与合作，增强团队意识和集体归属感，这对学生心理健康的发展具有积极的促进作用。在这种教育理念的指导下，学生不仅能够在学习上取得进步，还能够在心理上获得成长与成熟。

（2）教育家精神与学生能力培养

教育家精神强调以人为本，关注学生的全面发展，而能力培养则是学生发展中的核心任务之一。在教育家精神的引领下，学生能力培养不再局限于知识的灌输，还要注重培养学生的独立思考能力、创新能力及实践能力。

首先，教育家精神注重培养学生的独立思考能力。教师在教学过程中，不仅传授现成的知识，还注重引导学生主动思考、质疑和探索。通过启发式教学和开放式讨论，学生逐渐形成独立判断和分析问题的能力，从而能够在未来的学习和生活中自主应对各种挑战。

其次，教育家精神推动学生的创新能力发展。在教育家看来，教育不仅是传授已有的知识体系，还要激发学生的创造力。在课堂上，教师鼓励学生提出新观点、尝试新方法，并为学生创造宽松的学习氛围、提供实践机会。通过参与各种创新项目和实践活动，学生的创造性思维和问题解决能力可以得到有效提升。

最后，教育家精神强调实践能力的重要性。教育家认为，知识的价值在于应用，因此学生需要在真实情境中锻炼自己的实践能力。无论是通过参与社会实践、实习，还是参加课外活动，学生都能在参与过程中学会将理论知识应用于实际问题，从而提升他们的实践操作能力和解决现实问题的能力。

在教育家精神的指导下，学生能力的培养不再局限于学生学习成绩的提高，而是更加关注学生的综合素质和未来发展潜力。通过独立思考、创新和实践能力的全面培养，学生能够更好地适应快速变化的社会环境，并为未来的个人发展奠定坚实的基础。

（3）教育家精神与学生价值观塑造

教育家精神在学生价值观塑造中发挥着潜移默化而又深远持久的作用。

首先，教育家精神强调以身作则，教师通过自身的言行举止，将正确的价值观传递给学生。这种身教重于言传的理念，使学生在日常学习生活中，能够自然地感受到诚信、责任与尊重的重要性。

其次，教育家精神注重培养学生的独立思考能力。在价值观塑造的过程中，学生不仅需要接受现成的道德规范，还需要通过批判性思维，去理解和内化这些价值观。教育家精神鼓励学生在面对多元文化和复杂社会现象时，保持开放的心态，同时坚守基本的道德底线。

最后，教育家精神强调社会责任感的培养。在价值观塑造中，教育家不仅关注学生个人品德的养成，还引导他们关注社会问题，培养他们的公民意识和奉献精神。通过参与社会实践和公益活动，学生逐渐形成服务社会、造福他人的价值观，为将来成为有责任感的公民打下坚实的基础。

9.5.3　教育家精神与学生管理的协同

（1）教育家精神在学生管理中的作用

教育家精神在学生管理中发挥着重要的引导作用。

首先，教育家精神强调以人为本，注重学生的个性化发展。在这种精神的引领下，学生管理不再局限于规章制度的约束，而是更多地关注学生个体需求与潜能的激发。教育家精神提倡尊重学生的独特性，鼓励他们在多样化的环境中成长和发展。

其次，教育家精神能够提升学生管理的道德高度。它不仅关注学生的学习成绩，还注重培养学生的品德与社会责任感。在这种精神的影响下，学生管理者更加重视学生的全面发展，力求在管理过程中融入人文关怀，帮助学生树立正确的价值观和人生观。

最后，教育家精神促进了学生管理中的创新与变革。它鼓励管理者不断探索新的管理方法，以适应不断变化的教育环境。通过引入先进的教育理念和管理策略，管理者能够更有效地应对学生管理中的挑战，创造和谐、积极的校园氛围。这种创新精神不仅提高了管理效率，还为学生的成长提供了更为广阔的空间。

（2）学生管理中的教育家精神实践

首先，在学生管理中，教育家精神的实践体现在对学生个体差异的尊重与关怀上。教育家精神强调以人为本，因此在管理过程中，学校和教师需要充分了解每个学生的背景、兴趣和需求，制定个性化的管理方案。例如，在处理学生违纪行为时，不应仅仅依靠惩罚措施，而是要深入了解学生行为背后的原因，帮助他们认识错误并加以改正。

其次，教育家精神在学生管理中的实践还表现在对学生自主能力的培养上。学校不仅是传授知识的场所，还是培养学生自我管理能力的重要平台。通过组织各类学生社团、志愿者活动及班级自治管理，学生可以在实践中锻炼自己的组织、协调和领导能力。这种自主管理的方式不仅减轻了教师的管理压力，还提升了学生的责任感和自律意识。

最后，教育家精神强调师生关系的和谐与互动。在学生管理中，教师不仅是管理者，还是学生的引导者和支持者。通过建立良好的师生关系，教师能够更有效地引导学生的行为，及时发现并解决学生在学习和生活中遇到的问题。例如，定期举办师生座谈会、一对一谈话及课外活动等，都是促进师生互动、增强学生管理效果的有效途径。

通过在学生管理中实践教育家精神，学校不仅能够营造和谐、积极的学习环境，还能够培养学生的综合素质，为他们的未来发展奠定坚实的基础。这种以人为本、注重个体发展和自主能力培养的管理方式，正是教育家精神在现代教育管理中的具体体现。

（3）教育家精神对学生自我管理的促进

教育家精神强调以人为本、因材施教，这为学生自我管理提供了重要的价值导向。

首先，教育家精神鼓励学生自主思考和独立判断，培养他们的自律意识。在这种精神的引领下，学生更容易树立明确的目标，并为实现这些目标制订切实可行的计划。

其次，教育家精神注重培养学生的责任感与使命感。通过引导学生认识自我、理解社会责任，学生在自我管理过程中能够主动承担责任，并在面对困难时表现出坚韧的态度。这种精神使学生在时间管理、学习规划和行为自律等方面更加成熟。

最后，教育家精神强调情感教育和人格培养，帮助学生在自我管理中更好地处理情绪和人际关系。学生在教育家精神的熏陶下，懂得如何与他人合作、如何在团队中找到自己的位置，并在自我管理中实现个人与集体的均衡发展。这种全面发展的理念，使学生不仅能够在学习上取得进步，还能够在人格上更加健全，从而为未来的发展奠定坚实基础。

9.6　管理建议与实践指导

9.6.1　基于教育家精神的教育管理政策建议

在当前教育管理实践中，政策制定者应充分汲取教育家精神的内涵，以推动教育管理的创新与发展。

首先，政策应强调以人为本的理念，关注师生的全面发展。教育管理者须树立服务意识，将学生的成长与教师的发展放在核心位置，制定更加人性化的管理制度，促进教育公平。

其次，政策应鼓励开放与包容，激发教育活力。教育家精神强调尊重个体差异，倡导多元文化与思想的融合。因此，在教育管理政策的制定中，应鼓励学校与教师进行教学创新，给予他们更多的自主权，支持不同教育模式的探索，以适应多样化的教育需求。

最后，政策需重视长远规划与持续改进。教育家精神倡导追求卓越与持续学习，因此，教育管理政策应着眼于未来，建立长效机制，定期评估与调整政策实施效果，确保教育管理体系的不断优化与升级。通过这些政策建议，教育管理者可以更好地践行教育家精神，推动教育事业的健康发展。

9.6.2　教育家精神在教育管理实践中的应用指导

在现代教育管理实践中，教育家精神的渗透和应用可以为管理者提供独特的视角和方法。

首先，教育家精神强调以人为本，管理者应在实践中更加关注师生的实际需求和个性发展。通过建立开放的沟通渠道，管理者可以及时了解教学一线的困难与需求，从而制定更加合理的政策与措施。

其次，教育家精神倡导追求卓越与创新。在管理实践中，这意味着管理者不仅要关注日常事务的处理，还要积极探索新的教育模式和管理方法。例如，通过引入先进的技术手段，提升教学质量和管理效率，促进教育信息化和现代化的发展。

最后，教育家精神重视道德引领与榜样作用。管理者应以身作则，树立良好的职业道德和行为规范，通过自身的言行影响和带动整个教育团队。在具体实践中，管理者可以通过定期组织培训和研讨，提高教师的职业素养和教学水平，营造积极向上的教育氛围，从而实现教育管理实践的全面优化。

第十章 教育家精神与科学精神

10.1 科学精神的界定与特点

10.1.1 科学精神的历史演进

科学精神的历史演进可以追溯到人类文明的早期。在古代，科学精神更多地体现为对自然现象的观察与记录。例如，我国古代的《九章算术》和《黄帝内经》等著作，带有浓厚的实用色彩，同时，其中也蕴含着对自然规律的探索精神。古希腊的哲学家如亚里士多德和柏拉图，则通过思辨的方式对自然界和宇宙的本质进行了深入探讨，奠定了早期科学精神的基础。

进入中世纪，科学精神的发展受到了宗教和传统权威的限制，然而，并非完全停滞。学者如阿维森纳和阿尔哈曾等，在医学和光学等领域做出了重要贡献，为科学精神的延续提供了火种。

文艺复兴时期，科学精神迎来了复兴与转折。随着人文主义的兴起，人们对自然界的兴趣重新被点燃。伽利略、哥白尼和开普勒等人的观测和研究为推翻地心说提供了关键证据，奠定了现代科学方法的基础。这一时期的科学精神更加注重实证和实验，强调通过观察和实验来验证假设。

18世纪的启蒙运动进一步推动了科学精神的发展。启蒙思想家如伏尔泰和卢梭，强调理性与批判性思维，提倡通过科学的方法来理解和改造世界。牛顿的经典力学体系为科学精神的发展提供了坚实的理论支持。

19世纪和20世纪是科学精神全面发展的时期。工业革命和科技进步加速了科学精神在各个领域的应用。爱因斯坦的相对论和量子力学的提出，彻底改变了人类对宇宙和微观世界的认识。与此同时，科学精神也逐渐渗透到社会的各个层面，成为现代教育和科研的重要组成部分。

总之，科学精神的历史演进是一个不断挑战传统、追求真理的过程。从古代的观察记录到现代的实验验证，科学精神在不同历史时期呈现出多样化的表现形式，但其核心始终是对未知世界的探索和对真理的追求。

10.1.2　科学精神的基本特征

科学精神并非一个抽象的概念，它贯穿于人类探索未知、追求真理的全过程。

首先，科学精神具有求真务实的特征。在科学研究中，追求真理是最终的目标，而这种追求要建立在客观事实的基础上，任何主观臆断和情感因素都应被排除在外。科学家们通过实验、观察和数据分析，不断验证和修正已有的理论，以期更接近事物的本质。

其次，科学精神强调理性怀疑。科学的发展离不开对现有知识和理论的质疑，只有通过不断的质疑和验证，科学才能不断进步。科学家不仅要敢于质疑他人的研究成果，还要勇于自我反思和批判，避免陷入固有思维的桎梏。理性的怀疑并不是无端的否定，而是在尊重事实和逻辑的基础上，提出建设性的意见。

最后，科学精神还体现出开放包容的态度。科学无国界，任何有价值的科学发现都应被广泛分享和讨论。科学精神鼓励不同学科、不同文化背景的学者进行交流与合作，以集思广益推动科学的发展。同时，开放包容也意味着科学精神承认自身的局限性，愿意接受新的思想和方法，不断更新和完善现有的理论体系。

通过求真务实、理性怀疑和开放包容，科学精神不仅推动了自然科学的发展，还在潜移默化中影响着社会科学的进步。它为人类提供了认识世界、改造世界的有力工具，也为教育家精神的传承与创新提供了重要支撑。

10.1.3　科学精神在当代的意义

科学精神在当代具有重要的现实意义，它不仅是推动科技进步的内在动力，还是社会发展的重要支撑。

首先，科学精神强调理性思考与实证分析，这为解决复杂社会问题提供了有效的方法论支持。在面对环境、医疗、能源等方面的挑战时，科学精神引导人们以客观、严谨的态度寻求解决方案。

其次，科学精神在当代促进了教育理念的革新。它鼓励培养学生的批判性思维和创新能力，使新一代人才具备探索未知、迎接未来挑战的基本素质。在教育体系中融入科学精神，有助于学生形成独立思考的习惯，避免盲从和迷信。

最后，科学精神还推动了社会的可持续发展。在经济发展与科技进步并行的时代，科学精神倡导的可持续观念，促使人们更加注重环境保护和社会公平。它引导社会在追求经济利益的同时，兼顾长远的生态平衡和人类福祉，从而实现真正的可持续发展。

10.2　教育家精神与科学精神的关系

10.2.1　教育家精神对科学精神的塑造作用

首先，教育家精神强调人文关怀与道德引领，这为科学精神注入了伦理与价值的内涵。科学探索不再只是冷冰冰的数据和实验，还充满了对人类福祉的深切关注。教育家通过引导学生思考科学的社会责任，帮助他们树立正确的科学价值观，避免科学研究走向功利化或偏离人类利益的轨道。

其次，教育家精神注重培养个体的批判性思维和独立思考能力，这与科学精神所要求的质疑与创新不谋而合。教育家通过营造开放、包容的学术氛围，鼓励学生不盲从权威，敢于挑战现有理论，从而推动科学精神的不断发展与进步。这种教育方式不仅提高了学生的科学素养，还为其未来从事科研工作奠定了坚实的基础。

最后，教育家精神还通过强调合作与交流，促进了科学精神的传播与共享。科学研究往往需要跨学科、跨领域的合作，而教育家正是这种合作关系的推动者。他们通过组织学术交流活动、搭建科研平台，使科学精神在不同学科、不同文化背景的交融中得到进一步升华。这种合作精神不仅加速了科学发现的过程，还使科学成果能够更广泛地造福社会。

10.2.2　科学精神对教育家精神的深化与挑战

科学精神以其追求真理、实事求是的态度，为教育家精神注入了新的活力。教育家精神在科学精神的引领下，不再局限于传统的道德教化与人格培养，而是更加注重理性思维与客观分析能力的塑造。这种深化使教育家在面对复杂的教育问题时，能够从多角度进行剖析，提出更加切实可行的解决方案。

然而，科学精神也带来了诸多挑战。首先，科学精神强调实证与逻辑，这在一定程度上可能削弱教育中的人文关怀。教育家精神历来重视人的全面发展，而过度追求科学理性可能导致对学生情感与个性发展的忽视。其次，科学精神要求不断质疑与批判，这对于一些长期以来被奉为经典的教育理念和方法提出了挑战，可能引发教育实践中的困惑与冲突。

此外，科学精神在全球化背景下的快速传播，要求教育家具备较高的跨学科素养和国际视野。这对传统教育家精神中强调的稳定与传承形成了挑战，迫使教育家不断学习与适应新的变化，以保持其在教育领域中的引领地位。这种动态调整不仅考验着教育家的专业能力，还对其精神韧性提出了更高要求。

10.2.3 教育家精神与科学精神的互补性

首先，教育家精神与科学精神的互补性体现在人才培养的全过程。教育家精神强调人文关怀与道德引领，这为科学人才的培养奠定了坚实的基础。科学精神则注重理性思维与实证分析，这种思维方式能够有效弥补教育家精神在逻辑严密性与客观性方面的不足。两者结合，使人才不仅具备高尚的道德情操，还能在科学探索中保持严谨的态度。

其次，在教育理念上，教育家精神追求全人教育，注重学生的个性发展与全面素质提升。而科学精神则强调知识的系统性与结构性，通过严格的学科训练来塑造学生的专业能力。两者互补，能够在教育过程中实现人文素养与科学素养的均衡发展，使学生既拥有广博的知识面，又具备精湛的专业能力。

最后，在社会责任感方面，教育家精神注重培养学生的社会责任感与历史使命感，引导他们关注社会问题并积极参与社会建设。科学精神则是通过科学方法与技术手段，为解决社会问题提供切实可行的方案。两者的结合，不仅提升了学生对社会问题的敏感度与责任感，还增强了学生解决实际问题的能力，为社会的可持续发展贡献力量。

10.3 教育家精神在科学人才培养中的作用

10.3.1 科学人才培养的目标与要求

（1）科学人才的素质模型

科学人才的素质模型不仅是对专业知识的掌握，还强调综合能力的集成与创新能力的发挥。

首先，科学人才需要具备扎实的理论基础。这不仅包括对本学科核心知识的深入理解，还涉及跨学科知识的融会贯通。他们必须能够迅速掌握新知识，并将其应用于实际问题的解决中。

其次，科学人才应具有强烈的创新意识和批判性思维能力。科学研究的本质在于探索未知，因此，科学人才必须敢于质疑现有理论和实践，勇于提出新观点，并通过严谨的实验和论证来验证自己的假设。这种创新能力往往决定了他们在科研道路上能走多远。

最后，科学人才需要具备良好的团队合作精神和沟通能力。现代科学研究往往需要跨学科、跨领域的合作，科学人才不仅要能够独立思考和解决问题，还要能够在团队中发挥自己的作用，与他人协同工作，分享知识与经验，从而实现共同的科研目标。这种合作精神在科研项目的申请、实施及成果推广中都显得尤为重要。

（2）科学人才培养的教育目标

科学人才培养的教育目标旨在塑造具备深厚科学素养、创新能力及社会责任感的综合型人才。

首先，科学人才须具备扎实的专业知识基础，能够理解并运用科学原理，解决实际问题。这不仅包括自然科学领域的知识，还涵盖跨学科知识的整合与应用能力。

其次，教育目标强调培养学生的创新思维与实践能力。科学人才应具备独立思考的能力，能够在前人研究的基础上提出新观点、新方法，并通过实验与实践验证其可行性。创新能力的培养不再局限于学术研究，还包括技术应用与社会发展中的创新。

最后，科学人才须具备良好的道德素养和社会责任感。科学技术的进步最终应服务于社会进步与人类福祉。因此，教育目标要求科学人才具备良好的道德素养与社会责任感，能够在科研与应用过程中遵循学术准则，关注科技发展对社会、环境的影响，并积极参与社会服务与公共事务。

通过上述目标的实现，科学人才将不仅在专业领域有所建树，还能够在更广泛的社会层面推动科技进步与人类发展。

（3）科学人才培养的社会需求

科学人才培养的社会需求随着全球化和科技的迅猛发展而变得愈发迫切。

首先，现代社会正处于科技革命和产业变革的关键时期，各行各业对具备创新能力和实践能力的高素质科技人才需求量大增。无论是人工智能、大数据，还是生物科技、新能源领域，都需要大量能够解决复杂问题、推动技术进步的科学人才。

其次，国家竞争力的提升在很大程度上取决于科学人才的储备情况。科技实力已成为衡量一个国家综合国力的重要指标，各国纷纷加大对科技研发的投入，以期在全球竞争中占据领先地位。这种国际竞争的态势进一步加剧了对高水平科学人才的需求，尤其是在核心技术领域实现自主可控的目标下，国家对本土培养的科学人才寄予厚望。

最后，面对可持续发展的全球挑战，科学人才的社会责任愈发凸显。气候变化、资源短缺、公共卫生安全等问题需要通过科学技术的手段加以解决。社会不仅需要科学家具备专业技能，还期待他们在解决人类共同面临的问题时发挥关键作用。因此，培养具有社会责任感和全球视野的科学人才成为各国教育体系的重要任务。

10.3.2　教育家精神在科学教育中的体现

（1）教育家精神对科学教育的影响

首先，教育家精神强调人文关怀与道德引领，这为科学教育注入了深厚的人文底蕴。在培养科学人才的过程中，不仅注重知识的传授，还关注学生的全面发展，使其具备强烈的社会责任感。这种精神使科学教育不再局限于技术层面，而是上升到对人类命运和自然环境的深层次关怀。

其次，教育家精神所蕴含的创新意识和探索精神与科学教育的本质高度契合。教育家往往倡导独立思考与批判性思维，这些为科学教育提供了宝贵的思想资源。科学教育在这种精神的影响下，更加注重培养学生的创新能力与实践能力，鼓励他们勇于突破传统，探索未知领域。

最后，教育家精神还体现在对教育公平的追求上。科学教育力求让更多的学生享受到优质的教育资源。教育家精神推动了科学教育的普及化与公平性，使不同背景的学生能够获得良好的科学素养，为社会的可持续发展培养了广泛的科学人才基础。这种精神促使科学教育从精英化走向大众化，为社会的整体进步提供了源源不断的智力支持。

（2）教育家精神在科学课程设计中的应用

首先，教育家精神在科学课程设计中的应用体现在课程目标的设定上。科学课程的开设不仅要确保传授知识，还要培养学生的探索精神和创新能力。教育家精神强调以人为本,关注学生的全面发展。因此在设计课程目标时,不仅要考虑学生对科学知识的掌握,还要注重培养学生的批判性思维和解决实际问题的能力。

其次,教育家精神在科学课程内容的选择和组织上起着关键作用。传统的科学教育往往侧重于理论知识的灌输,而融入教育家精神的科学课程则更加关注实践和应用。课程内容需要与实际生活紧密联系,通过真实的案例和项目,激发学生的学习兴趣和主动性。同时,课程内容应具有一定的开放性,鼓励学生自主探究和创新。

最后,教育家精神在科学课程的教学方法上有显著应用。教师不仅是知识的传授者,还是学习的引导者和合作者。在课堂上,教师应采用多样化的教学方法,如小组讨论、实验探究、项目研究等,鼓励学生积极参与,培养他们的合作精神和实践能力。此外,教师应关注学生的个性发展,根据不同学生的特点和需求,提供有针对性的指导和支持,真正实现因材施教。

通过在科学课程设计中融入教育家精神,可以有效提升科学教育的质量和效果,培养出具备扎实科学知识和创新能力的高素质人才。这不仅对学生个人的发展具有重要意义,还对整个社会的发展和进步起到了积极的推动作用。

(3)教育家精神在科学教学方法中的体现

在科学教育中,教育家精神强调以学生为中心,关注学生的全面发展与个性化成长。教师在教学过程中,不仅要传授科学知识,还要注重培养学生的科学素养与探索精神。通过启发式教学,教师鼓励学生主动思考和提出问题,引导他们进行自主探究和实验,从而提升学生的创新能力。

在课堂实践中,教育家精神体现为教师对教学方法的不断创新与优化。例如,通过项目式学习,教师引导学生围绕实际问题展开研究,从问题提出、方案设计到实验验证,在整个过程中培养了学生的科学思维与实践能力。同时,教师注重因材施教,根据学生的兴趣和能力调整教学策略,确保每名学生都能在科学学习中找到自己的位置和方向。

此外,教育家精神还体现在教师对科学伦理和科学态度的重视上。教师通过言传身教,培养学生严谨求实的科学态度,强调科学研究中的诚信与责任。在实验教学中,教师不仅教授实验技能,还通过具体案例分析,帮助学生理解科学研究的社会责任与道德规范,从而使学生在掌握科学知识的同时,树立正确的价值观和科学精神。

10.3.3 教育家精神对科学人才创新能力的培养

（1）创新能力在科学人才培养中的重要性

创新能力在科学人才培养中具有不可或缺的重要性。

首先，科学领域的进步依赖于持续不断的创新。无论是新理论的提出，还是新技术的开发，都离不开创新思维的驱动。科学人才作为推动科技发展的核心力量，其创新能力直接影响着一个国家在全球科技竞争中的地位。

其次，创新能力有助于科学人才解决复杂问题。现代科学研究面临的问题往往具有高度的复杂性和不确定性，仅依靠传统的知识和方法难以应对。创新能力使科学人才能够跳出固有思维框架，提出独特且有效的解决方案。

最后，创新能力关系到科学人才的个人发展与职业成就。具备创新能力的人才更容易在科研工作中取得突破性进展，获得同行认可，并为社会发展做出实质性贡献。这种能力不仅提升了个人在学术界的地位，还为其职业生涯开辟了更广阔的空间。因此，培养科学人才的创新能力是当代教育体系的重要任务之一。

（2）教育家精神与科学人才创新能力的关系

教育家精神强调对真理的追求、对知识的热忱及对社会责任的承担，这些品质与科学人才的创新能力密切相关。

首先，教育家精神中所蕴含的独立思考和批判精神，为科学人才提供了敢于质疑现有理论和突破传统框架的勇气。这种精神使科学人才在面对复杂问题时，能够从多角度分析，提出独到的见解和创新的解决方案。

其次，教育家精神注重培养学生的求知欲和终身学习的态度，这为科学人才的创新能力奠定了坚实的基础。科学研究的本质是探索未知，而这种探索需要持续不断的学习与实践。教育家精神所倡导的终身学习理念，激励科学人才在面对新的科技发展和知识更新时，始终保持开放的心态，积极吸收新知识，从而不断提升自身的创新能力。

最后，教育家精神强调的社会责任感，促使科学人才在创新过程中不仅关注技术进步本身，还关注其对社会的影响。这种责任感引导科学人才在进行创新研究时，能够考虑社会、环境和伦理等因素，从而实现更有意义和可持续的创新。教育家精神与科学人才创新能力的这种深层次关系，不仅提升了科学研究的质量，还为社会的进步和发展注入了新的活力。

（3）教育家精神在培养创新能力中的实践策略

创新能力的培养是现代教育的重要目标，而教育家精神在这一过程中发挥着不可或缺的作用。

首先，教育家精神强调以人为本，注重学生的个性化发展。在教学实践中，教师应根据学生的不同特点和兴趣，设计多样化的课程和活动，激发他们的创造力。例如，通过项目式学习和跨学科融合，学生能够在解决实际问题的过程中锻炼创新思维。

其次，教育家精神提倡开放与包容，鼓励学生勇于尝试，别怕犯错。在课堂上，教师应营造一个宽松的环境，允许学生自由表达自己的想法和观点。通过小组讨论和头脑风暴等形式，学生能够相互启发，碰撞出创新的火花。同时，教师应积极引导学生从失败中学习，培养他们的毅力和韧性。

最后，教育家精神重视实践与反思的结合，推动学生在实践中不断提升自己的创新能力。学校可以通过组织创新竞赛、社会实践和科研项目等活动，为学生提供实践平台。在这些活动中，学生不仅能够将所学知识应用于实际，还能通过反思总结经验教训，进一步提升自己的创新能力。此外，教师应引导学生关注社会问题，培养他们的社会责任感和使命感，从而激发他们通过创新为社会的发展贡献力量。

10.4　科学精神是对教育家精神的挑战

10.4.1　科学精神在教育体系中的体现

（1）科学精神与教育体系的融合

首先，科学精神与教育体系的融合体现在教学理念的更新上。现代教育不仅关注知识的传授，还强调培养学生的独立思考和创新能力。在这一过程中，科学精神所倡导的实证、理性和批判性思维成为教育的重要组成部分。教师在教学过程中，不仅传授已有的科学知识，还鼓励学生提出问题、质疑现有理论，并通过实验和研究寻找答案。

其次，科学精神融入教育体系还表现在课程设置的变革上。越来越多的学校开始设置跨学科课程，这些课程不仅涵盖传统的科学知识，还涉及人文、社会科学等领域，以培养学生的综合素质。例如，STEM教育模式的推广就是科学精神与教育融合的典型案例，它通过对科学、技术、工程和数学等相关知识的整合，提升学生的实践能力和创新意识。

最后，科学精神推动了教育评价体系的改革。传统的考试成绩不再是衡量学生能力的唯一标准，科学精神强调的过程性评价和多元化评价方式逐渐被接受和应用。学校开始注重学生的学习过程、研究能力和创新成果，通过项目研究、实验报告、团队合作等多种形式，全面评价学生的综合素质。这种评价体系的变革，有助于激发学生的潜力，培养他们的科学精神和实践能力。

（2）科学精神在教育实践中的挑战

科学精神在教育实践中的应用并非一帆风顺，而是面临诸多挑战。

首先，传统教育观念根深蒂固。许多教师和教育管理者倾向于传授既定知识，而忽视对学生批判性思维和创新能力的培养。这种以应试为导向的教育模式，使科学精神所倡导的质疑精神与探索精神难以真正落地。

其次，教育资源的不均衡导致科学精神融入实践遭遇障碍。在一些经济欠发达地区，学校缺乏足够的实验设备和教学资源，学生难以通过实践来验证理论，科学精神所强调的实证与实验难以有效开展。

最后，教师自身对科学精神的理解和掌握不足，也影响了科学精神在教育实践中的应用。许多教师在自身接受教育的过程中，缺乏对科学精神的系统学习，导致在教学中难以有效地引导学生进行科学探究和创新思考。这种师资力量不足的状况，直接制约了科学精神在教育中的贯彻与落实。

（3）科学精神在教育改革中的作用

首先，它推动了教育理念的更新。传统的教育模式往往注重知识的灌输，而科学精神强调质疑与探究，促使教育更加关注学生创新能力的培养。通过引入科学精神，教育改革得以重新审视教学目标，将培养学生的批判性思维和解决问题的能力置于重要位置。

其次，科学精神为教育内容的更新提供了动力。随着科技的迅猛发展，知识的更新速度日益加快。科学精神强调实证与逻辑，这要求教育内容必须与时俱进，及时吸纳最新的科研成果和技术进展，确保学生所学知识的前沿性和实用性。

最后，科学精神促进了教育方法的改进。传统的教学方法以教师为中心，而科学精神倡导实验与实践，鼓励学生主动参与知识的探索过程。在教育改革中，越来越多的学校开始采用探究式学习和项目式学习，这些方法不仅提高了学生的学习兴趣，还培养了他们的实践能力和团队合作精神。通过科学精神的引领，教育方法更加多样化和灵活，为学生提供了更广阔的发展空间。

10.4.2 教育家精神与科学精神的冲突与协调

（1）教育家精神与科学精神的冲突点

首先，教育家精神与科学精神的冲突体现在价值取向的差异上。教育家精神强调人文关怀和道德培养，注重学生的全面发展与人格塑造，而科学精神则追求客观真理和理性分析，强调实证与逻辑。在教育实践中，这种不同的侧重点使两者常常在教育目标上产生分歧。

其次，两者在方法论上存在冲突。教育家精神倾向于因材施教，关注个体差异和个性化发展，而科学精神则推崇标准化和普遍性，强调实验和数据在教育评估中的作用。这种方法论上的对立，可能导致在教学设计和评估中难以找到平衡点。

最后，教育家精神与科学精神的冲突还表现在实践中的优先级问题上。在资源有限的情况下，教育家精神可能更关注情感教育和价值观引导，而科学精神则可能更注重科学素养的提升和创新能力的培养。这种优先级的不同选择，常常使教育工作者在决策时面临两难境地。

（2）教育家精神与科学精神相协调的必要性

教育家精神与科学精神的协调具有深刻的必要性。

首先，教育家精神注重人文关怀与道德培养，而科学精神强调理性思考与实证分析。两者的结合能够促使学生在掌握知识的同时，形成健全的人格和正确的价值观。

其次，现代社会的复杂性要求人才不仅要具备专业的科学素养，还需要拥有多元而全面的综合素质。教育家精神与科学精神的协调有助于培养这样的人才，使他们能够在多元化的社会中游刃有余。

最后，教育体系的完善需要这两种精神的均衡发展。缺乏科学精神的教育可能导致学生创新能力的不足，而缺乏教育家精神的科学教育则可能忽视学生的情感与道德需求。因此，只有在教育实践中协调好这两种精神，才能实现教育的真正目的，培养出全面发展的高素质人才。

（3）教育家精神与科学精神相协调的策略

首先，为实现教育家精神与科学精神的有效协调，需要在教育理念上进行融合创新。教育家精神强调人文关怀与道德引领，而科学精神注重理性思考与实证分析。在课程设置上，应增加跨学科内容，促进学生在人文与科学之间自由穿梭，培养其综合素质。例如，通过设置兼具人文思考和科学探索的课程，如科技伦理学、科学哲学等，引导学生在追求真理的同时关注社会责任。

其次，在教学方法上，应注重实践与理论的结合。教育家精神强调因材施教与个性化发展，而科学精神则讲求实验验证与逻辑推理。因此，教师在授课过程中应鼓励学生动手实验，通过亲身实践来验证理论知识，同时引导学生从人文角度反思科学技术的应用及其社会影响。这种双向互动的教学方式，有助于学生在掌握科学知识的同时，形成正确的价值观与社会责任感。

最后，在学校管理与文化建设方面，应营造开放包容的学术氛围。教育管理者应鼓励多元化的学术观点，促进不同学科之间的交流与合作。通过举办跨学科的学术研讨会、邀请不同领域的专家做讲座等方式，搭建教育家精神与科学精神对话的平台，推动两者的深度融合。同时，学校应注重培养学生的批判性思维能力，引导他们在面对复杂社会问题时，既能从科学角度进行理性分析，又能从人文角度进行价值判断，从而实现全面发展。

通过以上策略，教育家精神与科学精神可以在教育实践中实现协调发展，共同为培养具有创新能力和社会责任感的新时代人才提供有力支撑。

10.4.3　科学精神未被文化内化的问题及对策

（1）科学精神文化内化的现状分析

科学精神文化内化的现状不容乐观。

首先，尽管科学教育在各级学校中得到广泛推广，但其核心价值并未深入人心。许多学生对科学精神的理解仍停留在知识层面，缺乏对其内在价值的认同和实践。

其次，社会环境中功利主义倾向明显，科学精神有时未获足够重视。在一些科研机构和高校，追求短期成果和经济利益的现象较为普遍，影响了科学精神的传播与内化。同时，公共科学素养的提升速度较慢，科普工作的力度和效果有待加强。媒体在科学传播中的作用尚未充分发挥，科学精神的宣传和普及存在一定盲区。

最后，家庭教育中对科学精神的重视程度不足，家长更多关注孩子的学习成绩，而忽视了科学精神的培养。这些因素共同导致了科学精神文化内化的现状不尽如人意。

（2）科学精神文化内化面临的主要问题

首先，科学精神文化内化面临的问题表现在传统观念的制约上。许多根深蒂固的文化观念和价值体系与现代科学精神存在冲突，导致科学精神难以深入人心。例如，一些社会中普遍存在的迷信思想和权威崇拜，直接阻碍了科学质疑和实证精神的传播。

其次，教育体系的不足也是科学精神内化的一大障碍。尽管科学教育在课程中占据重要位置，但教学方式往往偏重理论灌输，学生缺乏实践和探索的机会。这种教育模式导致学生对科学精神的本质理解不深，难以在实际生活中应用和内化。

最后，社会环境对科学精神文化内化存在不容忽视的影响。在一些发展中国家，科技发展的整体水平较低，公众对科学的认知和重视程度不够，缺乏良好的科学氛围。这致使科学精神在社会文化的渗透过程中遭遇诸多阻碍，难以达成广泛共识与普遍践行。

（3）促进科学精神文化内化的对策建议

首先，促进科学精神文化内化需要从教育体系入手，强化科学精神的培养。各级学校应将科学精神融入课程体系，不仅要传授科学知识，还要注重培养学生的理性思维、批判精神和实证意识。可以通过开展跨学科的科学探究活动，激发学生对科学的兴趣，并引导他们将科学精神应用于实际问题的解决。

其次，应加强社会宣传与舆论引导，营造崇尚科学精神的文化氛围。媒体和公众人物应积极传播科学精神，通过科普节目、科学讲座及社交媒体等渠道，向大众普及科学知识和科学方法。同时，政府和相关机构可以设立科学精神推广项目，鼓励公众参与科学讨论和实践活动，从而增强全社会对科学精神的认同感。

再次，要建立健全激励机制，鼓励科研工作者在实际工作中践行和传播科学精神。通过设立科学精神奖、资助科研项目等方式，表彰和奖励那些在科研工作中表现出卓越科学精神的个人和团队。同时，要完善科研评价体系，避免单纯以论文数量和影响因子作为唯一评价标准，引导科研人员更加注重研究的原创性和科学性。

最后，促进国际交流与合作是推动科学精神文化内化的重要途径。通过参与国际科研项目、举办国际学术会议等形式，加强与国际科学界的交流，学习借鉴国外先进的科学精神和科研管理经验。这不仅有助于提升我国科研水平，还能在全球范围内传播和弘扬科学精神。

10.5 教育体系中批判性思维的缺失与对策

10.5.1 批判性思维在教育体系中的重要性

（1）批判性思维的定义与特征

批判性思维是一种通过分析、评估和重构信息来形成判断的思维方式。具有批判性思维的人往往对问题保持开放的态度，不轻易接受权威观点，而是通过逻辑推理和证据来验证结论的可靠性。

批判性思维具有几个显著的特征。首先，它强调逻辑性。无论是面对复杂的问题还是简单的问题，具备批判性思维的人通常会通过严密的逻辑推导来得出结论，而不是依赖直觉或情绪。其次，批判性思维注重证据。任何观点或结论都需要有充分的证据支持，没有证据的论断往往会被质疑和推翻。最后，批判性思维还具有反思性。具备批判性思维的人不仅能够分析外部信息，还能够对自己的思维过程进行审视和调整，以确保判断的准确性和合理性。

在教育体系中，培养学生的批判性思维能力尤为重要。这不仅能够帮助学生更好地理解和分析所学知识，还能使他们在面对未来的挑战时，具备独立思考和解决问题的能力。批判性思维的养成是一个持续的过程，需要不断地实践和反思。通过批判性思维的训练，学生能够更好地应对信息时代的复杂性和多样性，成为具有独立见解和创新能力的社会成员。

（2）批判性思维对教育体系的影响

首先，批判性思维对教育体系的影响体现在学生能力的培养上。通过引导学生质疑和分析信息，教育体系能够有效提升学生的思维深度与广度。这种能力的培养不仅能帮助学生在学习上取得进步，还能让他们在面对复杂社会问题时具备独立思考的能力。

其次，批判性思维促进了教学方式的变革。传统的灌输式教学方式正逐渐被互动式、讨论式的教学方式取代。教师在课堂上更多地扮演引导者角色，鼓励学生提出问题、进行辩论和探讨。这种教学模式不仅激发了学生的学习兴趣，还培养了他们自主学习的能力。

最后，批判性思维对教育评价体系提出了新的要求。传统的考试和分数不再是衡量学生能力的唯一标准。教育机构开始注重对学生的综合能力进行评价，包括他们分析问题的能力、解决问题的能力及创新思维。这种多元化的评价方式促使教育体系更加关注学生的全面发展，而不仅仅是注重学生的学习成绩。

（3）教育体系对批判性思维的需求

随着社会的快速发展，信息扩散和知识更新速度的加快使传统教育模式面临巨大挑战。教育体系亟须培养学生的批判性思维能力，以应对未来复杂多变的社会环境。

首先，现代社会对创新型人才的需求不断增加，而创新往往源自对现有知识的质疑与反思。学生具备批判性思维，往往会在学习过程中主动发现问题，提出独特见解，从而推动创新。

其次，批判性思维能力是学生在信息时代辨别真伪、做出理性判断的重要工具。面对海量信息和多元观点，学生需要具备分析、评估和判断的能力，才能在纷繁复杂的信息环境中保持清醒，做出明智的选择。教育体系应通过课程设置和教学方法的改革，引导学生学会质疑、分析和验证，从而提升他们的信息处理能力。

最后，批判性思维的培养有助于提高学生的综合素质，促进其全面发展。在教育过程中，批判性思维不仅能帮助学生更好地理解和应用知识，还能提升他们的自主学习能力和问题解决能力。通过批判性思维训练，学生可以在面对学术、职业和生活挑战时，更加从容自信，具备更强的适应能力和决策能力。因此，教育体系必须重视批判性思维的培养，以满足现代社会对高素质人才的需求。

10.5.2　教育体系中批判性思维缺失的表现

（1）教育体系中批判性思维的缺失现状

在当前的教育体系中，批判性思维的培养尚未得到充分重视，具体表现为课程设置和教学方法的局限性。

首先，许多学校的课程仍以灌输式教学模式为主，强调对知识点的记忆和重复，而非引导学生进行独立思考和问题分析。这种教学模式导致学生在面对复杂问题时缺乏深入剖析的能力。

其次，课堂教学中师生互动不足，教师往往占据主导地位，学生更多地处于被动接受的状态。这种单向度的知识传递模式抑制了学生提出疑问和自主探究的机会，进而限制了学生批判性思维的发展。

最后，评估体系也存在一定问题。现行的考试制度多以标准化测试为主，侧重于考查学生的记忆能力和对标准答案的掌握，而忽视了学生的分析能力、逻辑推理能力及创新思维的培养。这种评估方式弱化了批判性思维在教育体系中的地位，使学生在实际应用中难以发挥独立判断和创新思考的能力。

总体来看，教育体系中批判性思维的缺失不仅影响了学生的个人发展，还不利于培养具备创新能力和独立思考能力的社会人才。为此，教育改革需要从课程设置、教学方法及评估体系等多方面入手，全面提升批判性思维在教育中的地位。

（2）批判性思维缺失的原因分析

首先，传统的教学模式过于注重知识的灌输，而忽视了学生独立思考能力的培养。教师在课堂上往往以讲授为主，学生被动接受知识，缺乏主动思考和质疑的机会。这种单向度的教学方式限制了学生批判性思维的发展。

其次，考试导向的教育评价体系是批判性思维缺失的重要原因之一。在应试教育的压力下，学生和教师将精力主要集中在考试成绩上，导致教学活动主要围绕考试内容展开。这种以分数为核心的评价机制，使学生倾向于记忆和背诵标准答案，而非通过分析、推理和判断来解决问题，从而抑制了学生批判性思维的形成。

最后，家庭和社会环境的影响也不容忽视。在一些家庭中，家长对孩子的教育方式偏向于权威式，强调服从和规矩，致使孩子从小缺乏独立思考的习惯。同时，社会上普遍存在的从众心理和权威崇拜，致使年轻一代在面对问题时不愿或不敢提出自己的见解，从而进一步削弱了批判性思维的培养。

总之，批判性思维的缺失是多种因素共同作用的结果，只有通过全面的教育改革和环境改善，才能有效提升学生的批判性思维能力。

（3）批判性思维缺失的后果

批判性思维缺失的后果在教育体系中表现得尤为明显。

首先，学生在面对复杂问题时往往缺乏独立思考的能力，容易盲从权威或大众观点，无法提出有见地的个人见解。这导致他们在解决实际问题时显得束手无策，通常是机械地应用已有的知识，而无法进行创新性思考。

其次，缺乏批判性思维的学生在信息处理上存在明显不足。他们往往不加辨别地接受各类信息，缺乏对信息来源、可信度和真实性的判断能力。这种被动的信息接受模式，致使他们容易受到误导，甚至被虚假信息所左右，影响其正确的判断和决策能力。

最后，批判性思维的缺失会对社会的整体发展产生负面影响。教育体系培养出来的学生如果缺乏批判性思维，将难以在未来的职业生涯中应对复杂多变的社会环境。他们可能会在面对道德困境或伦理问题时缺乏独立判断的能力，从而影响社会的公正与进步。缺乏批判性思维的社会，使人更容易陷入盲从和偏见，难以实现真正的民主与法治。

10.5.3　提升教育体系中批判性思维的对策

（1）教育政策层面的改革

首先，推动批判性思维的培养需要从国家教育战略高度进行顶层设计。国家应在教育发展规划中明确提出将批判性思维纳入核心素养体系，并作为各级教育的重要目标。这要求在课程标准和教学大纲中增加相关要求，确保从基础教育到高等教育各个阶段都能系统性地融入批判性思维训练。

其次，教育主管部门应制定针对教师的专项培训政策，提升教师自身的批判性思维能力及教学策略。通过政策引导，建立教师培训的长效机制，确保每一位教育工作者都能掌握培养学生批判性思维的教学方法。同时，在教师资格认证与考核中加入相应指标，激励教师在日常教学中注重学生批判性思维能力的培养。

最后，在考试与评价制度上，需要进行相应改革以适应批判性思维培养的需求。教育政策应推动考试内容和形式的多样化，增加开放性问题和情境性题目，重点考查学生的分析、推理和解决问题的能力。通过评价制度的改革，进一步引导学校和教师重视学生批判性思维的培养，从而在制度层面形成有力的支撑。

（2）教育实践层面的创新

首先，教育实践层面的创新需要重塑课堂教学模式。传统的单向灌输式教学模式已经无法满足培养科学精神和批判性思维的需求，因此应大力推广互动式和探究式学习。教师可以通过设置开放性问题，引导学生自主思考和讨论，激发他们的求知欲和探索精神。同时，引入跨学科的项目式学习，让学生在解决实际问题的过程中，锻炼综合分析和创新能力。

其次，实践层面的创新应体现在评价体系的改革上。现有的考试制度往往侧重于对知识点的记忆和再现，而忽视了学生在批判性思维和科学精神方面的表现。因此，学校可以尝试引入多元化的评价机制，例如通过课题研究、论文写作、实验设计等多种方式，全面考查学生的思维能力、创新能力和实践能力。这不仅能够较准确地反映学生的综合素质，还能激励他们在学习过程中更加注重思维的深度和广度。

最后，教育实践的创新离不开教师角色的转变。教师不再仅仅是知识的传授者，还应成为学生学习的引导者和合作者。为此，教师需要不断提升自身的科学素养和批判性思维能力，通过参加专业培训和学术交流，掌握最新的教育理念和教学方法。同时，学校应鼓励教师在教学过程中大胆尝试新的教学手段，例如利用现代信息技术，开展线上线下混合式教学，为学生创造更加灵活多样的学习环境。通过这些实践层面的创新，教育家精神和科学精神才能在实际教学中真正落地生根。

（3）教师培训与学生培养的策略

在提升教育体系批判性思维的过程中，教师培训与学生培养的策略至关重要。

在教师培训方面，针对教师的培训应注重实践与理论相结合。定期举办研讨会等可以让教师接触到最新的批判性思维教学方法，并鼓励他们在课堂上灵活运用。同时，建立教师互评和反馈机制，帮助教师不断改进教学方式，提高课堂互动性，培养学生的独立思考能力。

在学生培养方面，学校应营造一个开放、包容的学习环境。课程设置应增加讨论与辩论环节，激发学生主动思考和表达观点的兴趣。此外，项目式学习和跨学科合作可以让学生在实践中锻炼解决问题的能力。教师应引导学生质疑现有知识，鼓励他们提出创新性见解，从而逐步培养其批判性思维习惯。

同时，学校可以引入多元化的评价机制，不再仅仅依赖考试成绩来衡量学生的能力。通过课题研究、论文写作和口头报告等多种形式，全面评估学生的批判性思维水平，并给予针对性的指导和反馈，以促进学生的全面发展。

10.6　教育家精神与科学精神的融合实践

10.6.1　教育家精神与科学精神的融合

（1）融合的理论框架

教育家精神与科学精神的融合并非简单的叠加，而是一种深层次的互动与共生。教育家精神强调人文关怀与道德引领，这为科学精神中的理性思维与实证方法提供了价值导向。教育家精神中所蕴含的终身学习理念，也为科学精神的持续发展提供了不竭动力。科学精神则以其严谨的逻辑思维和创新精神，不断丰富和拓展教育家精神的实践路径。通过构建一个双向互动的理论框架，可以发现，教育家精神为科学精神提供了伦理基础和目标引领，而科学精神则为教育家精神注入了理性工具和创新活力。这种融合理论不仅适用于高等教育阶段，还能够在中小学教育中发挥重要作用，通过课程设计、教学方法和评价体系的综合改革，实现两者的有机结合。这种融合理论旨在培养具备人文素养与科学素养的全面发展人才，为社会发展提供智力支持与道德保障。

（2）融合的实践意义

首先，这种融合有助于培养更全面的创新型人才。在现代社会中，单一的知识结构已无法满足复杂问题的解决需求，而融合后的教育模式可以更好地激发学生的创造力和批判性思维能力。

其次，融合实践能够推动教育体系的改革与创新。通过将科学精神中的实证、逻辑分析与教育家精神中的人文关怀、道德引领相结合，可以有效弥补传统教育中的不足，促进教育方法和内容的多元化发展。

最后，这种融合具有深远的社会影响。教育家精神强调社会责任与使命感，而科学精神则注重事实与理性，两者的结合不仅能提升个体的综合素质，还能为社会的可持续发展提供重要的人才支持与智力保障。在这种教育模式下培养出来的学生，将更具全球视野与社会担当，能够更好地应对未来社会的各种挑战。

（3）融合的挑战与机遇

教育家精神与科学精神的融合在理论上具有深远的意义，但在实际操作中面临诸多挑战。首先，两种精神在本质上存在差异，教育家精神强调人文关怀与道德引领，而科学精神则注重理性分析与客观验证。这种本质上的不同可能导致在具体实践中的冲突，尤其是在教育目标和教学方法的选择上。教育工作者需要在两者之间找到平衡点，这不仅要求他们具备跨学科的视野，还需要在实践中不断摸索和调整。其次，教育体制的局限性给教育家精神与科学精神的融合带来了挑战。当前的教育体系往往过于注重考试成绩和知识传授，而忽视了学生创新能力和批判性思维的培养。这种体制上的限制致使教育家精神与科学精神的融合难以深入推进。最后，师资力量的不足也是一大障碍。教师在面对融合任务时，可能缺乏足够的培训和支持，导致实践过程中出现力不从心的情况。

然而，挑战与机遇并存。随着社会对复合型人才的需求日益增加，教育家精神与科学精神的融合正迎来新的发展契机。首先，信息技术的快速发展为教育提供了新的工具和平台，使跨学科的教学变得更加可行。虚拟现实、人工智能等技术可以为学生提供更加丰富的学习体验，从而促进两种精神的融合。其次，社会对创新和可持续发展的重视为教育家精神与科学精神的融合创造了良好的外部环境。政府和各类社会组织逐渐认识到教育改革的重要性，开始在政策和资金上给予支持。这为教育家精神与科学精神的融合提供了有力的保障。最后，教育理念的更新和国际交流的增加为教育家精神与科学精神的融合带来了新的机遇。越来越多的教育机构开始借鉴国际先进经验，探索适合本土的融合路径。这种开放和包容的态度将有助于推动教育家精神与科学精神的深度融合，为培养具有全球视野和创新能力的人才奠定基础。

10.6.2 教育家精神与科学精神融合的案例分析

（1）国内外融合实践的案例选择

在全球化的背景下，教育家精神与科学精神的融合已成为许多国家和地区教育改革的重要方向。通过分析国内外一些成功的实践案例，可以为这一融合路径提供有益的参考。

在中国，北京师范大学附属实验中学的创新教育项目是教育家精神与科学精神融合的一个典型代表。该校通过引入项目式学习，将教育家精神中的关怀与责任感融入科学课程，鼓励学生在解决实际问题中培养科学思维。这种模式不仅提升了学生的科学素养，还强化了他们的社会责任感。

在欧洲芬兰的罗素高中则以其独特的"现象教学法"闻名。该方法打破了传统学科界限，通过跨学科项目将教育家精神与科学精神有机结合。学生在探索全球性问题如气候变化时，既能掌握科学知识，又能在教师的引导下形成正确的价值观和世界观。

美国的一些高中的做法则是另一个值得关注的案例。学校通过与当地企业和社会组织合作，将真实世界的问题引入课堂，使学生在解决实际问题的过程中，既锻炼了科学技能，又培养了人文关怀和社会责任感。

这些案例展示了不同文化背景下，教育家精神与科学精神融合的多样性和可行性。它们不仅为教育实践提供了新思路，还为未来的教育改革指明了方向。通过借鉴这些成功经验，可以更好地推动两种精神的融合，为培养具有综合素质的人才奠定坚实的基础。

（2）融合实践的成功要素分析

首先，在分析教育家精神与科学精神融合实践的成功要素时，需要关注的是理念的契合度。成功的融合实践往往建立在两种精神的内在一致性上，教育家精神强调的人文关怀与科学精神倡导的理性思维能够相互补充，形成完整的教育目标。这种理念上的契合为融合实践奠定了坚实的基础。

其次，制度保障是融合实践成功的关键要素之一。无论是课程设置还是教学评估，都需要有一套完整的制度设计。一些成功的案例表明，学校通过设立跨学科的科研项目和教学团队，有效地促进了两种精神的融合。同时，学校管理层对融合实践的支持和资源投入也至关重要。

最后，师资队伍的建设在融合实践中起到了决定性作用。教师作为教育理念的直接传递者，其自身的素质和能力直接影响融合实践的效果。成功的案例往往伴随着系统的教师培训计划，帮助教师掌握跨学科的教学方法，并提升其在教育家精神和科学精神之间的协调能力。通过这些成功要素的综合作用，教育家精神与科学精神才能在实践中真正实现深度融合。

（3）融合实践中的问题与反思

在教育家精神与科学精神融合的实践过程中，仍存在一些亟待解决的问题。首先，许多教育机构在尝试融合这两种精神时，往往流于形式，缺乏深度整合。这导致学生在学习过程中难以真正体会到两者的精髓，反而可能产生困惑。其次，教师作为融合实践的关键执行者，其自身对教育家精神与科学精神的理解和掌握程度不一，部分教师可能缺乏足够的培训和指导，从而影响融合效果。最后，现行的教育评价体系尚未完全适应这种融合模式，传统的考试和评分标准无法全面衡量学生在融合精神下的成长与进步。

反思这一系列问题，教育界需要从根本上重新审视融合实践的各个环节。首先，应加强顶层设计，制定更为科学合理的融合方案，确保教育家精神与科学精神能够在课程设置、教学方法和评价体系中得到充分体现。其次，必须重视教师的专业发展，通过系统的培训和研讨，提高教师在融合实践中的教学能力。最后，建立多元化的评价体系，以更加全面和动态的方式评估学生的综合素质，激励他们在融合精神的引领下不断进步。唯有如此，教育家精神与科学精神的融合才能真正落到实处，发挥其应有的作用。

10.6.3　教育家精神与科学精神融合的策略建议

（1）融合策略的理论指导

融合策略的理论指导应着眼于教育家精神与科学精神的互补性及其共同作用于人才培养的深远意义。

首先，应立足于全人教育的理念，强调教育不仅注重知识的传授，还注重学生人格的塑造与价值观的引导。教育家精神中的仁爱、奉献与责任感，结合科学精神中的理性、实证与批判性思维，能够为学生提供更为全面的发展支持。

其次，融合策略需要以系统性思维为指导，将教育家精神与科学精神视为一个有机整体，而非割裂的两个部分。这意味着在课程设置、教学方法及教育评价中，都应体现二者的融合。例如，在科学课程中融入人文关怀，在人文课程中强调逻辑与实证，从而培养学生的综合素质。

最后，融合策略的实施离不开动态调整的机制。随着社会的发展与变化，教育家精神与科学精神的内涵在不断演进。因此，融合策略应具备灵活性，能够根据时代需求进行调整与更新。这要求教育工作者不断学习与反思，以确保教育实践始终符合时代发展的要求。

（2）融合策略的实践操作

在实际操作中，教育家精神与科学精神的融合需要从多个层面进行系统性推进。

首先，在学校教育层面，应注重课程设置的综合性与跨学科性。学校可以设置综合课程，将科学精神中的实证、逻辑分析与教育家精神中的道德关怀、人文素养相结合，使学生在学习过程中既能掌握科学方法，又能培养出人文情怀。

其次，在教学方法上，应大力推广探究式学习和项目式学习。教师应鼓励学生在真实情境中发现问题、分析问题并解决问题，培养学生的批判性思维和创新能力。同时，教师要善于引导学生从多角度看待问题，既要尊重科学事实，又要考虑人文因素，从而实现教育家精神与科学精神的有机结合。

最后，在学校管理与文化建设方面，应营造开放、包容的校园氛围。学校可以通过举办各类学术与文化活动，促进师生之间的交流与合作，激发学生的求知欲和创造力。同时，学校应建立健全激励机制，对在教育家精神与科学精神融合方面表现突出的教师和学生给予表彰和奖励，以推动这一融合策略的深入实施。

通过以上实践操作，教育家精神与科学精神能够在实际教学中相互渗透、相互促进，从而培养出具有综合素质和创新能力的新时代人才。

（3）融合策略的效果评估

首先，在评估教育家精神与科学精神融合策略的效果时，需要关注的是学生在实际学习过程中的表现。通过课堂观察和学习成绩分析，可以了解学生在批判性思维和创新能力方面的提升情况。如果许多学生在面对复杂问题时，开始主动运用科学方法进行分析和解决，这表明融合策略正在发挥积极作用。

其次，要关注教师的教学方式和教育理念发生的明显转变。在融合策略的推动下，越来越多的教师开始注重培养学生的独立思考能力，并在教学中融入更多的实践性和探索性内容。这种转变不仅提高了教学质量，还促进了教师自身的专业发展。

最后，从学校整体的文化氛围来看，教育家精神与科学精神的融合正在逐步内化为一种校园文化。无论是学术活动还是课外实践，学生都表现出更高的参与度和热情。这种积极向上的文化氛围，为融合策略的持续推进提供了有力支持。同时，学校在社会上的声誉也因此得到了提升，吸引了更多关注和资源投入。这些都表明，融合策略在实践中已经取得了初步成效，但仍需在长期的实施过程中不断调整和优化。

10.7　教育家精神与科学精神在现代社会的发展趋势

10.7.1　现代社会对教育家精神与科学精神的需求

（1）现代社会面临的挑战

现代社会正处于一个快速发展的时期，技术革新和全球化带来了前所未有的机遇与挑战。

首先，信息技术的飞速发展使知识的获取和传播变得更加便捷，人们的生活方式和工作模式也因此发生了深刻变化。这种高度互联的社会环境要求个体和组织具备更强的适应能力和创新意识。

其次，全球化进程加剧了各国之间的竞争与合作，资源、市场和人才的争夺愈加激烈。在这种背景下，国家与国家之间的依存度提高，任何局部的动荡都有可能引发全球性的影响。教育作为培养未来人才的关键领域，必须紧跟全球化步伐，培养具有国际视野和跨文化交流能力的复合型人才。

最后，环境问题、社会不平等和政治不稳定等全球性挑战日益突出，给人类社会的可持续发展带来了严峻考验。教育家精神和科学精神在此背景下显得尤为重要，前者强调人文关怀和社会责任，后者注重理性分析和问题解决。两者的结合将有助于引导社会走向更加公平、和谐的未来。

（2）教育家精神与科学精神的现代价值

在当今快速发展的社会中，教育家精神与科学精神共同承载着不可或缺的价值。

首先，教育家精神所强调的关怀与责任感在现代教育中愈发重要。面对多元化的学生群体，教育者不仅需要传授知识，还需要培养学生的道德品质和社会责任感。这种精神帮助教育体系在技术飞速发展的背景下，依然保持对人文关怀的重视。

其次，科学精神所代表的理性思维和实证态度在现代社会中同样具有深远影响。科学精神提倡的批判性思维和创新能力是应对复杂社会问题的关键。无论是环境保护、科技创新，还是公共卫生挑战，科学精神都为问题的解决提供了可靠的方法论支持。尤其是在信息爆炸的时代，科学精神帮助人们辨别真伪，做出明智的决策。

最后，教育家精神与科学精神的结合为培养全面发展的人才提供了可能。现代社会需要的是不仅具备专业知识，还能理解社会责任、具有创新思维的复合型人才。这种融合精神在教育实践中，不仅提升了学生的学习能力，还塑造了他们的社会适应力和全球视野。通过这种结合，教育体系能够更好地应对未来社会的挑战，培养出具有国际竞争力的新一代公民。

（3）现代社会对教育家精神与科学精神的期待

现代社会对教育家精神与科学精神的期待体现在多个方面。

　　首先，人们期望教育家精神能够在快速发展的时代中，继续发挥其人文关怀和道德引领的作用。国家不仅需要培养具备专业知识的人才，还需要塑造具有社会责任感和全球视野的公民。这种精神被期待为社会提供一种价值观的引领，帮助新一代在面对复杂的社会问题时做出明智的选择。

　　其次，科学精神在现代社会中被寄予了厚望，尤其是在科技迅猛发展的背景下。社会期待科学精神能够引导公众以理性、客观的态度看待问题，培养公众的批判性思维能力。同时，科学精神还被期待在处理气候变化、公共卫生危机等全球性挑战方面，提供一些创新性的解决方案。科学不再仅仅是实验室中的研究，它被期待成为推动社会进步的重要动力。

　　最后，现代社会期待教育家精神与科学精神能够相互融合，共同发挥作用。这种融合不仅体现在教育内容的更新上，还体现在教育方式的创新上。社会希望通过二者的结合，培养出既有人文素养又具备科学素养的复合型人才。这种人才被认为是未来社会发展的中坚力量，他们能够以全面的视角和多维的思维方式应对各种挑战。

10.7.2　教育家精神与科学精神的发展趋势

（1）教育家精神的发展趋势

　　随着社会的快速变迁与全球化进程的加快，教育家精神正朝着更加开放与多元的方向发展。

　　首先，教育家的社会责任感愈加凸显。现代教育家不仅关注学生的学术成就，还注重培养学生的社会责任感与全球视野。教育家开始更多地参与社会议题，推动教育公平与可持续发展，致力于通过教育解决一些问题。

　　其次，教育家精神正逐渐向个性化与创新性教育靠拢。传统的标准化教育模式正在被打破，越来越多的教育家认识到每个学生的独特性。他们提倡因材施教，尊重学生的兴趣与特长，推动学生个性化学习与创新思维的培养。同时，科技的进步为个性化教育提供了更多工具和平台，教育家开始探索如何更好地利用技术来服务于教育目标。

　　最后，教育家精神在国际化与本土化的交融中不断演进。在全球化的背景下，教育家更加注重吸收国际先进教育理念，同时保持对本土文化的尊重与传承。他们努力在国际化与本土化之间找到平衡，培养既具有全球竞争力又深植本土文化的学生。这种双重目标的追求，使教育家精神在未来发展中更具包容性与适应性。

（2）科学精神的发展趋势

随着全球科技的迅猛发展，科学精神在现代社会中的地位愈加重要。

首先，科学精神在全球范围内的传播速度显著加快。各国通过教育、科研合作及文化交流，推动了科学精神的普及和认同。尤其是在发展中国家，科学精神逐渐成为推动社会进步的重要力量。

其次，科学精神的内涵在不断扩展和深化。传统的实证主义和理性思维仍然是科学精神的核心，但越来越多的跨学科研究和复杂系统思维开始融入科学精神。人们逐渐认识到，单一学科的视角已不足以应对现代社会中的诸多挑战，跨学科的合作与创新成为科学精神发展的新趋势。

最后，科学精神与社会责任的结合日益紧密。科学家和研究人员不再仅仅是知识的探索者，他们越来越多地参与社会问题的解决。例如，气候变化、公共卫生等问题都需要科学精神指导下的多方合作。这种趋势不仅提升了科学精神的社会影响力，还为其注入了新的活力和使命感。

总的来说，科学精神的发展趋势表现为全球化、跨学科融合及与社会责任的紧密结合。这些变化不仅推动了科学精神的传播与发展，还为人类社会的可持续发展提供了重要支持。

（3）教育家精神与科学精神相融合的前景

随着全球化与信息化的加速发展，教育领域正面临着前所未有的机遇与挑战。教育家精神与科学精神的融合，将成为未来教育发展的重要趋势之一。

首先，这种融合将促使教育更加注重培养学生的综合素质。在科学精神的引领下，教育家精神所强调的人文关怀与道德教育将得到进一步深化，使学生在掌握科学知识的同时，具备批判性思维与创新能力。

其次，教育家精神与科学精神的融合将推动教育模式的创新。传统的教育方式将逐渐被打破，更多跨学科、跨领域的教育实践将不断涌现。在这种背景下，教育不再仅仅是知识的传授，还是思维方式与价值观念的培养。科学精神所强调的实证、逻辑与创新，将与教育家精神所倡导的仁爱、责任与使命相结合，为教育改革提供新的动力。

最后，教育家精神与科学精神的融合前景将体现在教育国际化的进程中。随着各国教育交流的日益频繁，不同文化背景下的教育理念将相互碰撞与融合。这种融合不仅有助于提升教育的整体水平，还将为培养具有全球视野与本土情怀的新时代人才提供可能。通过这种融合，教育将更好地服务于社会发展，为构建更加和谐美好的未来贡献力量。

10.7.3　教育家精神与科学精神的未来发展策略

（1）教育政策的适应与调整

随着社会的发展和科技的进步，教育家精神与科学精神的融合对现行教育政策提出了新的要求。教育政策必须在多方面进行适应与调整，以确保这两种精神的协同作用能够有效发挥。

首先，政府应制定更加灵活的教育政策，鼓励学校和教育机构在课程设置上进行创新。这包括增加跨学科课程，促进科学与人文的结合，使学生能够在学习过程中体会到教育家精神的人文关怀和科学精神的严谨求实。

其次，教育政策的调整应关注教师培训体系的改革。教师作为教育的中坚力量，要具备将教育家精神与科学精神融入教学的能力。因此，在教师资格认证和继续教育中，应增加相关培训内容，提高教师在教学中运用这两种精神的意识和技能。

最后，教育政策需要加大对教育科研的支持力度。通过设立专项基金和奖励机制，激励教育研究人员深入探索教育家精神与科学精神的融合路径。这不仅有助于理论研究的深化，还为实践提供了科学依据，从而推动教育政策的有效实施。

通过这些适应与调整，教育政策将会更好地服务于培养具有综合素质的人才，为社会的发展和进步提供坚实的基础。

（2）教育实践的创新与发展

随着社会的不断进步，教育实践面临前所未有的挑战和机遇。为了更好地培养具有科学精神和创新能力的人才，教育实践的创新与发展显得尤为重要。

首先，教育实践需要在教学方法上不断创新。传统的灌输式教学方法已经无法满足现代学生的需求，更多的互动式、参与式教学方法应运而生。例如，通过项目式学习和探究式学习，学生可以在实际操作中掌握知识，培养解决问题的能力。

其次，科技的迅猛发展为教育实践提供了新的工具和平台。在线教育、虚拟现实、增强现实等技术的应用，使教学内容更加生动直观。这些技术的应用不仅拓展了教育的时空界限，还为学生提供了丰富的学习资源和个性化的学习路径。

最后，教育评价体系的改革是教育实践创新与发展的重要一环。传统的考试成绩不再是衡量学生能力的唯一标准，越来越多的学校开始采用多元化的评价方式，如综合素质评价、过程性评价等。这些新的评价方式更加注重学生的全面发展，鼓励他们在艺术、体育等方面展现才能。

通过这些创新与发展，教育实践不仅能够更好地培养学生的科学精神，还能激发他们的创造力和批判性思维，为未来的社会发展培养更多具有竞争力的人才。

（3）教育家精神与科学精神的持续深化

随着社会的不断发展，教育家精神与科学精神的融合与深化已成为教育改革的重要方向。

首先，需要在教育政策层面进一步推动二者融合的顶层设计。政府和教育主管部门应制定长期战略规划，明确教育家精神与科学精神在各级教育中的地位和作用，确保其贯穿于整个教育体系。

其次，学校和教育机构应通过课程改革和教学创新，持续推进这两种精神的实践进程。具体而言，可以通过设置跨学科课程、开展项目式学习等方式，增强学生的批判性思维和创新能力。同时，鼓励教师在教学过程中融入科学精神，注重实证研究和实验教学，培养学生的科学素养。

最后，社会各方应共同营造有利于教育家精神与科学精神发展的环境。媒体应加大对科学精神和教育家精神的宣传，树立优秀典范，引导公众关注和支持教育事业。此外，企业和社会组织可以通过设立奖学金、资助科研项目等形式，激励更多年轻人投身于科学研究和教育创新。通过多方努力，教育家精神与科学精神将在未来得到更为深入和广泛的发展。

10.8 政策建议

10.8.1 教育政策的建议

在当前教育家精神与科学精神融合的背景下，教育政策的制定与调整显得尤为重要。

首先，政府应进一步明确教育家精神在国家教育战略中的核心地位，通过政策引导各级教育机构重视教育家的人文关怀与道德引领作用。同时，在科学精神的培养上，政策层面需加大对科学教育的投入，特别是在基础教育阶段要引入更多实践性与创新性的课程内容，以促进学生科学素养的全面提升。

其次，针对科学精神未被充分内化的问题，教育政策应鼓励跨学科的合作与交流，打破传统学科壁垒，推动理工科与人文学科的融合发展。通过设立专项基金和奖励机制，激励教育工作者在教学过程中融入批判性思维与创新精神，以应对现代社会对复合型人才的需求。

最后，在教师培养与发展方面，教育政策应着眼于提高教师队伍的整体素质，特别是在教育家精神与科学精神的结合上提供更多的培训机会。通过设立国家级和地方级的教师发展项目，支持教师进行国内外交流与学习，吸收先进的教育理念与实践经验，从而更好地引导学生在学术与人格上的全面发展。

10.8.2　教育实践的建议

首先，在教育实践中，应注重培养学生的批判性思维能力。通过引入多元化的教学方法，激发学生的独立思考和问题解决能力。教师应扮演引导者角色，鼓励学生质疑现有知识，提出创新观点。

其次，加强科学精神与人文精神的融合。在课程设置上，应增加跨学科课程，促进科学与人文的对话。例如，在部分理工科课程中融入伦理学讨论，在部分文科课程中引入科学方法论，使学生能够在不同学科间建立联系，形成全面的知识体系。

最后，建立开放的教育环境。学校应鼓励师生之间的平等交流，营造自由讨论的氛围。通过举办学术讲座、研讨会等活动，邀请各领域专家分享前沿研究，拓宽学生的视野。同时，支持学生参与科研项目和社会实践，将理论知识应用于实际问题的解决，培养其社会责任感和实践能力。

10.8.3　教育研究的建议

在未来的教育研究中，应更加注重教育家精神与科学精神的结合，以推动教育实践的创新与发展。

首先，研究者应加强对教育家精神内涵的深入挖掘，探讨其在现代教育体系中的具体应用路径。通过历史研究与比较研究，总结国内外教育家精神的实践经验，为本土化教育改革提供理论支持。

其次，科学精神在教育研究中的渗透需要进一步加强。特别是在培养批判性思维和创新能力方面，教育研究应关注如何将科学精神有效地融入课程设计与教学方法。通过实证研究和实验研究，验证不同教育策略的效果，为一线教师提供可操作的教学建议。

最后，跨学科研究应成为未来教育研究的重要方向。教育家精神与科学精神的融合，不仅需要教育学的理论支持，还需借鉴心理学、社会学、哲学等学科的研究成果。通过多学科协作，探索教育发展的多元路径，以应对现代社会对教育提出的新挑战。同时，要鼓励更多年轻学者参与相关研究，为教育研究注入新的活力与视角。

第十一章　教育家精神与区域发展

11.1　教育家精神推动区域发展的内在逻辑

11.1.1　促进区域人力资源开发

在区域发展的众多要素中，人力资源是最为关键的因素之一。教育家精神在促进区域人力资源开发方面发挥着至关重要的作用，主要体现在提升教育质量、培养高素质人才，以及激发人才创新活力、推动区域创新发展这两个核心层面。

（1）提升教育质量，培养高素质人才

教育质量是培养高素质人才的关键，而教育家精神为提升教育质量提供了强大的精神动力和价值引领。在江苏盐城盐南高新区，当地将教育家精神作为引领区域教育高质量发展的价值航标，积极践行教育家精神，在多个方面取得了显著成效。

在党建引领方面，盐南高新区坚持党对教育事业的全面领导，深入推进实施党组织领导的校长负责制，全区所有学校配备专职副书记，协助党组织书记抓好学校党建工作。明确党组织议事决策规则，实行"前置程序"，加强与领导班子成员的沟通，保证学校教育教学各项工作在党的领导下稳步开展。强化党组织在年级组层面的建设工作，更好地结合年级组工作落实学校决策部署，有效推进党员教师队伍师德师风建设和教育教学工作。这些举措为提升教育质量提供坚实的组织保障。

在理论学习上，把政治学习作为教师培训的首要议题，组织教师深入学习习近平新时代中国特色社会主义思想、党的路线方针政策，组织学习习近平总书记《论教育》，贯彻落实好全国教育大会精神，研学原著，以学促行。扎实开展"不忘初心、牢记使命"主题教育，增强党组织的活力和吸引力。走进党史学习馆、新四军纪念馆等教育基地，实地开展沉浸式参观学习，进行生动深刻的党性教育。如此一来，教师的政治素养和思想觉悟会得到提升，从而为提高教育教学质量奠定坚实的思想基础。

思政教育的长效落实，是盐南高新区的一大亮点。开设思政课程是落实立德树人根本任务的关键所在。盐南高新区以思政课一体化建设为方向，充分利用区域内高校教育资源，开设以"社会主义核心价值观我践行""传承范公精神""我是环保小卫士"等为主题的思政课程，构建大中小一体化育人体系，纵向衔接各学段，横向融合各学科，将党的建设融贯于大中小一体化思政课体系中。建立多元化的评价机制，全面评价学校的办学水平，综合考量学生的品德、能力、创新精神等方面，着力办"眼中有人"的教育。这种全面的育人体系和评价机制，有助于培养学生的综合素质，提升教育质量。

在盐南高新区的学校中，教师秉持教育家精神，注重学生的全面发展。他们以启智润心、因材施教的育人智慧，关注每个学生的个性差异和学习需求，采用多样化的教学方法激发学生的学习兴趣和潜能。在课堂教学中，教师不再局限于传统的讲授式教学，而是积极引入小组合作学习、项目式学习等模式，让学生在实践中锻炼能力、增长知识。对于学习能力较强的学生，教师会布置一些拓展性的学习任务，鼓励他们挑战更高的目标；对于学习能力较弱的学生，教师则会给予更多的关注和辅导，帮助他们克服困难，逐步提高学习成绩。

在这种教育家精神的引领下，盐南高新区培养了大批高素质人才。这些人才不仅具备扎实的知识和技能，还拥有良好的品德和社会责任感，能够适应社会发展的需求，为区域发展提供了有力的人才支持。他们在各自的领域中发挥着重要作用，有的成了科技创新的骨干力量，为区域的产业升级和创新发展贡献智慧；有的投身于社会服务领域，为改善民生、促进社会和谐稳定贡献力量；还有的在文化教育领域继续传承和弘扬教育家精神，培养更多优秀人才。

（2）激发人才创新活力，推动区域创新发展

创新是区域发展的核心动力，而人才是创新的主体。教育家精神所蕴含的勤学笃行、求是创新的躬耕态度，能够激发人才的创新活力，推动区域创新发展。以中关村地区为例，该地区作为我国科技创新的前沿阵地，教育与科技创新之间形成了紧密的互动关系，充分体现了教育家精神对人才创新的激励作用。

中关村地区汇聚了众多知名高校和科研机构，这些教育资源为区域创新提供了坚实的人才基础。在这些高校和科研机构中，教育家精神得到了充分的体现和传承。教师以培养具有创新精神和实践能力的人才为目标，不断探索创新教育教学方法，注重培养学生的创新思维和实践能力。在课程设置上，增加了创新创业课程的比重，邀请行业专家和创业成功人士走进课堂，为学生传授实践经验和创新理念。同时，鼓励学生参与科研项目和创新创业实践活动，为学生提供实践平台和资源支持。

在科研实践中，教师以身作则，秉持求是创新的精神，积极开展科研工作，探索未知领域。他们鼓励学生勇于质疑、敢于创新，培养学生的独立思考能力和解决问题的能力。当学生在科研过程中遇到困难时，教师会引导他们从不同的角度思考问题，寻找解决问题的方法。在这种教育环境的熏陶下，学生逐渐养成了创新的思维习惯和实践能力，为区域创新发展注入了源源不断的活力。

中关村地区的教育机构注重与企业的合作，建立了产学研合作机制。通过与企业的合作，将教育科研成果转化为实际生产力，推动区域经济的发展。高校和科研机构的教师和学生深入企业，了解企业的技术需求和市场需求，开展有针对性的科研项目。企业则为高校和科研机构提供实践平台和资金支持，促进教育科研成果的转化和应用。这种产学研合作模式，不仅提高了学生的创新能力和实践能力，还为区域创新发展提供了有力的支持。

在中关村地区，许多科技创新企业的创始人或核心团队成员来自当地的高校和科研机构。他们在学校期间受到教育家精神的影响，具备了创新精神和实践能力。毕业后，他们凭借自己的专业知识和创新能力，创办了一系列科技创新企业，推动了区域的创新发展。这些企业在人工智能、生物医药、信息技术等领域取得了显著的成就，为我国的科技创新和经济发展做出了重要贡献。

11.1.2 塑造区域文化与社会治理

（1）传承与创新区域文化

区域文化是一个地区的灵魂，它承载着当地人民的历史记忆、价值观念和生活方式。教育家精神在区域文化的传承与创新中发挥着重要作用，它为区域文化的传承提供了精神动力和智力支持，也为区域文化的创新注入了新的活力。

以曲阜地区为例,作为儒家文化的发源地,曲阜在教育传承儒家文化方面有着得天独厚的优势。曲阜师范大学作为教育部师德师风建设基地,充分发挥其在传统文化研究和教育方面的优势,积极开展以传承儒家文化为核心的教育活动。学校组织教师和学生深入研究儒家经典,挖掘儒家文化的内涵和价值,并将其融入教育教学。在思想政治教育课程中,教师将儒家的"仁爱""礼义"等思想与社会主义核心价值观相结合,引导学生树立正确的价值观和道德观。通过对儒家文化的学习,学生不仅能够了解和传承本地区的优秀传统文化,还能够增强民族自豪感和文化自信。

曲阜师范大学积极开展与儒家文化相关的学术研究和交流活动。学校邀请国内外知名学者参加儒家文化学术研讨会,共同探讨儒家文化的现代价值和传承发展路径。同时,学校还与其他高校和研究机构合作,开展儒家文化的跨学科研究,推动儒家文化与现代科学技术、社会管理等领域的融合创新。这些学术研究和交流活动,不仅丰富了儒家文化的内涵,还为儒家文化的传承与创新提供了新的思路和方法。

在教育实践中,曲阜地区的学校注重培养学生对儒家文化的兴趣和热爱。学校通过开展丰富多彩的文化活动,如诵读经典、举办文化节、参观文化古迹等,让学生亲身感受儒家文化的魅力。一些学校开设了儒家文化校本课程,编写了相关的教材和教学资料,系统地向学生传授儒家文化知识。在这些课程中,学生不仅学习儒家经典的文本内容,还通过角色扮演、小组讨论等方式,深入理解儒家文化的思想内涵和价值观念。这种教育方式,不仅提高了学生的文化素养,还培养了学生的创新思维和实践能力,为儒家文化的传承与创新培养了后备人才。

(2)促进社会和谐与文明进步

社会和谐与文明进步是区域发展的重要目标,而教育在实现这一目标中起着关键作用。教育家精神所倡导的乐教爱生、甘于奉献的仁爱之心,以及胸怀天下、以文化人的追求,能够促进教育在社会治理中发挥积极作用,推动社会和谐与文明进步。

上海市徐汇区凌云街道的"凌云生态家"项目充分利用社区教育的平台,通过赋权增能的方式,促进社区居民的参与和合作,提升社区治理水平,推动社会和谐发展。在"凌云生态家"项目中,社区教育的赋权增能框架得到了有效应用。通过开展各种培训和教育活动,提升居民对社区事务的参与意识和能力。组织居民参与社区环境整治、垃圾分类等活动，让居民在实践中学习环保知识和技能，增强环保意识。同时，开展民主协商、社区议事等活动，让居民参与社区决策，提高居民的民主意识和参与能力。在这个过程中，教育工作者发挥了重要作用。他们以乐教爱生、甘于奉献的仁爱之心，关注居民的需求和发展，为居民提供个性化的教育服务。针对老年人开展智能手机使用培训，帮助他们更好地适应数字化社会；针对青少年开展科普教育和社会实践活动，培养他们的创新精神和社会责任感。教育工作者还以胸怀天下、以文化人的情怀，引导居民树立正确的价值观和道德观，促进社区文明进步。通过开展道德讲堂、文明家庭评选等活动，弘扬社会主义核心价值观，营造良好的社区文化氛围。在"凌云生态家"项目的实施过程中，社区居民的参与度和凝聚力得到了显著提高。居民们积极参与社区事务，共同解决社区问题，形成了良好的社区治理格局。社区环境得到了明显改善，垃圾分类工作取得了显著成效，居民的环保意识和文明素质得到了大幅提升。同时，社区居民之间的关系更加和谐融洽，互帮互助的氛围日益浓厚，为社会和谐发展奠定了坚实的基础。

11.1.3　引领区域教育生态优化

（1）营造良好教育氛围

良好的教育氛围是教育事业蓬勃发展的重要保障，它能够为师生提供积极向上的学习和工作环境，激发师生的积极性和创造力。教育家精神在营造良好教育氛围方面发挥着引领作用，以河北衡水中学（以下简称衡水中学）为例，其在办学过程中充分体现了教育家精神，通过多种举措营造浓厚的学习氛围和积极向上的校园文化。

衡水中学注重校园文化建设，以文化育人，营造良好的教育氛围。学校以"追求卓越"为校训，将这一理念贯穿于教育教学的各个环节。在校园环境布置上，随处可见激励学生奋进的标语和优秀学生的事迹展示，这些都在潜移默化中激发着学生的学习动力和进取精神。走进衡水中学的校园，教学楼的走廊上挂满了学生的优秀作品，有书法、绘画、作文等，展示着学生的才华和努力。教室里，张贴着班级的奋斗目标和学生的个人座右铭，时刻提醒着学生要为实现自己的目标而努力奋斗。这种浓厚的文化氛围，让学生在校园中处处都能感受到学习的气息，激发了他们对知识的渴望和追求。

在衡水中学，教师怀揣乐教爱生、甘于奉献的仁爱之心，关爱每一位学生的成长。他们不仅在学业上给予学生悉心指导，还在生活中关心学生的身心健康。教师会主动与学生交流，了解他们的学习和生活情况，帮助学生解决遇到的困难和问题。对于学习成绩较差的学生，教师会耐心地辅导，鼓励他们树立信心，找到适合自己的学习方法。在生活中，教师会关注学生的饮食、住宿等情况，让学生感受到家的温暖。这种关爱学生的教育氛围，让学生感受到了教师的关爱和尊重，从而更加积极主动地投入学习。

衡水中学积极开展丰富多彩的活动，培养学生的综合素质，营造全面发展的教育氛围。学校每年会组织几十项精品活动，如校园文化艺术节、科技节、体育节等，为学生提供了展示自我的平台。在这些活动中，学生能够发挥自己的特长，培养团队合作精神和创新能力。学校开设了110余个学生社团、150余门校本选修课程，满足学生的不同兴趣爱好和发展需求。学生可以根据自己的兴趣选择参加社团和选修课程，拓宽自己的知识面和视野。学校邀请100余位不同领域的知名人士作主题报告，让学生接触到不同领域的前沿知识和思想，激发他们的学习兴趣和创新思维。通过这些活动的开展，衡水中学营造了一个全面发展的教育氛围，让学生在学习知识的同时，能够培养自己的兴趣爱好和综合素质，实现全面发展。

（2）推动教育均衡发展

教育均衡发展是实现教育公平的重要保障，也是区域教育发展的重要目标。教育家精神所倡导的公平、公正的教育理念，能够推动教育资源的均衡配置，促进教育均衡发展。成都城乡教育均衡发展的实践，充分体现了教育家精神在推动教育资源均衡配置方面的重要作用。

成都在推进城乡教育均衡发展的过程中，秉持教育公平的理念，注重教育资源的均衡配置。政府加大对农村教育的投入，改善农村学校的办学条件。在硬件设施方面，新建和改造了一批农村学校的教学楼、实验室、图书馆等教学设施，为学生提供了良好的学习环境。投入资金为农村学校配备了先进的教学设备，如多媒体教室、电子白板、计算机等，使农村学生能够享受到优质的教育资源。加强农村学校的师资队伍建设，通过多种方式提高农村教师的素质和待遇。实施教师交流制度，鼓励城市优秀教师到农村学校支教，同时选派农村教师到城市学校进修学习，促进城乡教师的交流与合作。提高农村教师的工资待遇，优化农村教师职称评定政策，吸引更多优秀教师到农村任教。通过这些举措，成都在教育资源配置上逐渐缩小了城乡差距，为教育均衡发展奠定了坚实的基础。

在教育教学方面，成都注重因材施教，关注每个学生的发展需求。学校根据学生的不同特点和学习能力，制订个性化的教育教学计划，满足学生的多样化学习需求。在课程设置上，除了国家规定的课程，还开设了丰富多彩的校本课程和特色课程，培养学生的兴趣爱好和特长。在教学方法上，采用多样化的教学方法，激发学生的学习兴趣和主动性。同时，加强对学生的综合素质评价，学校不仅关注学生的学业成绩，还注重学生的品德、身心健康、社会实践等方面的发展，促进学生的全面发展。

成都积极推进教育信息化建设，利用信息技术促进教育资源的共享和均衡发展。通过建设教育城域网、数字化校园等，实现了城乡学校之间的网络互联互通。利用在线教育平台，为农村学生提供优质的课程资源，让农村学生能够同步享受到城市优质教育资源。开展远程教学，城市优秀教师可以通过网络为农村学生授课，实现了优质教育资源的跨区域共享。通过教育信息化建设，成都打破了城乡之间的教育资源壁垒，促进了教育资源的均衡配置，提高了农村教育的质量和水平。

11.2　教育家精神助力区域发展的案例分析

11.2.1　盐南高新区：教育家精神引领教育高质量发展

盐南高新区作为教育改革与发展的前沿阵地，积极响应时代号召，将教育家精神深度融入教育实践，通过一系列创新举措，在教育领域取得了显著成就，为区域发展提供了强大的人才支撑和智力保障。

（1）赋能：以教育家精神支撑党建发展

在盐南高新区，教育家精神成为党建工作的重要支撑，为教育事业的发展提供了坚实的政治保障和思想引领。

在党组织建设方面，盐南高新区的教育行政部门和各级各类学校党组织充分发挥领导核心作用，将教育家精神融入党组织建设的各项工作。通过制订详细的党建工作计划和实施方案，明确教育家精神在党组织建设中的重要地位和作用，确保党建工作与教育教学工作深度融合、相互促进。同时，加强党组织之间的交流与合作，通过开展联合党建活动、共享党建资源等方式，共同推动教育家精神在区域内的传播和实践。

在理论学习方面，盐南高新区将教育家精神纳入党组织理论学习的重要内容，系统学习教育家精神的内涵、本质和时代价值。组织党员干部深入学习古今中外教育家的教育思想和教育实践，不断拓宽视野，提升理论素养。同时，关注当代教育改革发展的前沿动态，学习借鉴国内外先进的教育经验和做法，为本地教育事业的发展提供理论支持。

在思政教育方面，盐南高新区围绕教育家精神，组织开展形式多样的主题教育，营造浓厚的思政教育氛围。在思政课程中，深入挖掘教育家精神中的思政元素，如教育家的爱国情怀、社会责任感、敬业精神等，通过生动的案例教学、故事讲述等方式，引导学生树立正确的世界观、人生观和价值观。要求各学科教师结合学科特点和教学内容，有机融入教育家精神，将思想政治教育与知识传授、能力培养有机结合起来，实现全员育人、全程育人、全方位育人。

（2）领航：以教育家精神淬炼优秀校长

校长是学校发展的领航者，其素质和能力直接影响着学校的办学质量和发展方向。盐南高新区以教育家精神为引领，致力于培养优秀校长，为区域教育高质量发展提供有力的人才支持。

在校长培养方面，盐南高新区实施精准培育工程。制定名校长培育工程方案，根据校长队伍实际情况，为每位校长建立专业发展"一人一案"，进行有针对性和个性化的培育。带领校长厘清"教育家型校长的理想追求是什么""要办一所什么样的学校"等关键问题，引导校长树立正确的教育理念和办学目标。组织校长到北京、上海、浙江等地考察学习，了解优秀校长在学校管理、课程改革、校园文化建设等方面的创新实践，进一步拓宽视野，寻找新的办学思路和教育方法，引导校长创新教育思想、教育模式、教育方法，提升学校育人质量。通过这些举措，校长的专业素养和管理能力得到了显著提升，为学校的发展注入了新的活力。

为了给校长提供交流和展示的平台，盐南高新区搭建了多元展示平台。成立"名校长工作室"，发挥辐射引领作用，引领区域教育教学改革。定期举办校长论坛，校长们围绕教育家精神、当前热点问题、学校管理经验等进行交流和探讨，分享智慧，碰撞思想。每年暑期教师培训班开设"乐学思行"讲堂，举办"名校长·规范管理""名校长·内涵发展""名校长·质量提升"等专题研讨汇报会，各校校长汇报学校管理、品牌建设的举措和成果，接受全区教师的检验，同时邀请教育专家进行论证，帮助校长形成办学特色和教学风格。这些平台的搭建，促进了校长之间的交流与合作，激发了校长们的创新意识和进取精神，推动了区域教育教学改革的深入发展。

在盐南高新区，许多校长在教育家精神的引领下，取得了显著的办学成果。以盐城市希文小学为例，该校将传承历史文化、弘扬家国情怀与新时代育人理念相融合，打造了学校文化的特色——范公文化。该校以"劝学育才，经实并重"作为办学理念，结合学校发展、教师管理、学生培育、课程建设等方面，形成了以"文·正"为核心的学校文化体系。该校精心打造"一廊一像，一亭一馆"校园文化载体，让师生浸润在浓厚的环境文化氛围中，得以俯读仰思，用有形的校园特色文化，在无形之中影响着"文·正"学子。在校长的带领下，希文小学在短短两年的时间里，迅速发展成为一所具有特色和影响力的学校，为区域教育发展树立了榜样。

11.2.2　边疆民族地区：弘扬教育家精神，促进教育与社会发展

（1）坚守初心、立德树人的引领责任

在边疆民族地区，教育事业面临诸多特殊的挑战，如地理环境复杂、经济发展相对滞后、教育资源相对匮乏等。然而，正是在这样的环境下，一批批教育工作者秉持教育家精神，坚守初心，勇担立德树人的引领责任，为当地的教育事业发展和社会进步做出了重要贡献。

以延吉市北山小学党总支书记、校长康伟华为例，她扎根边疆少数民族教育事业已近30年。北山小学是一所有着红色基因的百年老校。康伟华深知自己肩负的责任重大，她积极依托学校红色资源，全力推进"红心向党、烛光闪亮"党建品牌创建，扎实推进"支部＋民族团结进步教育示范工程"，将铸牢中华民族共同体意识纳入学校意识形态工作。通过开展专题辅导、座谈交流等丰富多彩的党建活动，带动广大党员教师率先垂范上好民族团结进步示范课，推动广大教师常态化开展铸牢中华民族共同体意识教育活动，切实提高了教师的思想素质和业务水平，为推进民族团结进步教育工作打牢了队伍基础。

在红色文化熏陶方面，康伟华做出了诸多努力。2021 年 8 月，学校被全国红军小学建设工程理事会批复为"中国工农红军吉林延吉北山红军小学"。

为把红色文化融入学校的教育全过程，康伟华带领全校师生创新开展了校内外红色实践基地打卡活动，开发红色主题课程，开展红色主题教育，实施红色体验教学。她积极向相关部门申请，将北山小学打造为吉林省青少年铸牢中华民族共同体"筑基"工程示范校，建设了 2600 平方米的中华民族共同体体验馆，以数字虚拟现实技术为支撑，设有展示中华服饰、中华音乐、中华舞蹈、中国书法、中华医药等内容的 10 余个体验专区，融合了爱国主义教育、民族团结进步教育等课程。体验馆的建设以中华文化为根，以中华文化育人，切实加强师生中华优秀传统文化和中华民族精神教育，有形有感有效地开展铸牢中华民族共同体意识主题教育实践活动。

在课堂教学主阵地中，康伟华将民族团结教育纳入所有学科教学计划，各教研组积极开发各民族特色文化习俗的校本课程，组织各学科教师将课程内容充分整合，设计跨学科教学目标，加强对学生进行"五观"和"五个认同"的教育，积极培育学生中华民族共同体意识。创新教育教学方式方法，围绕教师、学生、教学内容三要素，开设了北山小学"石榴籽大课堂"，选取语文、道德与法治、美术及音乐等教材中铸牢中华民族共同体意识的教育资源，与各学科教学有机结合、深度融合。引导学生体会为了国家和平、人民幸福而奋斗的英雄壮举，真正让教育不流于形式，入脑入心。

在康伟华的带领下，北山小学先后荣获"全国教育系统先进集体""全国文明校园""吉林省民族团结先进集体"等百余项殊荣。她用自己的实际行动诠释了坚守初心、立德树人的引领责任，为边疆民族地区的教育事业发展树立了榜样。

（2）探索课程教学改革，担起启智润心、敢于创新的先行责任

边疆民族地区的学校在课程教学改革方面积极探索，勇于创新，努力担起启智润心、敢于创新的先行责任。这些学校结合当地的民族文化特色和学生的实际需求，在课程设置、教学方法等方面进行了一系列改革与创新，取得了显著的成效。

在课程设置上，边疆民族地区的学校注重将民族文化融入课程体系，开发具有地方特色的校本课程。广西崇左市大新县的学校结合本土特色与课程革新模式，积极打造"一校一品牌，一校多特色"的高质量发展格局。大新县中小学试行启用新教材，新语文教材中古诗文的增加，为边疆学子学习更多的古诗文创造了条件，能更好地传承我国优秀的传统文化。同时，各学校根据当地的民族文化和风俗习惯，开发了如民族舞蹈、民族音乐、民族手工艺等校本课程。这些课程不仅丰富了学生的学习内容，还让学生深入了解和传承了本民族的文化，增强了学生的民族自豪感和文化认同感。

在教学方法上，边疆民族地区的学校积极探索多样化的教学方法，以激发学生的学习兴趣和主动性。黑河学院作为中俄边境线上我国境内唯一一所普通高等本科院校，在思政课教学中深度融合多元文化元素，构建特色课程体系。在教学内容上，根据课程内容增设"中俄文化交流的历史演变与当前状况""边疆地区民族团结的典范案例剖析"等专题模块，帮助学生深入了解区域文化，增强国家观念、铸牢中华民族共同体意识。在教学方法上，通过小组讨论、情景再现、角色扮演等方式开展课堂教学，以激发课堂活力。同时，教师立足边疆地区实际情况，对黑龙江沿岸民族的辉煌历史、独特的生活习俗，以及引人入胜的文化故事进行系统梳理，编写贴近学生生活且富有地域特色的教辅材料。这些源自本土、鲜活而真实的案例，不但能够激发学生对课程的浓厚兴趣，还能显著提升教学内容的现实感和感染力，让原本理论性较强的思政课堂变得生动鲜活，焕发出独有的魅力。

此外，边疆民族地区的学校积极利用现代信息技术，推进教育教学模式创新。一些学校借助网络学习平台，打造实时互动的学习场景。教师可通过问答模式收集学生疑问，并在课堂上进行解答，学生可以进行线上讨论，分享学习经验。在互动教学模式中，先进的虚拟现实技术可增强学生体验感，借助该技术，学生能够"穿越"到边疆地区各个时期发展的重要历史事件中，也可"参与"到各民族的文化活动中，切身感受多元文化的精髓。通过这些课程教学改革的探索与创新，边疆民族地区的学校为学生提供了更加丰富、多元的学习体验，促进了学生的全面发展，也为当地的教育事业发展注入了新的活力。

11.2.3　临渭区：以教育家精神推进区域教育高质量发展的实践探索

（1）规划区域教育发展

临渭区以高瞻远瞩的战略眼光，将教育家精神融入区域教育发展的顶层设计，精心规划教育蓝图，为区域教育的高质量发展明确了方向。

在制定教育规划时，临渭区秉持"品质教育 美好生活"的发展愿景，深刻认识到教育对于学生成长、教师发展及社会进步的重要意义。学生通过接受优质教育，能够经历充实而美好的学习生活，为未来的人生道路奠定坚实的基础；教师在良好的教育环境中，能够从事富有意义的教育工作，实现自身的职业价值；而区域内人人都能因优质教育而享有美好的社会生活，促进社会的和谐发展。

基于对教育未来发展趋势的敏锐洞察和对区域实际情况的深入分析，临渭区全盘思考，周密论证，制定了一系列具有前瞻性和指导性的教育规划文件。临渭区立足长远，对全区教育在未来五年的发展目标、重点任务、保障措施等进行了全面规划，为教育事业的持续发展绘制了宏伟蓝图。临渭区聚焦义务教育教学改革，对改革的方向、路径、实施步骤等进行了详细规划，旨在通过改革提升义务教育质量，实现教育公平和均衡发展。

这些规划文件充分体现了教育家精神中对教育本质的深刻理解和对教育事业的执着追求。它们不仅关注学生的学业成绩，还注重学生的全面发展，包括学生品德、身心健康、创新能力等方面的培养。同时，规划文件强调了教育与社会的紧密联系，致力于培养适应社会发展需求的高素质人才，为区域经济社会发展提供有力的人才支持。

（2）构建良好教育生态

良好的教育生态是教育事业蓬勃发展的基础，临渭区以教育家精神为引领，采取一系列有力措施，整治、优化教育生态，赢得了广大人民群众对教育工作的理解、认可和支持。

在规范办学行为方面，临渭区严格按照教育法律法规和政策要求，加强对学校办学行为的监管。规范学校的招生行为，严格执行招生计划和招生政策，确保招生工作的公平、公正、公开；规范学校的教学行为，严格按照课程标准和教学计划开展教学活动，严禁随意增减课程和课时；规范学校的收费行为，严格执行收费标准，杜绝乱收费现象。通过规范办学行为，营造了良好的教育环境。

推动"双减"政策落地是临渭区构建良好教育生态的重要举措。临渭区通过加强宣传引导，提高家长和学生对"双减"政策的认识和理解；优化学校作业管理，根据学生的年龄特点和学习能力，合理布置作业，提高作业质量，减轻学生的作业负担。同时，学校积极开展丰富多彩的课后服务活动，满足学生的多样化需求，促进学生的全面发展。

民办学校治理是临渭区构建良好教育生态的重要内容。临渭区加强对民办学校的监管，规范民办学校的办学行为，提高民办学校的教育质量。加强对民办学校的师资队伍建设，提高民办学校教师的专业素养和教学水平；加强对民办学校的财务管理，规范民办学校的收费和资金使用；加强对民办学校的安全管理，确保学生的人身安全和校园安全。

清廉教育建设是临渭区构建良好教育生态的重要保障。临渭区加强对教育系统党员干部和教师的廉政教育，提高他们的廉洁自律意识；在教育领域，严肃查处违规违纪行为，营造风清气正的教育环境。通过开展廉政文化建设活动，如廉政讲座、廉政书画展等，增强教师和学生的廉洁意识，营造廉洁教育的氛围。

为了赢得社会支持，临渭区以"临渭教育政务新媒体"微信公众平台为宣传主阵地，开通了视频号、抖音和微博平台，全面解读教育改革动态，全方位、多角度、深层次展现教育发展变化。通过这些平台，及时发布教育政策、学校动态、师生风采等信息，让家长和社会各界了解教育工作的进展和成果。同时，积极回应社会关切，解答家长和学生的疑问，增强了社会对教育工作的信任和支持。

（3）推进课程教学改革

课程教学改革是提高教育质量的核心，临渭区以教育家精神为引领，积极推进课程教学改革，在课程建设和课堂改革方面取得了显著成效。

在课程建设方面，临渭区将立德树人作为根本任务加以落实，继续构建三级课程体系、创新课程实施途径，突出课程实施效果。临渭区研究制定了相关文件，全面推进课程建设工作。

临渭区注重构建三级课程体系，即国家课程、地方课程和校本课程。在国家课程的实施中，严格按照课程标准和教学要求进行教学，确保学生掌握基础知识和基本技能。同时，积极开发地方课程和校本课程，结合区域特色和学校实际，开设了具有地方特色和学校特色的课程。一些学校开设了民俗文化、科技创新、艺术体育等校本课程，丰富了学生的学习内容，满足了学生的多样化需求。

在课程实施途径上，临渭区积极创新，采用多样化的教学方法和手段。除了传统的课堂教学，还开展了项目式学习、探究式学习、小组合作学习等新型教学方法，让学生在实践中学习，提高学生的学习兴趣和学习效果。一些学校开展了"校园文化探究"项目式学习活动，学生通过实地考察、查阅资料、小组讨论等方式，深入了解校园文化的内涵和价值，提高了学生的综合素养。

在课堂改革方面，临渭区制定了相关文件，深入实践新课程方案有效实施途径。在"品质课堂"建设中，临渭区注重培养学生的核心素养，关注学生的学习过程和学习方法。教师以学生为中心，采用启发式、探究式、讨论式等教学方法，激发学生的学习兴趣和主动性。注重课堂教学的有效性和高效性，通过优化教学设计、提高教学质量，让学生在有限的时间内获得更多的知识和技能。同时，加强对课堂教学的评价和反馈，及时了解学生的学习情况和教师的教学效果，不断改进教学方法和教学策略。

（4）打造专业教育队伍

教育队伍的专业素养直接影响着教育质量，临渭区以教育家精神为引领，高度重视校长和教师队伍的培养，通过一系列举措，打造了一支高素质的专业教育队伍。

自 2020 年起，临渭区为校长制定了"七个一"作业，即制定一个规划、打造一项文化、领导一个课题、引领一组教师、推进一项改革、解决一个难题、发表一篇文章。这一举措旨在全面提升校长的专业素养和管理能力，推动校长精进业务，科学引领学校发展。

制定一个规划，要求校长根据学校的实际情况和发展目标，制定学校的长期、中期和短期发展规划，明确学校的发展方向和重点任务。打造一项文化，鼓励校长挖掘学校的历史文化底蕴，结合时代要求，打造具有学校特色的校园文化，营造良好的育人氛围。领导一个课题，促使校长积极参与教育科研，探索教育教学规律，解决教育教学中的实际问题，提高学校的教育教学质量。引领一组教师，要求校长发挥引领作用，带领一组教师开展教学研究和教学改革，促进教师的专业成长。推进一项改革，鼓励校长勇于创新，积极推进学校的教育教学改革，探索新的教育教学模式和方法。解决一个难题，要求校长关注学校发展中的难点问题，积极寻找解决问题的方法和途径，推动学校的发展。发表一篇文章，促使校长总结教育教学经验和管理经验，将实践经验上升为理论成果，与同行分享交流。

临渭区还对校长作业完成情况进行中期督导和学年评价，用鲜明的导向、细致的评比和及时的反馈，有力推动了全区校长精进业务，科学引领学校发展。通过中期督导，及时发现校长在完成作业过程中存在的问题和不足，给予指导和帮助；通过学年评价，对校长的工作成果进行全面评估，表彰优秀校长，激励其他校长不断提高自身素质和管理水平。

在教师队伍培养方面，临渭区加强教师培训，提升教师的专业素养和教学能力。开展多种形式的教师培训活动，如专题讲座、教学研讨、观摩学习等，邀请教育专家和优秀教师进行授课和指导。依托"国家中小学智慧教育平台"和"陕西教育扶智平台"，为教师提供丰富的学习资源，促进教师的自主学习和专业成长。同时，加强对教师的考核评价，建立健全教师评价机制，激励教师不断提高教学质量。

（5）优化管理体制机制

优化管理体制机制是提升教育管理效能的关键，临渭区以教育家精神为引领，持续注重优化举措，从区级和校级两个层面入手，提升管理效能，全面掌控学校教育工作的过程、全貌和成效。

在区级层面，临渭区从抓重点、促改革、啃硬骨、亮特色四个维度加强工作的过程管理和评价。抓重点，即明确教育工作的重点任务和关键环节，集中精力解决教育发展中的重点问题。在推进教育信息化建设过程中，重点加强教育新型基础设施建设，优化升级新型基础设施，为教育数字化转型提供有力支撑。促改革，积极推进教育领域的各项改革，如课程教学改革、教育评价改革等，激发教育发展的活力。啃硬骨，勇于攻克教育发展中的难点问题，如解决教育资源不均衡问题、提升薄弱学校办学水平等。亮特色，鼓励学校挖掘自身优势，打造具有特色的教育品牌，提升学校的竞争力。

为了确保各项工作的顺利推进，临渭区坚持落实周报告、月调度、季度点评、半年汇报交流、年度考核评价。周报告要求各学校每周上报工作进展情况，及时掌握学校工作动态；月调度则每月对工作进行调度，协调解决工作中存在的问题；季度点评是每季度对学校工作进行点评，总结经验，指出不足；半年汇报交流要求学校半年进行一次全面汇报交流，分享工作成果和经验；年度考核评价则是对学校全年工作进行综合考核评价，表彰先进，激励后进。

在校级层面，每学期的校长全员述职和书记述职是重要的管理举措。校长和书记在述职中汇报学校管理、党建工作、教育教学等方面的工作情况，接受全体教职工的监督和评价。同时，加强对学校的日常督查和综合评价，通过不定期的实地检查、听课评课、问卷调查等方式，全面了解学校的教育教学情况。综合评价则从学校的办学理念、师资队伍、教学质量、学生发展等方面进行，为学校的发展提供全面的反馈和指导。

通过这些优化管理体制机制的举措，临渭区全面掌握了学校教育工作的过程、全貌和成效，为校长的交流轮岗、人员调配、学校发展提供了依据。以强有力的行政调动推进重点工作常态开展，确保事事有回音，件件有着落，有效提升了教育管理效能，促进了区域教育的高质量发展。

（6）凝聚教育发展合力

教育事业的发展离不开各方的支持与协作，临渭区以教育家精神为引领，积极争取多方支持，凝聚教育发展合力，共同推进教育改革与发展。

临渭区积极争取党委、政府的支持，将教育事业纳入区域发展的整体规划，加大对教育的投入。党委、政府在教育政策制定、资源配置、资金投入等方面给予了大力支持，为教育事业的发展提供了坚实的保障。在教育基础设施建设方面，党委、政府加大资金投入，新建和改建了一批学校，改善了学校的办学条件。在师资队伍建设方面，党委、政府出台相关政策，吸引优秀人才投身教育事业，提高教师的待遇和社会地位。

争取相关部门的支持是临渭区凝聚教育发展合力的重要举措。教育部门与其他相关部门密切配合，共同推进教育工作。教育部门与财政部门协作，确保教育经费的足额投入和合理使用；教育部门与公安部门合作，加强校园周边环境治理，保障师生的安全；教育部门与文化部门合作，开展丰富多彩的文化活动，丰富学生的课余生活。教育部门通过与各部门的协同合作，形成了教育发展的强大合力。

学生家长和社会各界的支持对于教育事业的发展至关重要。临渭区通过多种方式加强与学生家长和社会各界的沟通与合作，赢得学生家长和社会各界对教育工作的认可和支持。定期召开家长会，向家长宣传教育政策和学校工作情况，听取家长的意见和建议；开展家长志愿者活动，邀请家长参与学校的管理和教育教学活动，增强家长对学校工作的了解和信任；加强与社会各界的联系，积极争取社会捐赠和支持，改善学校的办学条件。通过这些举措，形成了家校社协同育人的良好局面。

临渭区还积极争取上级项目支持，目前已拥有多个改革实验类项目。这些项目为临渭区的教育改革与发展提供了难得的机遇，临渭区充分利用这些项目，积极探索创新，推动区域教育的高质量发展。在全国义务教育教学改革实验区项目中，临渭区积极推进课程教学改革，探索新的教学模式和方法，提高义务教育质量；在智慧教育示范区项目中，加大对教育信息化的投入，推进人工智能技术在教育教学中的应用，提升教育教学的效率和质量。

11.3　在区域发展中践行教育家精神面临的挑战及应对策略

11.3.1　面临的挑战

在区域发展过程中，践行教育家精神面临诸多挑战。这些挑战不仅制约了教育事业的发展，还影响了教育家精神在区域发展中的有效践行。

区域间教育资源分配不均是一个突出问题。由于地理位置、经济发展水平等因素的影响，不同区域在教育资源的获取和配置上存在较大差距。经济发达地区往往能够投入更多的资金用于教育，拥有先进的教学设施、优质的师资队伍和丰富的教育资源，而经济欠发达地区则面临教育经费短缺、教学设施简陋、师资力量薄弱等问题。在一些偏远山区，学校可能缺乏基本的教学设备，如多媒体教室、实验室等，教师的待遇较低，优秀教师流失严重，导致教育质量难以提升。这种教育资源分配不均的现象，使不同区域的学生在接受教育的机会和质量上存在差异，不利于教育公平的实现，也限制了教育家精神在教育资源薄弱地区的有效传播和践行。

教育评价体系单一是践行教育家精神的一大障碍。当前，教育评价体系在很大程度上仍然以考试成绩为主要评价标准，过于注重学生的学业成绩，忽视了学生的综合素质和个性发展。这种单一的评价体系导致学校和教师在教学过程中过于追求分数，而忽视了对学生在创新能力、实践能力、社会责任感等方面的培养。在一些学校，教师为了提高学生的考试成绩，采用题海战术，过度强调知识的记忆和应试技巧的训练，而忽略了学生的兴趣爱好和特长培养。这种评价体系与教育家精神所倡导的全面发展、因材施教的理念背道而驰，不利于激发学生的学习兴趣和潜能，也限制了教育工作者在教学中践行教育家精神的积极性和创造性。

教师激励机制不完善影响了教育家精神的践行。教师作为教育事业的核心力量，其积极性和创造性的发挥对于教育质量的提升至关重要。然而，目前一些地区的教师激励机制存在不足，激励方式单一，主要以物质激励为主，缺乏对教师职业发展、精神需求等方面的关注。在一些学校，教师的绩效工资主要与学生的考试成绩挂钩，这种激励方式容易导致教师过于关注学生的成绩，而忽视了自身的专业发展和教育教学方法的创新。此外，教师的职业发展空间有限，晋升渠道不够畅通，影响了教师的工作积极性和职业认同感。这些问题使教师在践行教育家精神时缺乏动力和支持，难以全身心地投入教育事业。

11.3.2　应对策略

面对区域发展中践行教育家精神所面临的挑战，需要采取一系列切实可行的应对策略，以促进教育资源的均衡配置，完善教育评价体系，健全教师激励机制，为教育家精神的践行创造良好的环境。

为了优化教育资源配置，实现教育公平，政府应加大对教育资源薄弱地区的投入。在财政资金方面，应设立专项教育资金，重点支持经济欠发达地区和农村地区的教育发展。增加对这些地区学校的基础设施建设投入，改善学校的教学条件，建设现代化的教学楼、实验室、图书馆等教学设施，为学生提供良好的学习环境。提高这些地区教师的待遇，吸引优秀教师到教育资源薄弱地区任教。通过提高教师的工资水平、提供住房补贴、职称评定倾斜等政策，增强教师岗位的吸引力。同时，加强对这些地区教师的培训和专业发展支持，定期组织教师参加培训和学术交流活动，提升教师的教学水平和专业素养。

建立教育资源共享平台是促进教育资源均衡配置的重要举措。利用现代信息技术，整合优质教育资源，实现资源的共享和流通。将优质的课程资源、教学课件、教学案例等上传到平台，供教育资源薄弱地区的教师和学生免费使用。利用远程教学、在线直播等方式，让优质教育资源覆盖到更广泛的地区，使更多的学生能够享受到优质教育。可以邀请教育专家和优秀教师在平台上开设讲座和推出公开课，为教师提供学习和交流的机会，促进教师的专业成长。

在完善教育评价体系方面，应建立多元化评价标准。改变单一以考试成绩为主要评价标准的现状，构建多元化的评价指标体系。除了学业成绩，还将学生的品德修养、社会实践能力、创新能力、艺术素养、身心健康等方面纳入评价范围。制定具体的评价指标和权重，全面、客观地评价学生的综合素质。在评价学生的品德修养时，可以从学生的日常行为规范、道德品质、社会责任感等方面进行评价；在评价学生的创新能力时，可以从学生参与科技创新活动等方面进行评价。通过多元化的评价标准，引导学校和教师关注学生的全面发展，培养学生的综合素质。

引入过程性评价是完善教育评价体系的重要内容。注重对学生学习过程的评价，关注学生的学习态度、学习方法、学习进步等方面。教师可以通过学生课堂表现、作业完成情况、小组合作、项目实践等，对学生的学习过程进行全面评价。在课堂上，观察学生的听课状态、发言情况等；在作业评价中，不仅关注学生作业的正确性，还要关注学生的解题思路、创新思维等。通过过程性评价，及时发现学生在学习过程中存在的问题和不足，给予学生针对性的指导和反馈，促进学生的学习和成长。同时，过程性评价能够激发学生的学习积极性和主动性，培养学生的自主学习能力和创新精神。

在健全教师激励机制方面，要建立多元化激励方式。除了物质激励，还注重精神激励和职业发展激励。在精神激励方面，对表现优秀的教师进行表彰和奖励，授予荣誉称号，如"优秀教师""师德标兵"等，通过宣传优秀教师的先进事迹，增强教师的职业荣誉感和成就感。在职业发展激励方面，为教师提供更多的培训和进修机会，帮助教师提升专业素养和教学能力。鼓励教师参与教育科研项目，支持教师开展教学改革和创新实践，为教师的职业发展提供广阔的空间。建立教师职业发展规划指导机制，根据教师的个人特点和职业需求，为教师制定个性化的职业发展规划，引导教师明确职业发展目标，激发教师的工作积极性和创造力。

完善教师职业发展体系也是健全教师激励机制的重要方面。建立科学合理的教师职称评定制度，打破以论文和科研成果为主要评定标准的局面，将教学质量、师德师风、教育教学成果等纳入职称评定的重要指标。注重教师的教学实践能力和教育教学成果，鼓励教师在教学一线积极探索和创新。拓宽教师的晋升渠道，除了行政职务晋升，建立教师专业技术岗位晋升通道，为教师提供更多的晋升机会。设立不同层次的教师专业技术岗位，如骨干教师、学科带头人、特级教师等，根据教师的专业水平和教学业绩，选拔优秀教师担任相应的岗位，提高教师的职业地位和待遇。同时，加强对教师的考核评价，建立健全教师考核评价机制，定期对教师的工作表现进行考核评价，将考核结果与教师的职称评定、晋升、奖励等挂钩，激励教师不断提高工作质量和水平。

11.4 政策建议

教育家精神在区域发展中将发挥更加重要的作用，为实现教育强国和区域的可持续发展注入强大动力。在新时代背景下，我们应进一步深化对教育家精神的认识和理解，不断探索其在区域发展中的实践路径，以应对新的挑战和机遇。

11.4.1 教育资源配置方面

在教育资源配置方面，应持续加大对教育资源薄弱地区的支持力度，通过政策倾斜、资金投入等方式，缩小区域间教育资源差距。建立更加完善的教育资源共享机制，利用现代信息技术，打破地域限制，实现优质教育资源的广泛传播和共享。推动教育信息化建设，加强在线教育平台的建设和应用，让更多的学生能够享受到优质的教育课程和教学服务。同时，鼓励发达地区与欠发达地区开展教育合作与交流，通过教师支教、学校结对帮扶等形式，促进教育资源的均衡配置，为教育家精神在不同区域的践行创造良好的条件。

11.4.2 教育评价体系方面

教育评价体系的改革是未来教育发展的重要方向。应建立更加科学、全面、多元化的教育评价体系，不仅关注学生的学业成绩，还要注重学生的综合素质和个性发展。引入过程性评价、发展性评价等方式，全面、客观地评价学生的学习过程和成长进步。加强在创新能力、实践能力、社会责任感等方面对学生进行评价，引导学校和教师树立正确的教育质量观，促进学生的全面发展。同时，完善教师评价体系，将师德师风、教育教学成果、学生发展等纳入教师评价的重要指标，激励教师积极践行教育家精神，提高教育教学质量。

11.4.3 教师队伍建设方面

教师队伍建设是践行教育家精神的关键。应加强教师培训和专业发展支持，为教师提供更多的学习和交流机会，提升教师的教育教学水平和专业素养。建立健全教师激励机制，不仅要注重物质激励，还要关注教师的精神需求和职业发展。通过表彰优秀教师、设立教育教学奖项等方式，激发教师的工作积极性和创造性。为教师提供广阔的职业发展空间，鼓励教师开展教育科研和教学改革，培养一批具有教育家精神的优秀教师，为区域教育发展提供坚实的人才支撑。

11.4.4　社会各界协同方面

社会各界应积极参与到弘扬和践行教育家精神的行动中来。政府应加强政策引导和支持，制定相关政策措施，为教育家精神的弘扬和践行提供保障。学校应加强校园文化建设，营造浓厚的教育家精神氛围，让学生在潜移默化中受到教育家精神的熏陶。学生家长应树立正确的教育观念，积极配合学校教育，共同促进学生的成长和发展。媒体应加大对教育家精神的宣传力度，通过报道优秀教师的事迹、宣传教育家精神的内涵和价值等方式，引导社会形成尊师重教的良好风尚，为教育家精神的弘扬和践行营造良好的社会环境。

教育家精神与区域发展紧密相连，在未来的发展中，我们应充分发挥教育家精神的引领作用，不断探索创新，为实现区域教育的高质量发展，进而推动区域经济社会的全面进步而努力奋斗。通过各方的共同努力，教育家精神在区域发展中绽放出更加绚丽的光彩，为实现中华民族伟大复兴的中国梦做出更大的贡献。

第十二章　教育家精神的文化影响

12.1　教育家精神对传统文化的传承与弘扬

12.1.1　对中华传统师道文化的传承

教育家精神深深扎根于中华传统师道文化的肥沃土壤之中，充分汲取了丰富的营养，将尊师重道的优良传统及因材施教、教学相长等卓越的教育方法予以传承和发扬，成为中华优秀传统文化传承与发展的重要桥梁。

尊师重道作为中华传统师道文化的核心价值观念，贯穿于我国教育发展的漫长历史进程。《礼记·学记》中明确指出："凡学之道，严师为难。师严然后道尊，道尊然后民知敬学。"这深刻阐述了尊师重道对于教育的重要意义。在我国古代，教师被赋予了极高的地位，被视为"道"的传承者和传播者。孔子一生致力于教育事业，他以"学而不厌，诲人不倦"的精神，培养了众多优秀的学生，成为后世尊师重道的典范。他不仅传授知识，还注重培养学生的品德和人格，其教育理念和方法对后世产生了深远的影响。

孔子的教育实践充分体现了他对教育事业的执着与热爱。他广收门徒，对学生一视同仁，不因其出身高低、家境贫富而有所区别。在教学过程中，他始终保持着高度的热情和耐心，不厌其烦地解答学生的问题，引导学生思考和探索。他的这种精神激励着后世的教育工作者，使他们深刻认识到教育事业的神圣性和重要性，从而更加坚定地投身于教育事业。

在现代社会，尊师重道的传统美德依然熠熠生辉。许多优秀的教师以孔子为榜样，默默耕耘在教育一线，为学生的成长和发展付出了辛勤的努力。他们不仅传授知识，还注重培养学生的品德和价值观，成为学生成长道路上的引路人。他们以自己的言行诠释着尊师重道的内涵，让这一传统在新时代焕发出新的活力。

因材施教、教学相长的教育方法是中华传统师道文化的瑰宝。孔子非常重视因材施教，善于观察和了解学生的个性特点、兴趣爱好和学习能力，根据学生的不同情况进行有针对性的教育。他认为："君子不器。"每个人都有自己独特的才能和潜力，教育的目的就是要发掘和培养这些才能和潜力，使学生能够充分发挥自己的优势，实现个人的价值。

在教学过程中，孔子注重启发式教学，引导学生积极思考，培养学生的独立思考能力和创新精神。他常常通过提问、讨论等方式，激发学生的学习兴趣和主动性，让学生在思考和探索中获得知识和智慧。他注重培养学生的品德和修养，认为"德之不修，学之不讲，闻义不能徙，不善不能改，是吾忧也"。他通过言传身教，引导学生树立正确的价值观和道德观，培养学生的社会责任感和使命感。

教学相长的理念强调师生之间的相互学习和共同成长。《礼记·学记》中说："是故学然后知不足，教然后知困。知不足，然后能自反也；知困，然后能自强也。故曰：教学相长也。"教师在教学过程中，通过与学生的互动和交流，能够不断发现自己的不足之处，从而促使自己不断学习和进步；学生在学习过程中，能够从教师的教导中获得启发和帮助，实现自身的成长和发展。

在现代教育中，因材施教、教学相长的教育方法得到了广泛的应用和发展。教师根据学生的个体差异，制订个性化的教学计划和教学方法，满足学生的不同学习需求。在课堂教学中，教师注重引导学生积极参与，鼓励学生发表自己的见解和想法，培养学生的合作学习能力和创新思维能力。教师也注重自身的专业发展，不断学习和更新教育理念和教学方法，提高自己的教学水平，与学生共同成长和进步。

教育家精神对中华传统师道文化的传承，不仅丰富了教育家精神的内涵，还为现代教育的发展提供了深厚的文化底蕴和坚实的理论支撑。在新时代，我们应当继续弘扬尊师重道的传统，传承和发展因材施教、教学相长的教育方法，为培养德智体美劳全面发展的社会主义建设者和接班人贡献力量。

12.1.2　对中华优秀传统文化价值观的弘扬

教育家精神在中华优秀传统文化价值观的弘扬中发挥着不可替代的重要作用。它犹如一盏明灯，照亮了传统文化传承与发展的道路，使"修身齐家治国平天下"的家国情怀及"仁义礼智信"等道德观念在教育实践中得以传承和弘扬，对学生的价值观塑造产生了深远的影响。

"修身齐家治国平天下"的家国情怀是中华优秀传统文化的核心价值观之

一，它体现了个人对家庭、国家和社会的高度责任感和使命感。在我国教育史上，许多教育家以国家使命为己任，将这一家国情怀融入教育实践，为学生树立了光辉的榜样。

孔子一生致力于推行自己的政治主张和教育理念，虽历经挫折，但始终坚守对国家和社会的责任。他主张"学而优则仕"，鼓励学生通过学习提升自己的修养和能力，进而为国家和社会做出贡献。他的弟子们深受其影响，许多人都积极投身于社会，践行着"治国、平天下"的理想。例如，子路在卫国为官期间，积极推行孔子的政治主张，致力于改善民生、维护社会秩序；子贡则凭借自己的外交才能，在各国之间纵横捭阖，为国家的利益奔走呼号。

在近现代，陶行知先生同样以强烈的家国情怀投身于教育事业。他目睹了当时社会的贫困和落后，深知教育对于国家和民族的重要性。于是，他提出了"生活即教育""社会即学校""教学做合一"的教育理念，致力于培养具有实践能力和社会责任感的人才，以推动社会的进步和发展。他创办了晓庄试验乡村师范，开展乡村教育实验，为广大农村地区培养了大批教师，为我国的教育事业做出了巨大贡献。陶行知先生的教育实践，充分体现了他"修身齐家治国平天下"的家国情怀，激励着无数教育工作者为国家和民族的发展而努力奋斗。

在当代，于漪老师以自己的教育实践诠释了"修身齐家治国平天下"的家国情怀。她将教育与国家的发展紧密相连，认为教育是培养人才、推动国家进步的重要途径。她在教学中不仅注重传授知识，还注重培养学生的品德和社会责任感。她鼓励学生关心国家大事，树立远大的理想和抱负，为实现中华民族伟大复兴的中国梦贡献自己的力量。于漪老师的教育理念和实践，影响了一代又一代的学生，使他们在成长过程中树立了正确的价值观和家国情怀。

"仁义礼智信"作为中华民族传统美德的重要内容，是教育家精神的重要价值追求。教育家通过自身的言行举止，将这些道德观念传递给学生，引导学生树立正确的道德观念和行为准则。

孔子以"仁"为核心，将"仁"贯穿于教育的始终。他认为"仁"是一种高尚的道德品质，是人与人之间和谐相处的基础。在教育实践中，孔子注重培养学生的仁爱之心，教导学生要关爱他人、尊重他人、帮助他人。孔子认为，"己所不欲，勿施于人"。这句话成为儒家道德观念的经典表述，强调了在人际交往中要设身处地为他人着想，体现了仁爱之心的重要性。孔子通过讲述历史故事、分析现实案例等方式，引导学生理解"仁"的内涵，培养学生的道德判断能力和行为选择能力。在孔子的教育下，他的学生深受"仁"的熏陶，许多人都成为具有高尚道德品质的人。

在现代教育中，许多教师也注重践行"仁义礼智信"的道德观念，以自身的言行影响学生的品德。一位教师在教学中，始终坚持诚实守信，答应学生的事情一定会做到。他在批改作业时，认真负责，不敷衍了事；在与学生交流时，真诚待人，尊重学生的意见和想法。他的这种诚实守信的品质，深深地感染了学生，使学生在潜移默化中养成了诚实守信的好习惯。教师还注重培养学生的仁爱之心，关心关爱每一位学生，尤其是那些学习困难或家庭贫困的学生。他会主动与这些学生交流，了解他们的需求和困难，并给予他们帮助和支持。在他的关爱下，这些学生感受到了温暖和关爱，逐渐树立了自信，努力学习，积极向上。

教育家精神通过弘扬"修身齐家治国平天下"的家国情怀和践行"仁义礼智信"等道德观念，将中华优秀传统文化价值观融入教育实践，对学生的价值观塑造产生了深远的影响。它培养了学生的社会责任感、道德品质和爱国情怀，使学生在成长过程中树立了正确的价值观和人生目标，为传承和弘扬中华优秀传统文化，推动社会的进步和发展做出了重要贡献。

12.1.3　典型案例分析

孔子的杏坛讲学在我国教育史上有着重要的地位，对传承和弘扬周礼文化发挥了不可磨灭的作用。在那个礼崩乐坏的时代，周王朝日渐衰微，其倡导的典章制度和道德规范逐渐松弛荒废，诸侯贵族纷纷僭越礼制，社会秩序陷入混乱。孔子深感忧虑，他决心通过教育来传承和弘扬周礼文化，重塑社会秩序。

孔子在杏坛开办私学，广收门徒，打破了当时"礼不下庶人"的传统，使平民子弟也有机会接受教育。他提出"有教无类"的教育理念，不论学生的出身贵贱，都一视同仁地给予教育机会。在他的弟子中，既有贵族子弟，也有平民百姓，如颜回、子路等来自不同的阶层，但都在孔子的教导下得到了成长和发展。

孔子以周礼为核心，为门徒开设了礼、乐、射、御、书、数六艺课程。

礼,即礼仪规范,教导学生如何在社会交往中遵循礼仪,体现出对他人的尊重和对社会秩序的维护;乐,通过音乐和舞蹈的学习,培养学生的审美情趣和道德情感,使他们在艺术的熏陶中净化心灵;射和御,注重培养学生的身体素质和军事技能,使其具备保卫国家和个人的能力;书和数,则是培养学生的文化素养和基本的计算能力。在教授礼仪课程时,孔子不仅传授礼仪的形式和规范,还注重讲解礼仪背后的文化内涵和道德意义,让学生明白礼仪是社会和谐的基石。

在教学过程中,孔子采用了灵活多样的教学方法,注重启发式教学和师生互动。他常常通过提问、讨论等方式,引导学生积极思考,培养学生的独立思考能力和创新精神。他与学生一起探讨周礼的内涵和应用,鼓励学生发表自己的见解和看法。在讨论中,孔子会根据学生的回答,给予有针对性的指导和启发,使学生在思考和交流中不断深化对周礼文化的理解。孔子还注重以身作则,他自己严格遵守周礼,以自己的言行举止为学生树立了榜样。

孔子杏坛讲学培养了众多优秀的人才,这些人才在各自的领域中发挥了重要作用,成为传承和弘扬周礼文化的重要力量。他们将孔子的思想和教诲传播到各地,对当时的社会文化产生了深远的影响。许多弟子在学成之后,积极投身于社会事务,将周礼文化应用于政治、经济、文化等各个方面,为社会的稳定和发展做出了贡献。

当代教育家于漪同样在传承和弘扬中华优秀传统文化价值观方面做出了卓越贡献。她始终坚守教育初心,将教育视为塑造灵魂、培育人才的神圣事业。于漪老师认为,教育不仅是知识的传授,还是价值观的传递和人格的塑造。在她的教育理念中,中华优秀传统文化价值观是培养学生品德和修养的重要源泉。

在语文教学中,于漪老师巧妙地将中华优秀传统文化融入其中。她深入挖掘教材中的文化内涵,通过生动的讲解和引导,让学生领略到传统文化的魅力。在教授古诗词时,她不仅让学生理解诗词的字面意思,还注重引导学生体会诗词中蕴含的情感、意境和文化价值。她会介绍诗词的创作背景、诗人的生平经历,让学生了解传统文化的历史渊源和人文精神。在教授《论语》时,她会引导学生思考其中的道德观念和人生智慧,如"学而不思则罔,思而不学则殆""己所不欲,勿施于人"等,让学生明白这些句子的含义对个人成长和社会发展的重要意义。

于漪老师还注重培养学生的家国情怀和社会责任感。她通过组织各种活动，引导学生关注国家大事，关心社会热点问题，培养学生的爱国情感和担当精神。她会组织学生开展主题班会，讨论国家的发展成就、面临的挑战及青少年的责任和使命；她还会鼓励学生参与社会实践活动，如志愿者服务、社区调研等，让学生在实践中增强社会责任感，培养奉献精神。

于漪老师的教育实践影响了一代又一代的学生，使他们在成长过程中深受中华优秀传统文化价值观的熏陶。她的学生在各自的领域中，秉持爱国、敬业、诚信、友善等价值观，为社会的发展做出了贡献。许多学生在毕业后，积极投身于国家建设，有的成了科学家，为国家的科技进步贡献力量；有的成了医生，救死扶伤，守护人民的健康；有的成了教师，传承着于漪老师的教育理念和精神，培养更多的人才。

孔子杏坛讲学和于漪老师的教育实践，分别从古代和当代两个不同的历史时期，生动地展现了教育家精神对中华优秀传统文化传承与弘扬的重要作用。他们的事迹激励着更多的教育工作者，在教育实践中传承和弘扬中华优秀传统文化，培养具有高尚品德和文化素养的新时代人才。

12.2　教育家精神对现代文化的塑造与影响

12.2.1　推动教育文化的创新发展

教育家精神在教育文化的创新发展中发挥着关键的引领作用，促使教育理念从传统的知识传授向培养学生的创新能力、实践能力和综合素质全面转变，推动教育方法不断创新，如积极采用项目式学习、小组合作学习等多样化的教学方法，以适应时代发展的需求。

在教育理念的创新方面，教育家精神倡导以学生为中心，注重学生的个性发展和全面成长。传统的教育理念往往侧重于知识的灌输，忽视了学生的兴趣和特长，以及学生的创新思维和实践能力的培养；而教育家精神强调培养学生的创新能力，鼓励学生敢于质疑、勇于探索，培养学生的批判性思维和解决问题的能力。教育理念的转变，会使教育界更加关注学生的未来发展，注重培养学生适应社会和应对挑战的能力。

许多教育家提出了培养学生创新能力的教育理念和方法。如魏书生老师在教学中注重培养学生的自主学习能力和创新思维。他通过引导学生制订学习计划、自主管理学习过程等方式，激发学生的学习兴趣和主动性，培养学生的创新能力。他认为，学生是学习的主人，教师应该引导学生积极参与学习，让学生在学习中发现问题、解决问题，从而培养学生的创新思维和实践能力。又如李希贵老师提出了"让学生站在学校的正中央"的教育理念，强调以学生为中心，关注学生的需求和发展。他通过推行选课走班、学生自主管理等改革措施，为学生提供了更加个性化的教育服务，促进了学生的全面发展。

在教育方法的创新上，教育家精神推动了项目式学习、小组合作学习等教学方法的广泛应用。项目式学习以学生为主体，通过让学生参与实际项目的研究和实践，培养学生的综合能力。在项目式学习中，学生需要运用多学科知识，解决实际问题，这不仅能够提高学生的学习兴趣和积极性，还能够培养学生的团队合作能力、沟通能力和创新能力。例如，在一个关于环境保护的项目式学习中，学生需要通过实地调研、数据分析、方案设计等环节，提出解决环境问题的方案。在这个过程中，学生需要运用数学、科学、地理等多学科知识，同时还需要与团队成员合作，共同完成项目任务。通过这样的学习方式，学生的综合能力得到了有效提升。

小组合作学习则强调学生之间的合作与交流，通过小组讨论、合作探究等方式，培养学生的合作精神和团队意识。在小组合作学习中，学生可以相互学习、相互启发，共同解决问题。教师可以根据学生的特点和学习任务，将学生分成不同的小组，让学生在小组中发挥自己的优势，共同完成学习任务。在语文教学中，教师可以组织学生进行小组合作学习，让学生分组讨论课文的主题、人物形象等问题，然后每个小组派代表进行发言。通过这样的学习方式，学生不仅能够加深对课文的理解，还能够提高自己的合作能力和表达能力。

教育家精神推动了教育技术的创新应用。随着信息技术的飞速发展，教育技术在教育教学中的应用越来越广泛。教育家积极探索信息技术与教育教学的深度融合，利用多媒体、互联网、人工智能等技术手段，丰富教学内容和教学形式，提高教学效果。例如，一些学校利用在线教学平台，开展远程教学，打破了时间和空间的限制，让学生能够随时随地获取优质的教育资源；一些教师利用多媒体课件、教学视频等资源，丰富教学内容，提高教学的趣味性和吸引力；一些学校还利用人工智能技术，实现个性化学习和智能评价，为学生提供更加精准的教育服务。

教育家精神通过推动教育理念和教育方法的创新，为教育文化的创新发展注入了强大的动力。它促使教育更加关注学生的全面发展和未来需求，培养出更多具有创新精神、实践能力和社会责任感的高素质人才，为社会的发展和进步提供了有力的支持。

12.2.2 促进社会文化的进步与繁荣

教育家精神在促进社会文化的进步与繁荣方面发挥着不可或缺的重要作用。通过培养具有创新精神和社会责任感的人才，教育家精神为社会文化的发展注入了新的活力和动力。这些人才在各自的领域中积极创新，推动了文化的传承与创新，为社会文化的繁荣做出了重要贡献。

在科技创新领域，许多具有创新精神的人才在教育家精神的熏陶下，不断探索和研究，取得了一系列重要的科研成果。他们的创新成果不仅推动了科技的进步，还为社会文化的发展带来了新的机遇和挑战。袁隆平致力于杂交水稻的研究，他以坚韧不拔的毅力和勇于创新的精神，成功培育出高产的杂交水稻品种，解决了数亿人的温饱问题。他的科研成果不仅对农业生产产生了深远影响，还体现了科技创新在社会发展中的重要作用，为社会文化的进步提供了有力的支撑。屠呦呦在青蒿素的研究过程中，不畏艰难，经过大量的实验和研究，最终发现了青蒿素，为全球疟疾防治做出了巨大贡献。她的创新精神和科研成果，不仅推动了医学的发展，还彰显了科学家的社会责任感和担当精神，为社会文化的繁荣增添了光彩。

在文化艺术领域，众多具有社会责任感的文化人才在教育家精神的激励下，创作出许多优秀的作品，丰富了人们的精神世界，推动了社会文化的繁荣。莫言以其独特的文学风格和深刻的社会洞察力，创作了一系列具有国际影响力的文学作品。他的作品不仅展现了中国传统文化的魅力，还反映了当代社会的现实问题，对中国文化的传播和世界文化的交流起到了积极的推动作用。莫言获得诺贝尔文学奖，不仅是对他个人文学成就的肯定，还提升了中国文学在世界文坛的地位，为中国文化的繁荣做出了重要贡献。舞蹈诗剧《只此青绿》的创作团队，以对传统文化的热爱和传承的责任感，将北宋名画《千里江山图》搬上舞台。通过创新的舞蹈编排和舞台设计，生动地展现了中国传统文化的魅力，引发了观众对传统文化的关注和热爱。这部作品的成功，不仅丰富了人们的文化生活，还为传统文化的传承和创新提供了新的思路和方法，促进了社会文化的繁荣发展。

教育家精神还通过营造尊师重教的社会氛围，提升了社会的文化素养。在一个尊师重教的社会中，人们更加重视知识的学习和传承，尊重教师的劳动和付出。这种氛围激励着更多的人投身于教育事业，培养出更多优秀的人才，进而推动社会文化的进步。

尊师重教的社会氛围能够激发人们对知识的渴望和追求。当社会尊重教师时，人们会更加意识到教育的重要性，从而积极主动地学习知识，提升自己的文化素养。在古代，尊师重教的传统深入人心，学生对教师恭敬有加，这种氛围使人们普遍重视学习，追求知识的积累和提升。许多学子为了求学，不惜长途跋涉，拜名师为师，努力学习儒家经典和各种文化知识。这种对知识的热爱和追求，促进了文化的传承和发展，培养了一大批具有深厚文化底蕴的人才。在现代社会，尊师重教的氛围依然浓厚。每年的教师节，社会各界都会举行各种庆祝活动，表达对教师的敬意和感谢。这些活动不仅让教师感受到来自社会的尊重和认可，还激发了学生对学习的热情和积极性。在学校里，学生尊重教师的教导，认真学习科学文化知识，努力提升自己的综合素质。这种积极向上的学习氛围，有助于培养学生的创新精神和实践能力，为社会文化的发展提供了源源不断的人才支持。

尊师重教的社会氛围有助于传承和弘扬优秀的文化传统。教师作为文化的传承者和传播者，在教学过程中，不仅传授知识，还将优秀的文化传统和价值观传递给学生。当社会尊重教师时，教师的教育工作能够得到更好的支持和配合，从而更有效地传承和弘扬优秀的文化传统。在一些重视教育的地区，学校会邀请当地的文化名人或民间艺人走进校园，为学生传授传统文化知识和技艺。教师积极组织学生参与各种文化活动，如传统文化讲座、书法绘画比赛、民俗文化展览等，让学生在实践中感受传统文化的魅力，增强对传统文化的认同感和自豪感。通过这些活动，优秀的文化传统得以传承和弘扬，学生的文化素养也得到了提升。

教育家精神通过培养具有创新精神和社会责任感的人才，以及营造尊师重教的社会氛围，为社会文化的进步与繁荣做出了重要贡献。在新时代，我们应继续弘扬教育家精神，培养更多优秀人才，营造更加良好的社会文化氛围，推动社会文化不断向前发展。

12.2.3　对校园文化建设的引领作用

教育家精神在校园文化建设中发挥着极为关键的引领作用，如同灯塔照亮校园文化发展的方向，对塑造积极向上的校园文化氛围、促进校园文化的多元化发展具有不可估量的价值。

校训作为学校精神文化的核心体现，常常蕴含着深刻的教育家精神内涵。清华大学校训"自强不息，厚德载物"便是典型代表。1914 年冬，梁启超在清华大学作题为"君子"的演讲，以《周易》的"天行健，君子以自强不息"（乾卦）、"地势坤，君子以厚德载物"（坤卦）激励学子。这一校训激励着清华学子奋发图强、勇往直前、争创一流，同时培养清华学子团结协作、严于律己、无私奉献的精神。在这种精神的引领下，清华学子在学术研究、科技创新等领域不断进取，取得了卓越成就。许多清华学子在科研领域深入探索，攻克了众多技术难题，为国家的科技进步贡献了力量；在社会服务领域，他们积极参与公益活动，关心社会弱势群体，展现出强烈的社会责任感。

校歌同样承载着教育家精神，成为凝聚师生情感、传承校园文化的重要载体。如南开大学的校歌，其歌词蕴含着南开精神和教育家的教育理念。"渤海之滨，白河之津，巍巍我南开精神。汲汲骎骎，月异日新，发煌我前途无垠。美哉大仁，智勇真纯，以铸以陶，文质彬彬。"校歌中体现出的对知识的追求、对品德的培养及对国家和社会的责任感，激励着一代又一代南开师生为实现国家的繁荣富强而努力奋斗。在校园活动中，每当唱起校歌，师生们都能感受到一种强烈的归属感和使命感，这种情感激励着他们在学习和工作中不断追求卓越。

校园活动也是践行教育家精神的重要平台。许多学校开展的"书香校园"活动，鼓励学生多读书、读好书，培养学生的阅读兴趣和阅读习惯，体现了教育家对知识传承和学生全面发展的重视。在"书香校园"活动中，学校组织读书分享会、征文比赛等活动，让学生在阅读中开阔视野，增长知识，提升文化素养。学校还开展了"科技创新大赛"等活动，激发学生的创新思维和实践能力，培养学生的科学精神和创新意识。在科技创新大赛中，学生积极参与，提出各种创新的想法和方案，通过实践将其转化为实际成果，培养了自己的创新能力和解决问题的能力。

教育家精神促进了校园文化的多元化发展。它尊重学生的个性差异，鼓励学生发展自己的兴趣爱好和特长，为学生提供了丰富多彩的发展空间。一些学校开设了多种兴趣社团，如音乐社团、美术社团、体育社团等，满足学生不同的兴趣需求。音乐社团的学生通过学习音乐知识、参加音乐比赛等活动，提升了音乐素养和艺术修养；美术社团的学生则通过绘画、手工制作等活动，发挥自己的创造力和想象力，提高了自己的审美能力；体育社团的学生通过参加各种体育比赛，提高了自己的身体素质，加强了团队协作能力。

在校园文化建设中，一些学校注重挖掘和传承地方文化，将地方文化融入校园文化建设，形成了具有特色的校园文化。某学校位于少数民族聚居地区，学校将少数民族文化引入校园，开设了少数民族舞蹈、音乐、手工艺等课程，让学生了解和传承少数民族文化。通过这些课程的学习，学生不仅了解了少数民族文化的相关知识和技能，还增强了对民族文化的认同感和自豪感。学校还组织学生参加少数民族文化活动，如少数民族传统节日庆典等，让学生在实践中感受少数民族文化的魅力，促进了校园文化的多元化发展。

教育家精神通过塑造积极向上的校园文化氛围和促进校园文化的多元化发展，为学生的成长和发展提供了良好的环境。在未来的校园文化建设中，应进一步弘扬教育家精神，不断丰富校园文化的内涵和形式，培养更多具有创新精神、实践能力和社会责任感的优秀人才。

12.3 教育家精神在国际文化交流中的角色与影响

12.3.1 展示中国教育文化的独特魅力

教育家精神在国际文化交流中扮演着重要的角色，通过参与国际教育交流活动，我国教育家将我国独特的教育理念和方法展示给世界，让世界更好地了解中国教育文化的深厚底蕴和独特魅力。

孔子学院作为中国文化传播的重要窗口，在国际上广泛传播中国文化和教育思想。孔子学院目前在全球范围内迅速发展。孔子学院以汉语教学为基础，通过丰富多彩的文化活动，向世界展示中国的语言、文化、历史和价值观。在孔子学院的课堂上，学生不仅学习汉语，还深入了解中国的传统文化，如书法、绘画、武术、传统音乐等。通过这些课程和活动，外国学生能够亲身体验中国文化的独特魅力，感受中国文化的博大精深。孔子学院还举办各类文化讲座、展览和演出，邀请中国的专家学者和艺术家到国外进行交流和展示，进一步加深了外国学生对中国文化的了解和认识。在一些孔子学院举办的中国传统文化展览中，展示了中国古代的书画、传统手工艺品等，众多外国观众被吸引前来参观，他们对这些展品的精美和独特赞叹不已，表现出对中国传统文化的浓厚兴趣和深深敬佩。

除了设立孔子学院，中国还积极参与国际教育学术会议和交流活动，与世界各国的教育工作者分享中国的教育经验和成果。在这些活动中，中国教育工作者向其他国家介绍中国的教育理念，如"以人为本""因材施教""德育为先"等，展示中国教育在培养学生综合素质、创新能力和社会责任感方面的实践和探索。在国际教育学术会议上，中国教育工作者分享了中国在推进素质教育、开展课程改革、加强教师队伍建设等方面的经验和做法，引起了与会者的广泛关注和讨论。许多外国教育工作者对中国教育的发展成就表示赞赏，并希望能够借鉴中国的经验，推动本国教育的改革和发展。中国还与其他国家开展教育合作项目，共同开展教育研究、教师培训、学生交流等活动，促进了中外教育文化的交流与融合。通过这些合作项目，中国的教育理念和方法得到了更广泛的传播和应用，同时也吸收了其他国家的先进教育经验，推动了中国教育的国际化发展。

我国教育家精神通过国际学生交流项目，让世界各国的学生亲身感受中国教育的魅力。越来越多的外国学生来到中国留学，他们在中国的学校里学习和生活，与中国学生交流互动，深入了解中国的教育体系和文化传统。这些外国学生在中国的学习经历，不仅让他们学到了知识和技能，还让他们对中国的教育文化有了深刻的认识和理解。他们回国后，将自己在中国的所见所闻、所学所感分享给身边的人，进一步传播了中国教育文化的独特魅力。一位来自美国的留学生在中国学习期间，参加了中国学校组织的各种文化活动，如中国传统节日庆祝活动、文化社团活动等，他对中国文化产生了浓厚的兴趣。他表示，在中国的学习经历让他开阔了眼界，了解到一种全新的教育理念和文化传统，他回国后将向更多的人介绍中国的教育和文化。

通过展示中国教育文化的独特魅力，我国教育家精神在国际文化交流中发挥了重要的桥梁和纽带作用，促进了中外教育文化的交流和共同发展。

12.3.2 促进国际教育文化的交流与合作

我国教育家精神积极促进国际教育文化的交流与合作，为全球教育事业的发展贡献了中国智慧和力量。通过参与国际教育学术会议，中国教育家分享自身的教育经验，与许多国家的教育工作者进行深入的交流与探讨，共同推动教育理论与实践的发展。在国际教育学术会议上，中国教育家介绍中国教育在课程改革、教学方法创新、教育评价体系完善等方面的实践经验。在课程改革方面，中国推行的素质教育课程体系，注重培养学生的综合素质和创新能力，强调课程的综合性、实践性和选择性。中国教育家在国际会议上分享了如何通过整合学科知识设计跨学科课程，让学生在解决实际问题的过程中，提高综合运用知识的能力和创新思维。在教学方法创新方面，中国教育家介绍了小组合作学习、探究式学习等方法的应用。这些方法注重激发学生的学习兴趣和主动性，培养学生的合作能力和自主学习能力。在教育评价体系完善方面，中国教育家分享了多元化评价的理念和实践，强调评价不仅要关注学生的学习成绩，还要关注学生的学习过程、学习态度和综合素质的发展。通过分享这些经验，中国教育家为世界各国的教育改革提供了有益的参考，促进了全球教育文化的交流与融合。

开展国际教育合作项目是我国教育家精神在促进国际教育文化交流与合作方面的重要体现。中国与世界各国开展了广泛的教育合作项目，如联合办学、学生交换、教师培训等。这些项目为培养具有国际视野的人才提供了平台，促进了不同国家和地区之间的教育资源共享和优势互补。在联合办学方面，中国与多个国家的高校合作，共同举办了一系列中外合作办学项目。这些项目结合了中外双方的教育优势，引进先进的教育理念、课程体系和教学方法，培养具有国际竞争力的高素质人才。在某中外合作办学项目中，中方高校与国外高校共同制定人才培养方案，采用国际化的课程体系和教学方法，学生在学习过程中不仅能够掌握专业知识，还能逐步拓展国际视野，提高跨文化交流能力。在学生交换项目中，中国的学生有机会到国外的学校学习和生活，亲身体验不同国家的教育文化和生活方式，拓宽自己的视野和思维方式。外国学生来到中国，了解中国的教育文化和社会发展，增进对中国的了解和认识。在教师培训项目中，中国与世界各国的教育机构合作，开展教师培训活动，提高教师的专业素养和国际教育水平。通过这些国际教育合作项目，中国与世界各国的教育联系更加紧密，促进了国际教育文化的交流与合作。

以陶行知教育思想在韩国的传播与应用为例，韩国教育界对陶行知教育思想的关注和研究，体现了我国教育家精神在国际教育文化交流中的影响力。近年来，韩国教育界面临着教育转型和改革的挑战，陶行知的"生活即教育"理念为韩国教育提供了新的思路和方法。韩国学者积极开展陶行知教育思想研究和宣传，通过国际学术会议等形式，与中国的学者和教育工作者进行交流与合作，探讨陶行知教育思想在韩国的适用性和实践方法。《中国近代教育家陶行知》和陶行知的教育小说《古庙敲钟录》在韩国翻译出版，让更多韩国教育工作者和学者了解了陶行知的教育思想。在韩国的教育实践中，陶行知的教育思想得到了一定的应用。韩国推行个性化教育和教育创新政策，其方向与强调个性发展、教育与生活相结合理念的陶行知教育思想相契合。韩国的一些学校在课程设置和教学方法上，借鉴了陶行知的"生活即教育""教学做合一"等理念，开展了项目式教学和实践性课程，培养学生的实际应用能力和创新精神。通过这些实践，陶行知的教育思想在韩国得到了进一步的传播和发展，为韩国的教育改革提供了有益的借鉴。

12.3.3　提升中国教育的国际影响力

我国教育家精神在提升中国教育的国际影响力方面发挥着至关重要的作用，通过培养具有国际竞争力的人才，中国教育在国际舞台上的地位日益提升，为世界教育的发展贡献了独特的中国智慧和中国方案。

在培养具有国际竞争力的人才方面，我国教育家精神注重培养学生的全球视野和跨文化交流能力。许多学校和教育机构积极开展国际交流与合作项目，为学生提供广阔的国际交流平台。在学生交换项目中，学生不仅能够学习到国外先进的知识和技能，还能够了解不同国家的文化习俗、价值观和思维方式，培养跨文化交流能力。一些学校还与国外高校合作开展联合培养项目，学生在国内和国外的高校分别学习一段时间，获得双方高校的学位。这种联合培养项目能够让学生充分融合中外教育的优势，提高自身的综合素质和国际竞争力。

在国际教育领域，中国教育的话语权不断提升。中国积极参与国际教育规则的制定，分享中国教育的经验和成果，为全球教育治理贡献中国智慧。在国际教育组织中，中国教育专家和学者积极参与各项活动，发表自己的观点和见解，推动国际教育的发展。中国还与世界其他国家共同开展教育研究，共同探讨教育领域的热点和难点问题，为解决全球性教育问题提供中国方案。在国际教育研究合作中，中国与其他国家的教育机构和学者共同开展课题研究，分享研究成果，促进了教育理论和实践的发展。

我国教育家精神通过传播中国的教育理念和方法，为世界教育的发展提供了新的思路。中国的教育理念强调以人为本、全面发展、因材施教等，这些理念与国际教育的发展趋势相契合，受到了国际教育界的广泛关注和认可。中国的教育方法具有独特的优势，如注重基础知识的传授、强调实践能力的培养、倡导启发式教学等，这些方法为其他国家的教育改革提供了有益的参考。一些国家在课程设置、教学方法等方面借鉴了中国的经验，取得了良好的效果。某国家在数学教育中借鉴了中国的教学方法，注重培养学生的数学思维和解题能力，学生的数学成绩得到了显著提高。

以"一带一路"教育行动为例，中国与"一带一路"共建国家在教育领域开展了广泛的合作，取得了丰硕的成果。在教育合作项目中，中国与一些共建国家的高校开展了联合办学、学生交换、教师培训等活动，促进了教育资源的共享和教育质量的提升。中国还为共建国家提供教育援助，帮助他们改善教育条件，培养教育人才。在教育援助项目中，中国向一些共建国家捐赠了教学设备、图书资料等，为当地学校建设了实验室、图书馆等教学设施，还派遣了优秀的教师到当地进行支教，提高了当地的教育水平。通过"一带一路"教育行动，中国教育的国际影响力得到了进一步提升，也为共建国家的教育发展做出了贡献。

12.3.4　典型案例分析

陶行知的生活教育理论在国际上产生了广泛的影响，成为展示中国教育文化独特魅力的重要典范。陶行知提出"生活即教育""社会即学校""教学做合一"的教育理念，强调教育与生活的紧密联系，注重培养学生的实践能力和创新精神。这些理念不仅对中国教育的发展产生了深远影响，还在国际上引起了广泛关注和深入研究。

在欧洲，陶行知的教育思想受到了关注和研究。陶行知的教育理念与欧洲的一些教育思潮相契合，如强调学生的主体地位、注重学生实践能力的培养等。欧洲的一些教育工作者认为，陶行知的教育思想为解决现代教育中的问题提供了新的思路和方法。在英国，一些学校开始尝试将陶行知的教育理念融入教学实践，注重培养学生的创造力和实践能力，鼓励学生积极参与社会实践和社区服务，提高学生的综合素质。

某国际学校开展的中外文化交流活动，为促进文化融合提供了生动的案例。该国际学校积极组织学生参与国际文化交流项目，与多个国家的学校建立了友好合作关系。学校定期举办国际文化节，邀请来自不同国家的学生和教师参与，展示各个国家的文化特色。在国际文化节上，学生通过表演传统舞蹈、演唱民族歌曲、展示手工艺品等方式，向其他国家的师生展示自己国家的文化魅力。学校还组织学生进行国际交流访问，让学生亲身感受不同国家的文化氛围和教育方式。在访问过程中，学生参观当地的学校、博物馆、历史遗迹等，与当地的学生和居民进行交流和互动，增进了对不同国家文化的了解和认识。

在课程设置方面，该国际学校注重融合中外文化元素。学校开设了多元文化课程，包括世界历史、文化研究、国际政治等，让学生了解不同国家的历史、文化和社会制度。在语文教学中，学校不仅教授本国的语言和文学，还引入了其他国家的优秀文学作品，让学生在阅读中感受不同文化的内涵和魅力。学校还开展了跨文化交流活动，如国际学生交流项目、国际学术研讨会等，让学生在交流中提高跨文化交流能力，拓展国际视野。通过这些课程和活动，学生能够更好地了解不同国家的文化，促进了中外文化的融合与交流。

在师资队伍建设方面，该国际学校聘请了来自不同国家的教师，形成了多元化的教师团队。这些教师不仅具有丰富的教学经验，还拥有不同的文化背景和教育理念。他们在教学中能够将自己国家的文化特色和教育方法融入教学，为学生提供更加丰富和多元的学习体验。一位来自美国的教师在教学中注重培养学生的自主学习能力和创新思维，采用小组讨论、项目式学习等教学方法，激发学生的学习兴趣和主动性；一位来自中国的教师则注重培养学生的传统文化素养，通过讲解中国的历史、文学、艺术等方面的知识，让学生了解和传承中华优秀传统文化。通过教师的引导和示范，学生能够更好地了解不同国家的文化，促进了中外文化的交流与融合。

12.4　政策建议

教育家精神将在教育领域发挥更为关键的引领作用，持续推动教育文化的创新发展，为社会文化的进步与繁荣注入源源不断的动力。在教育改革创新方面，教育家精神将激励教育工作者不断探索新的教育理念和方法，推动教育教学模式的变革。随着人工智能、大数据等信息技术的飞速发展，教育领域将迎来更多的机遇和挑战。教育家将积极应对这些挑战，充分利用信息技术的优势，创新教育教学方式，如开展在线教育、智慧教育等，为学生提供更加个性化、多样化的学习体验。

12.4.1 培养具有创新精神和社会责任感的人才

在社会文化建设方面，教育家精神将进一步促进社会文化的进步与繁荣。通过培养具有创新精神和社会责任感的人才，推动科技创新、文化艺术等领域的发展，为社会文化的繁荣做出更大的贡献。在科技创新领域，教育家精神将激励更多的人才投身科研事业，勇于探索未知，攻克关键技术难题，推动科技进步和创新。在文化艺术领域，教育家精神将鼓励文化人才创作出更多具有思想深度和艺术价值的作品，丰富人们的精神世界，提升社会的文化品位。

12.4.2 开展国际教育合作项目

在国际文化交流方面，教育家精神将继续发挥重要作用，展示中国教育文化的独特魅力，促进国际教育文化的交流与合作。随着全球化的深入发展，国际教育交流与合作将更加频繁。中国教育家将积极参与国际教育事务，分享中国教育的经验和成果，提升中国教育的国际影响力。通过开展国际教育合作项目、举办国际教育学术会议等方式，加强与世界各国的教育交流与合作，共同推动全球教育事业的发展。

12.4.3 加强教育体制机制改革

为了更好地弘扬教育家精神，还需要加强教育体制机制的改革，为教育家精神的传承和发展提供良好的制度保障。要加大对教育的投入，改善教育教学条件，提高教师的待遇和社会地位，吸引更多优秀人才投身教育事业。要加强教师培训和专业发展，提升教师的教育教学水平和综合素质，培养更多具有教育家精神的优秀教师。

教育家精神作为我国教育事业发展的精神支柱，将在未来的教育发展、社会文化建设和国际文化交流中发挥不可替代的重要作用。我们应充分认识到其价值和意义，大力弘扬教育家精神，为推动教育事业的高质量发展、实现中华民族伟大复兴的中国梦贡献力量。

第十三章 教育家精神的培养路径

13.1 培养路径之深化师德师风建设

13.1.1 建立健全师德师风学习机制

师德师风是教师素质的核心，是教师从事教育教学工作的基本行为规范和准则。建立健全师德师风学习机制，对于提升教师的道德认知、强化教师的职业道德意识、促进教师的专业成长具有至关重要的意义。

定期组织师德培训是提升教师道德认识的重要途径。学校和教育部门应制定系统的师德培训制度，确保教师能够定期接受专业的师德教育。培训内容应涵盖教育法律法规、教师职业道德规范、教育伦理等方面的知识。教师通过对《中华人民共和国教育法》《中华人民共和国教师法》《中小学教师职业道德规范》等的深入学习，明确自己的权利和义务，增强依法执教的意识；通过对教育伦理知识的学习，树立正确的教育价值观，理解教育的本质和目的，从而在教育教学中自觉践行道德准则。培训形式应多样化，包括专家讲座、案例分析、小组讨论等。对于专家讲座，可以邀请教育领域的知名学者、师德楷模等，为教师带来前沿的教育理念和对道德的深入思考；对于案例分析，可通过对实际发生的师德案例进行剖析，让教师从正反两方面吸取经验教训，提高教师对师德问题的判断力和处理能力；小组讨论为教师提供了交流和分享的平台，教师可以在讨论中相互启发，共同探讨如何在日常工作中更好地践行师德规范。

专题讲座在师德师风学习机制中发挥着独特的作用。它能够针对特定的师德主题，邀请相关领域的专家或有丰富经验的教育工作者进行深入讲解。开展以"教师的职业操守与责任担当"为主题的讲座，专家可以结合教育实际，从理论和实践两个层面阐述教师应具备的职业操守和责任担当，引导教师思考如何在平凡的岗位上坚守教育初心，为学生的成长和发展负责。还可以举办关于"师德与心理健康"的讲座，关注教师自身的心理健康对师德的影响，帮助教师掌握应对压力和情绪管理的方法，以更好的心态投入教育教学工作。通过这些专题讲座，教师能够深入了解师德的内涵和外延，拓宽道德视野，提升道德认知水平。

为了确保师德师风学习机制的有效运行，需要建立相应的考核和激励机制。考核机制可以对教师的学习效果进行评估，如通过考试、撰写心得体会、参与实践活动等方式，检验教师对师德知识的掌握程度和在实际工作中的应用能力。激励机制则可以激发教师参与学习的积极性，对于在师德培训和学习中表现优秀的教师，给予表彰和奖励，如颁发"师德标兵"荣誉称号、给予物质奖励等，并将师德表现纳入教师的绩效考核、职称评定、评优评先等范畴，使师德优秀的教师在职业发展中得到更多的认可和支持。

建立健全师德师风学习机制是深化师德风建设的关键环节。通过定期组织师德培训、开展专题讲座等活动，能够不断提升教师的道德认知，使教师在教育教学中始终坚守高尚的师德，为培养德智体美劳全面发展的社会主义建设者和接班人贡献自己的力量。

13.1.2 完善师德师风监督机制

构建多元化的监督体系，是加强教师行为监督和约束、保障师德师风建设成效的关键举措。这一体系涵盖内部监督与外部监督两个层面，通过多主体、多渠道的协同作用，形成全方位、无死角的监督网络，确保教师始终坚守师德底线。

在内部监督方面，学校应发挥主导作用，建立健全内部监督制度。成立专门的师德师风监督小组，小组成员包括学校领导、教师代表、家长代表和学生代表等。学校领导凭借其管理职责和宏观视野，能够从学校整体发展战略和教育方针贯彻的角度，对教师行为进行全面监督，确保教师的教育教学活动符合学校的发展目标和教育规范。教师代表来自教学一线，他们熟悉教学工作的各个环节和教师的日常工作状态，能够以同行的视角，敏锐地发现教师在教学方法、教学态度、团队协作等方面可能存在的师德问题，并及时给予建议和反馈。家长代表作为学生成长的密切关注者，他们从学生接受教育的实际体验出发，关注教师对学生的关爱程度、教育方式是否得当，以及与家长的沟通协作情况等，为师德监督提供了家庭视角的宝贵意见。学生代表则以亲身感受，直观地感受教师在课堂教学、课后辅导、师生关系处理等方面的表现，他们的反馈能够直接体现教师行为对学生的影响。

　　监督小组应定期开展检查和评估工作，通过课堂观察、教学文档审查、学生作业批改情况检查等方式，深入了解教师的教学过程和教育行为。在课堂观察中，重点关注教师的教学态度是否积极、教学方法是否得当、是否尊重学生的个性差异和主体地位等；审查教学文档，如教案、教学计划等，查看是否存在敷衍了事等问题；检查学生作业批改情况，了解教师是否认真负责，是否及时给予学生反馈和指导。通过这些细致的检查，及时发现教师在师德师风方面存在的问题，并进行督促整改。建立教师自评与互评机制，鼓励教师进行自我反思和相互监督。教师自评是教师对自己教育教学行为和师德表现的自我审视，通过定期撰写师德反思报告，教师能够深入剖析自己在工作中的优点和不足，明确改进方向。互评则是教师之间相互交流、相互学习、相互监督的过程，通过同行评议，教师可以从他人的视角发现自己的问题，同时也能借鉴他人的优秀经验，共同提高师德水平。

　　外部监督同样不可或缺，它能够有效汇聚社会力量，增强监督的权威性和公正性。教育主管部门应加强对学校师德师风建设的监督检查，制定严格的师德规范和考核标准，并定期对学校进行评估和考核。教育主管部门可以组织专项检查，针对突出问题进行重点整治；开展师德师风满意度调查，广泛收集学生、家长和社会各界的意见和建议，将调查结果作为学校和教师考核的重要依据。引入第三方评价机构是加强外部监督的有效方式。第三方评价机构具有专业性、独立性和客观性的特点，他们能够运用科学的评价方法和指标体系，对教师的师德师风进行全面、深入、客观的评价。第三方评价机构可以通过问卷调查、访谈、实地观察等方式，收集多方面的信息，对教师的职业道德、教育教学能力、师生关系等进行综合评价，并出具详细的评价报告。学校应积极配合第三方评价机构的工作，认真对待评价结果，将其作为改进师德师风建设工作的重要参考。

　　畅通家长和社会的监督渠道，是外部监督的重要组成部分。设立专门的投诉举报电话、邮箱和网络平台，方便家长和社会各界对教师的师德问题进行举报和投诉。对于收到的投诉举报信息，应及时进行调查核实，并将处理结果及时反馈给举报人。建立家长委员会，邀请家长参与学校的管理和监督工作，定期召开家长会，听取家长对教师师德师风的意见和建议。鼓励媒体发挥舆论监督作用，对师德师风优秀的教师进行宣传报道，对违反师德的行为进行曝光，形成良好的舆论氛围，引导教师自觉遵守师德规范。通过构建多元化的监督体系，加强内部监督与外部监督的协同配合，能够有效约束教师行为，提高教师的职业操守和责任意识，推动师德师风建设不断取得新成效。

13.1.3 强化师德师风表彰机制

强化师德师风表彰机制，是激发教师积极性、弘扬高尚师德的重要举措。学校和教育部门通过树立先进典型，发挥榜样的示范引领作用，能够在教师群体中形成崇尚师德、争当先进的良好氛围，推动师德师风建设不断深入发展。

定期评选表彰师德楷模，是表彰机制的核心环节。学校和教育部门应制定科学合理的评选标准和程序，确保评选出的师德楷模具有代表性和公信力。评选标准应涵盖教师的职业道德、教育教学能力、关爱学生程度、社会责任感等多个方面，全面考量教师的综合表现。评选程序应公开透明，包括教师自荐、同事推荐、学生评价、家长评价、学校审核等环节，广泛征求各方意见，确保评选结果公正、客观。如每年教师节期间，各地通常会开展"师德标兵""优秀教师"等评选表彰活动，对在师德师风方面表现突出的教师进行表彰奖励。这些师德楷模在教育教学工作中，以高度的责任感和敬业精神，全身心投入教育事业，他们关爱学生、严谨治学、为人师表，成为广大教师学习的榜样。

宣传先进事迹，能够扩大师德楷模的影响力，让更多的教师受到激励和鼓舞。学校和教育部门可以通过多种渠道和方式进行宣传，如举办师德楷模事迹报告会，邀请师德楷模现场讲述自己的教育故事和心得体会，让教师近距离感受他们的高尚师德和教育情怀；利用校园广播、校报、校园网等校内媒体，开设师德楷模专栏，详细报道他们的先进事迹，展示他们的教育风采；借助电视、报纸、网络等媒介，对师德楷模进行广泛宣传，提高他们的社会知名度，营造全社会尊师重教的良好氛围。例如，某地区教育部门组织了师德楷模巡回报告会，师德楷模深入各个学校，分享自己的教育经验和感人故事，引起了广大教师的强烈共鸣，许多教师表示深受启发，将以师德楷模为榜样，努力提升自己的师德水平。

建立激励机制，对师德表现优秀的教师给予物质和精神奖励，能够进一步激发教师的积极性和主动性。物质奖励可以包括发放奖金、奖品，提供培训机会等；精神奖励可以包括颁发荣誉证书、召开表彰大会、提供晋升机会等。某学校规定，在职称评定中，同等条件下师德表现优秀的教师优先晋升；在绩效考核中，对师德表现突出的教师给予额外的绩效奖励。这些激励措施有效激发了教师提升师德的积极性，促进了学校师德师风建设的深入开展。

强化师德师风表彰机制，通过评选表彰师德楷模、宣传先进事迹、建立激励机制等措施，能够充分发挥榜样的引领作用，激励广大教师不断提升自己的师德水平，为教育事业的发展贡献自己的力量。

13.2　培养路径之构建终身学习体系

13.2.1　提供多样化的学习资源

在知识快速更新的时代，为教师提供丰富多样的学习资源是培养其教育家精神的重要基础。这些资源应涵盖线上课程、学术讲座、专业书籍等多个方面，以满足教师在不同学习场景下的多样化需求。

线上课程以其便捷性和丰富性，成为教师获取知识的重要途径。随着互联网技术的飞速发展，各类在线学习平台如雨后春笋般涌现，为教师提供了海量的学习资源。中国大学 MOOC（慕课）平台汇聚了众多知名高校的优质课程，教师可以根据自己的专业需求和兴趣爱好，选择教育学原理、课程设计与开发、教育心理学等课程进行系统的学习。这些课程不仅有专业教师的精彩讲解，还配备了丰富的学习资料和互动交流环节，教师可以通过观看视频、参与讨论、完成作业等方式，深入学习教育领域的前沿理论和实践经验。还有学堂在线、超星学习通等平台，也提供了大量的教育类课程，包括专题讲座、案例分析、教学技能培训等，帮助教师不断更新教育理念，提升教学能力。

学术讲座则为教师提供了与专家、学者面对面交流的机会，使教师能够及时了解教育领域的最新研究成果和发展动态。学校和教育机构应积极组织各类学术讲座，邀请国内外知名的教育专家、学者来校讲学。定期举办教育学术论坛，邀请教育政策制定者、教育研究专家、一线优秀教师等共同探讨教育热点问题，如教育公平、创新人才培养、教育信息化等。通过这些讲座和论坛，教师可以拓宽视野，了解教育领域的最新趋势和研究方向，激发自己的创新思维和研究热情。还可以鼓励教师参加国内外的学术会议，与同行进行交流和合作，分享自己的研究成果和教学经验，学习他人的先进理念和方法。

专业书籍是教师知识储备的重要来源，具有系统性和权威性。教育部门和学校应加强图书馆建设，丰富教育类藏书，为教师提供良好的阅读环境。在教育理论方面，教师可以阅读《民主主义与教育》《爱弥儿》《给教师的建议》等经典著作，深入理解教育的本质和目的，汲取前人的教育智慧。在教学方法和策略方面，《有效教学方法》等书籍可以为教师提供实用的教学指导，帮助教师改进教学方法，提高教学质量。学校还可以定期组织读书分享会，让教师交流读书心得，共同探讨书中的教育理念和方法，促进教师之间的思想碰撞和知识共享。

除了以上资源，还可以利用教育类期刊、报纸等资源，为教师提供最新的教育资讯和研究成果。鼓励教师关注教育类公众号、微博账号等新媒体平台，及时获取教育领域的动态信息和优秀教学案例。通过整合各类学习资源，构建一个全方位、多层次的学习资源体系，为教师的终身学习提供有力支持，使教师能够不断丰富自己的知识储备，提升自己的教育教学能力，更好地践行教育家精神。

13.2.2 鼓励教师参与学术研究

参与学术研究是教师提升专业素养、培养教育家精神的重要途径。通过参与课题研究、发表论文等学术活动，教师能够深入探索教育教学规律，不断更新教育理念，提高教育教学能力，实现从经验型教师向研究型教师的转变。

参与课题研究对教师的专业成长具有多方面的促进作用。课题研究能够促使教师深入学习教育理论知识，提升自身的理论水平。在确定课题后，教师需要查阅大量的文献资料，了解该领域的研究现状和前沿动态，这一过程有助于教师系统地学习教育理论，如教育学原理、教育心理学、课程与教学论等，从而为教育教学实践提供坚实的理论基础。以"基于核心素养的课堂教学模式创新研究"课题为例，教师在研究过程中，需要深入学习核心素养的内涵、构成要素及培养途径等相关理论知识，进而将这些理论知识应用到课堂教学实践中，探索出适合学生核心素养发展的教学模式。

课题研究能够培养教师发现问题、解决问题的能力。在日常教育教学中，教师会遇到各种各样的问题，如学生学习积极性不高、教学效果不理想等。通过参与课题研究，教师能够运用科学的研究方法，对这些问题进行深入分析和研究，找出问题的根源，并提出切实可行的解决方案。在"提高学生数学学习兴趣的策略研究"课题中，教师通过问卷调查、课堂观察、学生访谈等方法，了解学生数学学习兴趣不高的原因，如教学方法枯燥、教学内容与生活实际联系不紧密等。针对这些问题，教师提出了采用情境教学法、开展数学实践活动等策略，有效地提高了学生的数学学习兴趣和学习成绩。

课题研究还能够促进教师的团队合作与交流。许多课题研究需要教师组成团队共同完成，在团队合作过程中，教师可以相互学习、相互交流，分享各自的教学经验和研究成果，共同攻克研究中的难题。这种团队合作不仅能够提高课题研究的质量和效率，还能够培养教师的团队协作精神和沟通能力。例如，在"跨学科融合教学实践研究"课题中，来自不同学科的教师组成研究团队，共同探讨如何打破学科界限，实现学科知识的有机融合。在研究过程中，教师通过开展教学研讨活动、共同设计教学方案等方式，加强了彼此之间的沟通与合作，拓宽了教学视野，提升了教学能力。

发表论文是教师展示研究成果、与同行交流的重要方式。通过撰写论文，教师能够对自己的研究过程和研究成果进行系统梳理和总结，进一步深化对教育教学问题的认识。在撰写论文的过程中，教师需要对研究数据进行分析和处理，运用科学的论证方法阐述自己的观点和结论，这有助于提高教师的逻辑思维能力和文字表达能力。发表论文能够让教师的研究成果得到同行的认可和关注，促进学术交流与合作。教师可以通过参加学术会议、在学术期刊上发表论文等方式，与其他教育工作者分享自己的研究成果，听取他们的意见和建议，从而不断完善自己的研究，推动教育教学研究的深入发展。

学校和教育部门应积极鼓励教师参与学术研究，为教师提供良好的研究环境。设立专项科研基金，为教师的课题研究提供资金支持；建立学术交流平台，定期组织学术研讨会、学术讲座等活动，促进教师之间的学术交流与合作；完善教师科研评价体系，将教师的学术研究成果纳入绩效考核、职称评定等范畴，激励教师积极参与学术研究。教师自身也应树立科研意识，积极主动地参与学术研究，不断提升自己的专业素养和教育教学能力，为培养教育家精神奠定坚实的基础。

13.2.3　建立学习共同体

建立学习共同体是促进教师交流合作、共同成长、培养教师教育家精神的重要途径。学习共同体为教师提供了一个相互学习、相互交流、共同进步的平台，通过分享教学经验、探讨教育问题、开展合作研究等活动，能够激发教师的创新思维，提升教师的教育教学能力，增强教师的团队合作意识和专业认同感。

学习共同体以共同的教育目标和理念为基础，成员之间相互信任、相互支持，形成一种积极向上的学习氛围。在这样的共同体中，教师可以分享自己的教学心得和体会，共同探讨教学中遇到的问题和挑战，寻找解决问题的方法和策略。例如，如果一位语文教师在教学中遇到了提升学生写作能力的难题，那么他可以在学习共同体中与其他语文教师进行交流，分享自己的教学方法和经验，听取其他教师的建议和意见。通过共同探讨，教师可以发现新的教学思路和方法，如开展写作实践活动、加强写作指导等，从而提高学生的写作能力。

学习共同体可以组织教师开展合作研究，共同探索教育教学规律，提升教师的教育科研水平。在研究过程中，教师可以发挥各自的优势，分工合作，共同完成研究任务。以"基于核心素养的课堂教学评价研究"为例，学习共同体中的教师可以分别从不同的角度进行研究，有的教师负责收集和分析教学评价数据，有的教师负责研究核心素养的内涵和培养目标，还有的教师负责探索课堂教学评价的方法和策略。通过合作研究，教师不仅能够深入了解教育教学问题，还能够提高自己的研究能力和团队协作能力，为培养教育家精神奠定坚实的基础。

许多学校和教育机构在建立学习共同体方面进行了积极的探索和实践，并取得了显著的成效。某中学成立了"语文教学研究共同体"，该共同体成员包括学校的语文教师、教育专家和教研员等。该共同体定期组织开展教学研讨活动，如公开课观摩、教学案例分析、教学经验分享等，让教师在交流中相互学习、共同提高。该共同体还开展了一系列的课题研究，如"基于整本书阅读的语文教学实践研究""初中语文写作教学策略研究"等，通过合作研究，教师的教育科研水平得到了显著提升，学校的语文教学质量也得到了明显提高。在该共同体的带动下，学校的语文教师形成了浓厚的学习氛围和合作精神，许多教师在教学和科研方面取得了优异的成绩，成为学校教育教学的骨干力量。

又如，某地区的教育部门组织了"区域教师专业发展共同体"，该共同体涵盖了该地区不同学校的各个学科教师。共同体通过线上线下相结合的方式，开展了丰富多彩的学习活动，如专家讲座、在线研讨、教学实践展示等。教师可以根据自己的需求和兴趣，选择参加不同的活动，与其他教师进行交流和合作。在一次关于"信息技术与学科教学融合"的线上研讨活动中，来自不同学校的教师分享了自己在教学中应用信息技术的经验和案例，共同探讨了如何更好地将信息技术融入学科教学，提高教学效果。通过这次研讨活动，教师不仅拓宽了视野，还学到了许多实用的教学方法和技巧，为推动该地区的教育信息化发展做出了贡献。

建立学习共同体为教师提供了一个交流合作、共同成长的平台，通过分享教学经验、开展合作研究等活动，能够有效提升教师的教育教学能力和教育科研水平，促进教师教育家精神的培养。学校和教育机构应积极支持和鼓励教师建立学习共同体，为教师提供必要的资源和保障，推动教师专业发展，为教育事业的发展培养更多优秀的教育人才。

13.3 培养路径之完善教师发展机制

13.3.1 制度保障

制度保障是完善教师发展机制的基石，为教师的成长与发展提供坚实的支撑和明确的指引。学校和教育部门通过制定科学合理的教师职业发展规划、晋升制度、培训制度等，能够营造良好的制度环境，激发教师的积极性和创造性，促进教师队伍的整体发展。

教师职业发展规划是教师成长的路线图，它帮助教师明确职业目标，规划成长路径。学校和教育部门应引导教师制定个人职业发展规划，根据教师的专业背景、教学经验、兴趣特长等，为教师提供个性化的指导和支持。对于新入职的教师，可以制定为期三年的成长规划，重点关注教学基本功的提升、教育教学理论的学习和班级管理能力的培养。在第一年，新教师应着重熟悉教学流程，掌握基本的教学方法，了解学生的学习特点和需求；在第二年，新教师应加强教学技能的训练，参与教学研讨活动，提高课堂教学质量；在第三年，新教师应尝试开展教学创新，探索适合自己的教学风格，提升教育科研能力。对于有一定经验的教师，则可以制定五年或更长时间的职业发展规划，鼓励他们在教学、科研、教育管理等方面取得更高的成就。例如，一位具有五年教龄的教师，可以将目标设定为成为学科带头人，在这五年内，他需要不断提升自己的学科专业知识，开展教学研究，发表高质量的教育教学论文，指导青年教师成长，参与学校的课程建设和教学改革等。

晋升制度是激励教师积极进取的重要手段，它直接关系到教师的职业发展和个人价值的实现。建立公平、公正、公开的晋升制度，应综合考虑教师的教学业绩、教育科研成果、师德表现等因素，避免将学生成绩或论文数量作为教师晋升的唯一标准。在教学业绩方面，教师不仅要关注学生的考试成绩，还要关注学生的综合素质提升、学习兴趣培养、创新能力发展等方面的情况。可以通过课堂观察、学生评价、家长评价等方式，全面了解教师的教学效果。在教育科研成果方面，鼓励教师开展教育教学研究，解决实际教学中的问题，对于具有创新性和实用性的研究成果给予充分肯定。例如，某教师针对学生在数学学习中存在的计算能力薄弱问题，开展了专项研究，提出了一套有效的教学方法，并在实践中取得了良好的效果，这种研究成果应在晋升评价中得到重视。师德表现是教师晋升的重要依据，应将教师的职业道德、敬业精神、关爱学生等方面的表现纳入晋升评价体系，对于师德高尚、深受学生和家长喜爱的教师，在晋升中应给予优先考虑。

为了确保晋升制度的公平性和科学性，还应建立健全晋升评审机制。成立由教育专家、优秀教师、教育管理人员等组成的晋升评审委员会，制定明确的评审标准和程序，严格按照标准和程序进行评审。评审过程应公开透明，接受教师和社会的监督，确保评审结果公正合理。同时，要为教师提供申诉渠道，对评审结果有异议的教师，可以提出申诉，评审委员会应及时进行复查和处理。

培训制度是提升教师专业素养的重要保障，它为教师提供了不断学习和进步的机会。制定系统的培训制度，应根据教师的不同需求和发展阶段，提供多样化的培训内容和方式。对于新教师，可以开展入职培训，帮助他们尽快适应教师角色，了解教育教学的基本规范和要求。入职培训内容可以包括教育法律法规、教师职业道德、教学方法与技能、班级管理等方面的知识和技能培训。对于在职教师，可以根据他们的专业发展需求，提供学科专业培训、教育教学理论培训、教育技术培训等。例如，为了提高教师的信息化教学能力，可以开展信息技术与学科教学融合的培训，让教师掌握多媒体课件制作、在线教学平台使用、教育数据分析等技术，提升教学效果。还可以开展跨学科培训，拓宽教师的知识面和视野，促进学科之间的融合与创新。

在培训方式上，应采用线上线下相结合、集中培训与分散学习相结合、专家讲座与实践操作相结合等多种方式，满足教师的不同学习需求。线上培训可以利用网络平台，提供丰富的学习资源，让教师随时随地进行学习；线下集中培训可以邀请专家学者进行面对面的授课和指导，促进教师之间的交流与合作；实践操作培训可以让教师在实际教学中应用所学知识和技能，提高解决实际问题的能力。为了确保培训效果，还应建立培训考核机制，对教师的培训学习情况进行考核评价，将考核结果与教师的绩效考核、晋升等挂钩，激励教师积极参加培训学习。

完善教师职业发展规划、晋升制度和培训制度等，可以为教师的成长与发展提供全面的制度保障，能够激发教师的工作热情和创造力，促进教师队伍的专业化发展，为培养具有教育家精神的教师奠定坚实的基础。

13.3.2　个性化成长支持

每个教师都有其独特的教学风格、专业背景和发展需求，因此，提供个性化成长支持是完善教师发展机制的重要内容，能够满足教师的差异化发展需求，促进教师充分发挥自身优势，实现专业成长的最大化。

开展教师发展需求评估是实现教师个性化成长支持的基础。学校和教育部门可以运用多元化的评估方式，全面、深入地了解教师的发展需求。问卷调查是一种常用的评估方式，通过设计涵盖教学技能、教育科研、职业发展规划、心理健康等多方面内容的问卷，能够广泛收集教师的自我认知和发展期望。访谈则可以深入了解教师的内心想法和实际困难，为提供个性化支持提供更具体的依据。可以与教师进行一对一的访谈，了解他们在教学中遇到的问题、对培训内容的期望及职业发展的困惑等。课堂观察也是一种有效的评估方式，通过观察教师的课堂教学表现，如教学方法的运用、师生互动情况、课堂管理能力等，发现教师的优势和不足之处，为后续有针对性地提供支持做参考。

根据评估结果，为教师量身定制个性化的发展计划是关键环节。对于教学经验丰富但教育科研能力有待提升的教师，可以制订以教育科研为重点的发展计划，为他们提供教育科研方法的培训，鼓励他们参与课题研究，从而提高教育科研能力。关于教育科研方法的培训课程，可以帮助他们学习如何选题、设计研究方案、收集和分析数据等；帮助他们组建课题研究团队，参与学校或地区的教育科研项目，在实践中提升科研能力。对于新入职的教师，其发展计划则应侧重于教学基本功的训练和教育教学理论的学习，帮助他们尽快适应教师角色。可以为他们安排经验丰富的导师，进行一对一的指导，帮助他们熟悉教学流程、掌握教学方法、了解学生心理；组织他们参加新教师入职培训，学习教育法律法规、教师职业道德、教学技能等知识。

提供个性化的培训和指导是落实个性化发展计划的重要方式。在培训内容上，应根据教师的需求和发展阶段进行定制。对于需要提升信息技术应用能力的教师，开展信息技术与学科教学融合的培训，使他们掌握多媒体课件制作、在线教学平台使用、教育数据分析等技能，提高教学效果。对于希望提升班级管理能力的教师，提供班级管理策略和方法的培训，包括班级文化建设、学生行为管理、家校沟通技巧等方面的内容。在培训方式上，应采用多样化的形式，满足教师的不同学习需求。除了传统的集中培训和开小讲座，还可以开展线上学习、小组研讨、实践操作等培训活动。线上学习可以让教师根据自己的时间和进度进行学习，提高学习的灵活性；小组研讨可以促进教师之间的交流与合作，共同解决教学中的问题；实践操作则可以让教师在实际教学中应用所学知识和技能，提高解决实际问题的能力。

建立导师制是提供个性化指导的有效方式。为每位需要帮助的教师配备一位导师，导师可以是经验丰富的骨干教师、教育专家或学科带头人。导师根据教师的发展计划，为他们提供有针对性的指导和建议，帮助他们解决在教学和科研中遇到的问题。导师可以定期与教师进行交流，了解他们的学习和工作进展，对他们的教学设计、科研项目等进行指导；组织教师参加教学观摩和研讨活动，让他们学习优秀教师的教学经验和方法；鼓励教师积极参与教育教学改革实践，为他们提供实践机会和平台。

通过开展教师发展需求评估、制订个性化发展计划、提供个性化培训和指导及建立导师制等措施，能够为教师提供全方位的个性化成长支持，满足教师的差异化发展需求，激发教师的内在动力，促进教师的专业成长，为培养教师的教育家精神营造良好的发展环境。

13.4 培养路径之推动实践与创新结合

13.4.1 创新教学方法

创新教学方法是推动实践与创新结合的核心，能够激发学生的学习兴趣，培养学生的创新思维和实践能力。在教育教学中，教师应积极探索和运用多样化的创新教学方法，如项目式学习、探究式教学、情境教学等，为学生营造富有挑战性和创造性的学习环境。

项目式学习以真实的问题或项目为驱动，让学生在完成项目的过程中综合运用多学科知识和技能，培养学生解决实际问题的能力和创新思维。例如，在"水资源保护与利用"项目式学习中，学生以小组为单位，针对当地水资源现状展开调研。他们通过实地考察、问卷调查、数据分析等方式，了解水资源的分布、污染情况及居民的用水习惯。在掌握大量一手资料后，学生运用地理、化学、生物等学科知识，分析水资源问题产生的原因，并提出相应的解决方案，如设计污水处理方案、推广节水措施等。在这个过程中，学生不仅深入理解了水资源保护的重要性，还学会了如何运用科学的方法解决实际问题，提高了团队协作能力和创新能力。

探究式教学强调学生的自主探究和发现，通过引导学生提出问题、做出假设、设计实验、收集数据、分析结果等环节，培养学生的科学探究能力和批判性思维。例如，在物理课上，教师在讲解"浮力"这一知识点时，可以先提出问题："为什么有些物体在水中会漂浮，而有些物体在水中则会下沉？"引发学生的好奇心和探究欲望。然后，学生分组进行实验，通过改变物体的形状、材质、体积及液体的密度等因素，观察物体的浮沉情况，并记录实验数据。在实验过程中，学生积极思考、讨论，尝试解释实验现象，提出自己的假设和猜想。在实验的最后，教师引导学生对实验结果进行分析和总结，得出浮力的相关原理和规律。这种探究式教学方法，让学生亲身经历科学探究的过程，培养了学生的观察能力、实验操作能力、分析问题和解决问题的能力。

情境教学通过创设与教学内容相关的真实情境，让学生在情境中感受知识的应用价值，提高学生的学习积极性和实践能力。例如，在英语教学中，教师可以创设"模拟国际商务会议"的情境，让学生扮演不同国家或地区的商务代表，进行商务谈判、产品介绍等活动。在这个情境中，学生需要运用英语进行交流，这不仅可以提高学生的英语听说读写能力，还可以让学生了解国际商务礼仪和跨文化交际的知识。情境教学还可以与信息技术相结合，利用虚拟现实等技术，创设更加生动、逼真的情境，增强学生的学习体验。例如，在历史课上，教师可以利用虚拟现实技术让学生"穿越"到古代，亲身感受历史事件的发生过程，加深学生对历史知识的理解和记忆。

这些创新教学方法在实际教学中取得了显著成效。某中学在数学教学中引入项目式学习，以"城市交通拥堵问题的解决方案"为项目主题，学生通过收集交通流量数据、分析拥堵原因、设计优化方案等环节，不仅提高了数学应用能力，还提出了一些具有创新性的交通改善建议，得到了当地交通部门的关注。在科学课上采用探究式教学的学校，学生的科学探究能力和创新思维得到了明显提升，在各类科技竞赛中屡获佳绩。通过情境教学，学生在语言学习和实际应用能力方面有了很大进步，在英语口语比赛和写作比赛中表现出色。

创新教学方法为学生提供了更加丰富多样的学习体验，这些使用创新教学方法能够有效激发学生的学习兴趣和创新思维，培养学生的实践能力和解决问题的能力。教师应不断学习和探索创新教学方法，根据教学内容和学生特点，灵活运用多种教学方法，为学生的成长和发展创造更加有利的条件，推动教育家精神在教育教学实践中的深入贯彻。

13.4.2 开展教育实践活动

开展丰富多样的教育实践活动，是推动实践与创新结合的重要举措，能够让学生在实践中深化对知识的理解，提升学生综合素质，培养学生解决实际问题的能力和社会责任感。

组织学生参加社会实践活动，使学生走出校园，深入社会，可以帮助学生了解国情民生，增强社会责任感。学校可以结合不同学科和专业特点，开展各类社会实践活动。在人文社科领域，组织学生进行社会调研，如进行"城市社区养老服务现状调查"，学生深入社区，通过问卷调查、访谈等方式，了解社区养老服务设施的配备情况、服务内容和质量，以及老年人的需求和满意度。在调研过程中，学生不仅运用了社会学、统计学等学科知识，还深刻体会到社会养老问题的复杂性和紧迫性，增强了为社会服务的意识。在理工科领域，开展科技创新实践活动，如进行"新能源汽车电池续航能力提升研究"，学生组成科研团队，查阅文献资料，进行实验设计和数据分析，尝试提出改进电池续航能力的方案。通过这些实践活动，学生将理论知识应用于实际，提高了创新能力和实践能力。

实习实训是学生将所学知识与实际工作相结合的重要环节。通过亲身体验和操作，学生能够熟悉职业环境，提升职业技能。学校应加强与企业、机构的合作，建立稳定的实习实训基地，为学生提供丰富的实习机会。例如，安排师范专业的学生到中小学进行教育实习，让学生在真实的教学环境中锻炼教学能力，了解学生的学习特点和需求，掌握教学方法和技巧。学生在实习过程中，不仅要备课、授课，还要参与班级管理、与家长沟通等工作，全面提升自己的教育教学能力。再如，安排医学专业的学生到医院进行临床实习，跟随医生参与诊疗过程，学习疾病的诊断、治疗，学习护理方法，提高临床实践能力。在学生实习实训过程中，学校和实习单位应加强对学生的指导和管理，为学生配备专业的指导教师，及时解决学生在实习中遇到的问题，确保实习实训的质量和效果。

为了更好地开展教育实践活动，学校和教育部门应加强对教育实践活动的规划和指导。制订详细的实践活动计划，明确活动的目标、内容、时间安排和评价方式等，确保实践活动的有序开展。加强对学生的安全教育，提高学生的安全意识和自我保护能力，确保学生在实践活动中的人身安全。建立科学的评价机制，对学生在实践活动中的表现进行全面、客观的评价，将评价结果与学生的学业成绩、综合素质评价等挂钩，激励学生积极参与实践活动。

学校和教育部门通过开展教育实践活动，能够让学生在实践中锻炼自己，提升学生的综合素质，培养学生的创新精神和实践能力，为学生未来的职业发展和社会生活奠定坚实的基础。这也是教育家精神在学生培养过程中的具体体现，有助于培养出具有社会责任感、创新能力和实践能力的新时代人才。

13.4.3 促进教育创新成果转化

促进教育创新成果转化是推动教育教学改革、提升教育质量的关键环节。它能够将教育领域的创新理念、方法和技术切实应用于教学实践，使教育创新成果真正发挥作用，惠及广大师生。

建立成果转化机制是实现教育创新成果转化的重要保障。学校和教育部门应设立专门的成果转化机构或部门，负责统筹协调教育创新成果的转化工作。该机构应具备明确的职责和权限，制定详细的工作流程和规范，确保成果转化工作的有序进行。建立成果评估体系，对教育创新成果进行全面、科学的评估。评估内容包括成果的创新性、实用性、可行性、推广价值等方面，通过专家评审、实践检验等方式，准确判断成果的质量和应用前景。对于评估合格的成果，积极推动其转化应用；对于存在问题的成果，提出改进建议，帮助成果持有者进一步完善。

搭建成果转化平台是促进教育创新成果交流与应用的重要手段。线上平台可以利用互联网技术，建立教育创新成果数据库，收录各类教育创新项目、教学方法、课程资源等信息，方便教师和教育工作者查询和获取。平台应设置交流互动功能，如设置线上论坛、在线研讨等，让成果持有者和使用者能够进行沟通交流，分享经验和心得。线下平台则可以通过举办教育创新成果展示会、研讨会、推广会等活动，为成果转化提供面对面的交流机会。在展示会上，成果持有者可以展示自己的创新成果，介绍其特点和优势；教育工作者可以现场观摩、体验，了解成果的实际应用效果，从而促进成果的推广和应用。

为了确保教育创新成果能够有效转化为教学实践，需要加强对教师的培训和指导。组织教师参加教育创新成果应用培训，让教师了解创新成果的内涵、应用方法和实施步骤，提高教师应用创新成果的能力。邀请成果持有者或专家对教师进行现场指导，帮助教师解决在应用过程中遇到的问题和困难。建立教育创新成果应用示范学校或班级，通过示范引领，带动更多的学校和教师应用教育创新成果。

在教育创新成果转化方面，已经有许多成功的案例。某学校自主研发了一套基于人工智能的个性化学习系统，该系统能够根据学生的学习情况和特点，为学生提供个性化的学习方案和资源推荐。学校通过建立成果转化机制，成立专门的项目团队负责系统的推广和应用。搭建成果转化平台，组织教师参加系统应用培训，并邀请专家进行指导。经过一段时间的实践，该系统在学校得到了广泛应用，学生的学习成绩和学习兴趣有了显著提高。该学校将这一成果推广到其他学校，通过线上线下相结合的方式，为其他学校提供技术支持和培训服务，促进了教育创新成果的共享和应用。

通过建立成果转化机制、搭建成果转化平台、加强对教师的培训和指导等措施，促进教育创新成果转化，将教育创新成果更好地应用于教学实践，推动教育教学改革不断深入，提高教育质量，培养更多具有创新精神和实践能力的人才，为教育强国建设提供有力支撑。

13.5　培养路径之协同育人生态构建

13.5.1　家校合作

加强家庭与学校的沟通协作，是协同育人生态构建的重要基石。通过定期举办家长会、开展家长学校、建立家长委员会等方式，搭建家校沟通的桥梁，实现家校信息的及时共享和教育理念的深度融合。

家长会是家校沟通的传统且重要的方式。学校应定期组织家长会，每学期至少召开 1 次。在家长会上，教师不仅要向家长汇报学生的学习成绩、在校表现，还要和家长分享学生在品德、兴趣爱好、社会实践等方面的情况。向家长详细介绍学生在课堂上的积极表现，如主动回答问题、参与小组讨论等；分享学生在学校组织的各类活动中的精彩瞬间，如运动会上的拼搏表现、文艺表演中的精彩呈现等。同时，教师要认真倾听家长的意见和建议，与家长共同探讨学生的教育问题。针对学生在学习上遇到的困难，教师与家长可以一起分析原因，制订个性化的辅导计划；对于学生的行为习惯问题，教师与家长可以共同商讨引导策略，形成教育合力。

家长学校的开展，为家长提供了系统学习教育知识和方法的平台。家长学校应邀请教育专家、优秀教师等举办专题讲座，内容要涵盖家庭教育理念、亲子沟通技巧、学生心理健康教育等方面。可以举办以"如何培养孩子的自主学习能力"为主题的讲座，所邀专家通过理论讲解和实际案例分析，向家长传授培养孩子自主学习能力的方法和技巧，如如何引导孩子制订学习计划、如何培养孩子的时间管理能力等；可以开展"亲子沟通的艺术"讲座，帮助家长掌握有效的沟通方法，改善亲子关系，营造良好的家庭氛围。家长学校还可以组织家长进行经验交流和互动讨论，让家长在交流中相互学习、共同进步。

家长委员会的建立，能够充分发挥家长在学校管理和教育教学中的积极作用。家长委员会成员应通过民主选举产生，要具有广泛的代表性。他们参与学校的重大决策，如学校发展规划的制定、课程设置的调整等，为学校的发展出谋划策。家长委员会可以协助学校开展各类活动，如组织家长志愿者参与校园安全管理、协助学校举办亲子活动等。在校园安全管理方面，家长志愿者在上下学时段协助维持学校门口的交通秩序，确保学生的交通安全；在亲子活动中，家长委员会成员积极参与活动策划和组织，促进家校之间的互动和合作。

除了以上常规方式，还可以利用现代信息技术手段，加强家校沟通。建立家长微信群等沟通平台，及时发布学校通知、班级动态、学生作业等信息，方便家长了解学校和学生的情况。教师可以通过这些平台与家长进行一对一的沟通，及时反馈学生的学习和生活情况，解答家长的疑问。开展线上家长会，打破时间和空间的限制，让家长能够更便捷地参与家校沟通。

以太原市小店区建南小学为例，该校一位杨老师开展的家校共育实践活动成效显著。针对家长没时间和孩子一起阅读、孩子缺乏阅读经验的问题，班级发出"每天共读半小时，书香拉近两代心"的倡议，并从每日共读、每读共思、读后共联三个方面进行指导。以期提高孩子阅读质量和速度，加深孩子对书中内容的理解，鼓励家长抓住孩子的兴趣，进一步延伸阅读。通过这一系列活动，家长意识到共同阅读不仅是孩子学习的有效渠道，还是拉近亲子关系的重要方式，孩子也在阅读中培养了观察、分析等能力。

在红色课程建设方面，学校开展"学党史、强信念、跟党走"系列活动，教师协同家委会从政治启蒙和价值观塑造出发，在"学习强国"学习平台搜索资源，构建课程体系。确定学习目标后，制定详细的课程学习规划，包括学习时间、上课形式、课程主题、直播负责人等。在红色课程学习中，生动的故事和历史让学生的人生观、价值观得到重塑，为学生的成长奠定了坚实的思想基础。

这些家校合作活动，充分调动了家长的积极性，促进了家庭教育与学校教育的深度融合，为学生的成长营造了良好的教育环境。加强家庭与学校的沟通与协作，能够实现家校共育，共同促进学生的全面发展，为培养教育家精神提供坚实的实践基础。

13.5.2 校社联动

学校与社区合作开展教育活动，是协同育人生态构建的重要组成部分，能够有效拓展教育资源和空间，为学生提供更加丰富多样的学习体验，促进学生的全面发展。

学校与社区的合作可以从多个方面展开。在课程资源方面，社区拥有丰富的人文、历史、自然等资源，学校可以将这些资源引入课程体系，开发具有地方特色和社区特色的校本课程。某学校所在社区有着悠久的传统文化，如传统手工艺制作、民俗节日等。学校与社区合作，邀请社区内的手工艺人、民俗专家走进校园，为学生开设传统手工艺制作课程、举办民俗文化讲座。

学生在学习剪纸、编织等传统手工艺的过程中，不仅掌握了一门技能，还深入了解了我国的传统文化，增强了文化自信。学校还可以组织学生参与社区的文化活动，如社区文化节、历史文化展览等，让学生在实践中感受文化的魅力，拓宽文化视野。

在实践活动方面，学校与社区合作可以为学生提供更多的实践机会。社区内的企业、机构、公共服务场所等都可以成为学生的实践基地。学校可以与当地的博物馆合作，组织学生开展"小小讲解员"实践活动。学生在博物馆工作人员的指导下，学习历史文化知识，了解文物背后的故事，并为游客进行讲解。通过这一活动，学生不仅提高了自己的表达能力和沟通能力，还增强了对历史文化的热爱。学校还可以与社区合作开展环保实践活动，组织学生参与社区的垃圾分类宣传、环境清洁等活动，培养学生的环保意识和社会责任感。

许多学校与社区在合作方面取得了显著成效。以广州市黄埔区夏港街道青年社区与开发区第一小学的合作为例，2024 年 9 月 10 日，双方联合举办"立德承传统 雅韵拂校园"社区学校携手共育活动，约 1200 名师生及社区青少年代表参与。活动中，学校校长带领全体教师宣誓，并强调了活动的意义，青年社区负责人表示合作能为青少年提供更安全、和谐的学习环境。学校对表现突出的教师进行表彰，学生代表向全校教师赠送花束。此外，学生在老师指导下制作教师节贺卡，学生的动手能力得到了锻炼。此次活动增强了学生对传统美德的认同感，加强了社区与学校的沟通协作，形成教育合力，为青少年营造了良好的成长环境。双方负责人均表示将继续携手，为辖区青少年全面发展保驾护航。

又如，重庆某大学青年志愿者协会与某社区联动，举办以"人身和财产安全知识"为主题的社区公益课堂活动。志愿者结合社区居民日常生活，从用电安全、用气安全及防诈等方面进行讲解，通过列举案例、播放视频等方式，增强了社区居民的安全防范意识与自我保护能力。活动采用了"社区 + 高校"的志愿服务模式，为志愿者提供了走进基层的机会，也推动了社区文化建设。

学校与社区的紧密合作，能够充分整合双方的资源优势，为学生提供更加丰富的教育资源和广阔的实践空间，促进学生在知识、技能、情感、价值观等方面的全面发展，为培养教育家精神提供有力的实践支撑，推动教育从学校教育向社会教育延伸，构建更加完善的教育生态系统。

13.5.3 社会支持

社会各界在教育发展中扮演着不可或缺的角色，其提供的资源、资金等支持，为教育营造了良好的发展氛围，有力地推动了教育事业的发展，为培养教育家精神创造了有利的外部条件。

企业作为社会经济的重要主体，以多种方式积极参与教育事业，为教育注入了强大动力。许多企业设立了专项教育基金，为贫困地区的学校建设、教学设备购置、优秀学生和教师的奖励等提供资金支持。某知名企业设立的教育基金，每年投入大量资金，帮助贫困山区的学校建设教学楼、实验室、图书馆等教学设施，改善了学校的办学条件。该基金还设立了奖学金和助学金，奖励品学兼优的学生，资助家庭经济困难的学生完成学业；为优秀教师提供培训和进修机会，鼓励他们不断提升教学水平。企业还通过开展校企合作，为学生提供实习和就业机会，将企业的实际需求和行业动态融入教育教学，使学生能够更好地适应社会和市场的需求。企业与学校合作开展订单式人才培养，根据企业的岗位需求，制定个性化的人才培养方案，学校按照方案进行教学，学生毕业后直接进入企业工作。企业为学校提供实习基地，让学生在实践中锻炼自己的专业技能，提高解决实际问题的能力。

社会组织在教育领域同样发挥着重要作用。教育公益组织通过开展各种公益活动，关注教育公平，为弱势群体提供教育支持。一些公益组织致力于为偏远地区的学校招募优秀教师，开展支教活动，为当地学生带来优质的教育资源。他们通过线上线下相结合的方式，广泛招募支教志愿者，并对支教志愿者进行专业培训，确保支教活动的质量。公益组织还为偏远地区的学校捐赠图书、文具、体育器材等教学用品，改善学生的学习条件。专业教育研究机构则专注于教育理论和实践的研究，为教育政策的制定和教育教学的改进提供科学依据。这些机构通过开展教育调研、实验研究等活动，深入了解教育现状和问题，提出有针对性的解决方案和建议。某教育研究机构针对当前中小学教育中存在的学生创新能力培养不足的问题，开展了专项研究，通过对多所学校的实地调研和数据分析，提出了一系列培养学生创新能力的教学方法和策略，为学校和教师提供了有益的参考。

媒体作为社会舆论的引导者，在宣传教育理念、营造尊师重教氛围方面发挥着重要作用。通过报道优秀教师的先进事迹，媒体能够树立教育榜样，激发广大教师的职业荣誉感和使命感。央视的"寻找最美教师"活动，通过深入挖掘和报道优秀教师的感人故事，展现了教师默默奉献、爱岗敬业的精神风貌，在全社会引起了强烈反响，使更多的人了解和尊重教师这个职业。媒体还对教育政策、教育改革等进行广泛宣传，让社会各界更好地了解教育发展的动态和方向，促进教育政策的有效实施。在教育"双减"政策出台后，各大媒体通过多种形式进行解读和宣传，让家长和学生了解政策的目的和意义，引导家长树立正确的教育观念，减轻学生的学业负担。

社会各界的支持为教育发展提供了丰富的资源和强大的动力，营造了良好的教育氛围，为教育家精神的培养提供了有力的外部保障。在未来的教育发展中，应进一步加强社会各界与教育的深度合作，共同推动教育事业的繁荣发展，培养更多具有教育家精神的优秀教师，为国家和社会培养更多优秀人才。

13.6　政策建议

教育家精神的培养任重而道远，需要全社会的共同努力和持续探索创新。在教育强国建设的宏伟征程中，教育家精神将发挥越来越重要的引领作用，成为推动教育事业高质量发展的强大精神动力。

13.6.1　加强政策支持和引导

教育部门应进一步加强政策支持和引导，完善相关制度和机制，为教育家精神的培养创造更加有利的政策环境。加大对教育的投入，优化教育资源配置，确保教育公平，为每一位教师提供平等的发展机会。加强教师教育体系建设，深化师范教育改革，提高教师培养质量，培养更多具有教育家精神的高素质教师。建立健全教师激励机制，提高教师的社会地位和待遇，吸引更多优秀人才投身教育事业。

13.6.2　将教育家精神的培养融入学校的各项工作

学校作为教育的主阵地，应将教育家精神的培养融入学校的各项工作。加强校园文化建设，营造浓厚的教育文化氛围，让教育家精神在校园中生根发芽。开展丰富多彩的校园文化活动，如举办教育家事迹展览、开展师德主题演讲比赛等，让教师和学生在活动中感受教育家精神的魅力。加强教师队伍建设，建立教师专业发展支持体系，为教师提供更多的培训、学习和交流的机会，促进教师的专业成长。鼓励教师开展教育教学改革和创新实践，为教师提供必要的资源和支持，激发教师的创新活力。

13.6.3 激励教师不断提升自身素养

教师应不断提升自身素养，积极践行教育家精神。坚定理想信念，牢记为党育人、为国育才的初心使命，将个人的教育事业与国家的发展紧密相连。加强师德修养，做到言为上则、行为世范，以高尚的道德情操感染学生。不断学习和更新教育理念和方法，提高育人智慧，关注学生的全面发展和个性发展。勇于创新，积极探索适应时代发展需求的教育教学模式，为学生提供更优质的教育服务。

除了从上述几个方面进行努力，社会各界的广泛参与同样重要。社会各界应进一步加强对教育的支持和关注，形成全社会尊师重教的良好氛围。企业应积极参与教育事业，为学校提供实习实训基地、资金支持和技术支持等，促进教育与产业的深度融合。社会组织应发挥自身优势，开展各种教育公益活动，为教育事业的发展贡献力量。媒体应加大对教育的宣传力度，宣传优秀教师的先进事迹，弘扬教育家精神，营造良好的舆论环境。

未来，我们应持续深入研究教育家精神的培养路径，不断探索创新，推动教育家精神在教育实践中得到更广泛的弘扬和践行。通过全社会的共同努力，培养出更多具有教育家精神的优秀教师，为教育强国建设提供坚实的人才支撑，为实现中华民族伟大复兴的中国梦培养更多德智体美劳全面发展的社会主义建设者和接班人。

第十四章 教育家精神的积淀与创新

14.1 教育家精神的历史积淀

14.1.1 古代教育家精神的萌芽与奠基

（1）孔子的教育思想与精神传承

孔子作为我国古代伟大的教育家，其教育思想犹如一座巍峨的灯塔，照亮了我国教育发展的漫漫长路，对后世教育家精神的形成与发展产生了极为深远的影响。

孔子提出的"有教无类"思想，堪称教育理念上的重大突破。在当时的社会背景下，教育资源被贵族阶层所垄断，平民百姓几乎没有接受教育的机会。然而，孔子却打破了这一局面，主张不论贵贱、贫富、智愚，人人都应有接受教育的权利。他广收门徒，其弟子中既有贵族子弟，也有平民百姓，如颜回、子路等。这种平等的教育理念，体现了孔子对人性的尊重和对教育公平的追求，为后世教育家树立了典范。正如《论语·卫灵公》中记载："子曰：'有教无类。'"这一简洁而有力的表述，蕴含着深刻的教育平等思想，成为我国教育史上的光辉旗帜，激励着后世教育家不断为实现教育公平而努力。

"因材施教"是孔子教育思想的又一核心内容。孔子深知每个学生都有其独特的性格、天赋和学习能力，因此在教学过程中，他注重观察学生的特点，根据学生的实际情况进行有针对性的教育。这种教育方法，不仅能够提高学生的学习效果，还能培养学生的个性和特长，为后世教育家提供了宝贵的教育方法借鉴。

孔子还强调道德教育的重要性，将其置于教育的首位。他认为，教育的目的不只是传授知识，更重要的是培养学生的品德和修养。在《论语·学而》中，孔子说："弟子入则孝，出则悌，谨而信，泛爱众，而亲仁。行有余力，则以学文。"这表明孔子主张学生首先要学会做人，具备良好的道德品质，然后再学习文化知识。他提出"仁"的思想，将其作为最高的道德准则，教导学生要关爱他人、尊重他人，做到"己所不欲，勿施于人"。孔子还注重培养学生的社会责任感和使命感，鼓励学生积极入世，为社会做出贡献。他自己一生周游列国，传播自己的学说和思想，就是这种精神的践行者。这种重视道德教育的理念，对后世教育家产生了深远影响，使道德教育成为我国教育的重要传统之一。

此外，孔子在教学方法上也有许多独到之处。他提倡"启发式"教学，主张"不愤不启，不悱不发；举一隅不以三隅反，则不复也"（《论语·述而》）。这种教学方法强调引导学生主动思考，激发学生的学习兴趣和积极性，培养学生的独立思考能力和创新精神。同时，孔子还注重培养学生的学习态度，要求学生要有老老实实的学习态度，要谦虚好学，"知之为知之，不知为不知，是知也"（《论语·为政》），并且要时常复习学过的知识，以便"温故而知新"（《论语·为政》）。这些教学方法和学习态度的培养，对后世教育教学产生了重要的指导作用。

孔子的教育思想和精神，如同一座丰富的宝藏，为后世教育家提供了无尽的滋养。他的教育理念和方法，不但在当时具有重要的现实意义，而且在后世的教育发展中不断被传承和弘扬，成为教育家精神的重要源头之一。

（2）孟子的教育理念及其精神内涵

孟子作为儒家学派的重要代表人物，其教育理念蕴含着深刻的教育家精神内涵，对我国古代教育的发展产生了重要影响。

孟子视教育为人生三大乐事之一，他说："君子有三乐，而王天下不与存焉。父母俱存，兄弟无故，一乐也；仰不愧于天，俯不怍于人，二乐也；得天下英才而教育之，三乐也。"（《孟子·尽心上》）这种对教育的热爱和珍视，体现了孟子对教育事业的高度责任感和使命感。在他看来，能够培养出优秀的人才，为社会的发展做出贡献，是人生中最快乐的事情之一。这种精神激励着后世教育家以极大的热情投身于教育事业，努力培养更多的优秀人才。

在教育目的上，孟子主张培养"大丈夫"人格。他认为，"大丈夫"应具备"富贵不能淫，贫贱不能移，威武不能屈"（《孟子·滕文公下》）的高尚品质和坚定信念。为了实现这一教育目的，孟子强调对学生进行道德教育，注重培养学生的道德观念和道德行为。他提出仁、义、礼、智"四端"说，认为人应具有恻隐之心、羞恶之心、辞让之心和是非之心，这是仁、义、礼、智的萌芽。教育的作用在于将这些萌芽加以扩充和培养，使学生成为有道德、有修养的人。

孟子还重视对受教育者志向的培养。他认为，士人应当"尚志"，即树立远大的志向。孟子认为，志向是人生的动力和方向，只有树立了远大的志向，并将其与仁义道德相结合，才能成为真正的"大人"。他鼓励学生要有"如欲平治天下，当今之世，舍我其谁也"（《孟子·公孙丑下》）的担当精神，积极投身于社会，为实现自己的理想和抱负而努力奋斗。

在教育方法上，孟子主张因材施教。他认为，每个学生都有其独特的资质和潜力，教育者应根据学生的不同特点进行有针对性的教育。他说："君子之所以教者五：有如时雨化之者，有成德者，有达财者，有答问者，有私淑艾者。此五者，君子之所以教也。"（《孟子·尽心上》）对于资质优秀、悟性较高的学生，教育者应像及时雨一样，给予他们滋润和启发，使其迅速成长；对于品德方面有潜力的学生，应注重培养他们的品德，使其成为有道德的人；对于有才能的学生，应帮助他们充分发挥自己的才能，使其成为有用之才；对于有疑问的学生，应耐心解答他们的问题，帮助他们解决疑惑；对于那些不能直接接受教育的学生，可以通过间接的方式，如树立榜样、传播思想等，对他们产生影响。这种因材施教的教育方法，充分体现了孟子对学生个体差异的尊重和对教育规律的深刻认识。

此外，孟子还强调教育要循序渐进。他以"揠苗助长"的故事为例，告诫人们教育不能急于求成，要遵循学生的身心发展规律，不能违背学生的成长规律，否则将会适得其反。

孟子的教育理念及其蕴含的教育家精神，如重视教育的价值、培养高尚的人格、因材施教、循序渐进等，为后世教育提供了重要的理论支持和实践指导。他的思想不但丰富了我国古代教育思想的宝库，而且对后世教育家的教育实践和教育理念的形成产生了深远的影响。

（3）古代教育家精神的时代特征与价值

古代教育家精神具有鲜明的时代特征，这些特征反映了当时社会的政治、经济、文化等方面的需求，同时对当代教育具有重要的价值。

重视道德教育是古代教育家精神的显著特征之一。在古代社会，道德被视为社会秩序的基石和个人的立身之本。孔子强调"仁"的思想，将道德教育贯穿于整个教育过程中，培养学生的道德品质和社会责任感。孟子也注重培养学生的仁、义、礼、智"四端"，使其成为有道德、有修养的人。这种重视道德教育的传统，有助于培养学生的良好品德和行为习惯，促进社会的和谐稳定。在当代教育中，道德教育依然是教育的重要组成部分。培养学生的道德观念、社会责任感和公民意识，是培养全面发展的社会主义建设者和接班人的必然要求。古代教育家重视道德教育的精神，为当代教育提供了宝贵的借鉴，提醒我们在教育过程中要注重学生的品德培养，引导学生树立正确的价值观和人生观。

关注个体发展也是古代教育家精神的重要特征。孔子的"因材施教"思想，充分体现了对学生个体差异的尊重。他根据学生的不同性格、天赋和学习能力，进行有针对性的教育，尽量让每个学生都能得到充分的发展。孟子的因材施教主张同样强调根据学生的特点进行教育，发挥学生的优势和潜力。这种关注个体发展的精神，符合现代教育的理念。在当代教育中，我们倡导尊重学生的个性差异，实施个性化教育，满足不同学生的学习需求。古代教育家关注个体发展的思想，为当代教育提供了理论基础，启发我们要关注每个学生的成长，发现和培养学生的特长，让每个学生都能在教育中找到自己的发展方向。

强调教育与社会的联系是古代教育家精神的又一特征。古代教育家认为，教育的目的不只是培养个人，更重要的是为社会培养有用之才，促进社会的发展。孔子一生周游列国，传播自己的学说和思想，希望通过教育来改变社会。孟子也主张"达则兼善天下"，鼓励学生积极投身于社会，为社会的发展贡献自己的力量。这种将教育与社会联系的精神，在当代教育中依然具有重要意义。教育是社会发展的重要支撑，培养具有社会责任感和创新能力的人才，是推动社会进步的关键。古代教育家强调将教育与社会联系的思想，提醒我们要注重培养学生的社会实践能力和社会责任感，使学生能够更好地适应社会，为社会的发展做出贡献。

古代教育家精神还体现了对教育事业的热爱和奉献精神。孔子一生致力于教育事业，"学而不厌，诲人不倦"，坚持即使在困境中也坚守教育的信念。孟子视教育为人生三大乐事之一，对教育充满热情。这种对教育事业的热爱和奉献精神，是教育家精神的核心所在。在当代教育中，教师作为教育事业的主要承担者，需要具备这种热爱和奉献精神，才能全身心地投入教育教学工作中，为学生的成长和发展付出努力。

古代教育家精神具有重视道德教育、关注个体发展、强调教育与社会联系，以及对教育事业的热爱和奉献等时代特征。这些特征对当代教育具有重要的价值，为当代教育提供了宝贵的经验和启示。在新时代，我们应继承和发扬古代教育家精神，不断推动教育事业的发展，培养更多优秀的人才，为实现中华民族伟大复兴的中国梦贡献力量。

14.1.2　近现代教育家精神的发展与变革

（1）陶行知的生活教育理论与实践

陶行知是中国近现代教育史上一位具有深远影响的教育家，他的生活教育理论与实践，蕴含着丰富的教育家精神，为中国教育的现代化进程做出了卓越贡献。

"生活即教育"是陶行知生活教育理论的核心。他认为，教育的内容来源于生活，生活本身就具有教育的意义，过不同的生活便接受着不同的教育，"过康健的生活便是受康健的教育；过科学的生活便是受科学的教育；过劳动的生活便是受劳动的教育；过艺术的生活便是受艺术的教育；过社会革命的生活便是受社会革命的教育"。这一理念打破了传统教育将教育局限于学校课堂、脱离生活实际的局面，强调教育要与生活紧密相连，让学生在真实的生活情境中学习和成长。例如，在陶行知创办的晓庄试验乡村师范，学生不仅学习书本知识，还参与农事劳动、社会服务等实践活动，在生活中锻炼自己的能力，增强了社会责任感。这种教育理念体现了陶行知对教育本质的深刻理解，他认为教育不仅仅是传授知识，更重要的是培养学生适应生活、改造生活的能力，使学生能够在生活中不断学习、进步，实现自身的发展。

"社会即学校"是生活教育理论的重要组成部分。陶行知主张拆除学校与社会之间的"高墙"，将社会视为一所大学校，让学生走出学校，融入社会，充分利用社会中的各种资源进行学习和成长。在他看来，社会具备学校的某些属性，社会中的一切力量都可以被运用于教育，发挥社会的教育功能，使学生成为适应生活、融入民众的有用之人。同时，学校也应兼具社会的一些特征，通过与社会生活的紧密结合，一方面运用社会的力量推动学校的进步，另一方面动员学校的力量帮助社会发展，使学校真正成为社会生活不可或缺的一部分。例如，陶行知创办的山海工学团，就是将教育与社会生产劳动相结合，让学生在工学团中既学习文化知识，又参与生产实践，培养了学生的劳动技能和社会适应能力。这种理念体现了陶行知对教育与社会关系的深刻认识，强调教育要面向社会，培养学生的社会意识和社会责任感，使学生能够为社会的发展做出贡献。

"教学做合一"是陶行知生活教育理论的方法论。他认为，在生活中，教法、学法、做法是密不可分的。事情如何做，就让学生学着如何做，学生如何学着做事，教师就应该如何教，做是学和教的源泉。这一方法强调了实践在教育中的重要性，反对传统教育中单纯的理论灌输，注重培养学生的动手能力和实践操作能力。例如，在晓庄试验乡村师范的教学中，教师会根据实际生活中的问题和任务，引导学生进行思考、探索和实践，让学生在做的过程中学习知识、掌握技能，培养解决问题的能力。同时，"教学做合一"注重学生的主动学习和自主探索，鼓励学生在实践中发现问题、解决问题，培养学生的创新精神和独立思考能力。

陶行知的生活教育理论与实践，体现了他对教育事业的无限热爱和对学生的深切关怀。他以"爱满天下"的大爱精神，"捧着一颗心来，不带半根草去"的奉献精神，投身于教育实践，为广大教师树立了榜样。他的教育理念和实践方法，不但在当时具有重要的现实意义，而且对后世的教育发展产生了深远的影响，为教育家精神增添了浓墨重彩的一笔。

（2）蔡元培的"思想自由，兼容并包"教育思想

蔡元培是中国近代著名的教育家、思想家，他的"思想自由，兼容并包"教育思想，犹如一盏明灯，照亮了中国教育现代化的道路，对中国教育的发展产生了深远的影响，充分体现了伟大的教育家精神。

清朝末年，我国传统教育体系诸多问题。科举制度下的教育以八股文为主要考试内容，内容僵化，严重束缚学生的思想，培养出的人才往往与现实社会脱节，无法满足国家在工业、科技、外交等领域的发展需求。而且，教育资源分配不均，大多集中在少数权贵阶层手中，普通民众接受教育的机会极少。当时的中国，民族危机空前严重。有识之士深刻认识到，要救亡图存，实现国家富强，必须培养出具有新知识、新思想和创新能力的人才，而这离不开教育的革新。蔡元培先生身处这样的时代背景，强烈的使命感促使他思考如何变革教育，为国家培养急需的人才。自幼接受传统儒家教育的蔡元培，凭借自身努力在科举之路上崭露头角，成为传统教育体系中的佼佼者。但他并不满足于此，随着对世界的认知逐渐加深，尤其是接触到西方先进的教育理念和思想文化后，他开始反思传统教育的不足。他曾赴德国、法国留学，深入研究西方教育制度，这为他日后形成独特的教育理念奠定了基础。

1916年，蔡元培出任北京大学校长，这是他推行教育理念的关键时期。蔡元培提出"思想自由，兼容并包"的办学方针，主张无论何种思想和学术流派，只要言之成理、持之有故，都可以在北大自由传播。他聘请了陈独秀、胡适、李大钊等一批具有新思想的学者任教，同时也包容了辜鸿铭等坚守传统文化的学者。在课程设置上，他进行全面改革，增设了许多现代学科，如心理学、社会学、法学等，突破了传统学科的限制。此外，他还倡导学生自治，鼓励学生参与学校管理，推动成立了各种学生社团，如新潮社、平民教育讲演团等，培养学生的社会责任感和实践能力。

在蔡元培的改革下，北京大学学术氛围日益浓厚，培养了一大批优秀的人才，他们在各自的领域取得了卓越成就，成为推动中国社会变革和发展的重要力量。蔡元培不仅在北大推行教育改革，还致力于将现代教育理念推广到全国。他参与制定了一系列教育政策，推动了中国教育制度的现代化。例如，他参与制定的"壬子癸丑学制"，对学校教育的学制、课程设置等进行了全面规范，为中国现代教育体系的建立奠定了基础。他还积极倡导男女平等教育，支持女子学校的创办和发展，为女性接受教育创造了条件。

蔡元培的"思想自由，兼容并包"教育理念，体现了他对学术自由的尊重和对多元文化的包容。他深知，只有在自由、包容的学术环境中，才能激发学生的创新思维和求知欲望，培养出具有独立思考能力和创新精神的人才。这种教育理念不仅推动了北大的发展，还对中国整个教育界产生了深远的影响，促进了学术的繁荣和思想的解放，使中国教育逐渐与世界接轨。此后，中国教育不断发展和完善，培养出越来越多适应时代发展需求的人才。

从文化角度看，蔡元培的教育理念促进了中西文化的交流与融合。他鼓励学生学习西方先进的科学技术和思想文化，同时注重对中国传统文化的传承和创新。在"思想自由，兼容并包"的氛围下，各种思想和文化相互碰撞、交流与融合。新文化运动得以蓬勃发展，为中国文化的现代化转型注入了强大动力。

蔡元培严谨的治学态度、勇于创新的精神和以人为本的教育理念，为后世教育者树立了榜样。他的教育实践告诉我们：教育要与时俱进，关注学生的全面发展，尊重学生的个性差异，营造自由宽松的学习环境，培养学生的创新思维和实践能力。他的教育理念和实践，成为教育家精神的重要组成部分，激励着一代又一代的教育工作者为推动中国教育事业的发展而不懈努力。

（3）近现代教育家精神的传承与创新

近现代教育家精神在继承古代教育家精神的基础上，结合时代发展的需求，进行了大胆的创新与发展，为中国教育的现代化进程注入了强大的动力。

在教育公平方面，古代教育家如孔子提出"有教无类"的思想，打破了当时贵族对教育的垄断，为平民子弟提供了接受教育的机会，体现了对教育公平的初步追求。近现代教育家继承了这一精神，并将其进一步发扬光大。陶行知致力于平民教育，他创办晓庄试验乡村师范、山海工学团等，让更多的普通民众，尤其是农民，能够接受教育。他提出"教育为公以达天下为公"的理念，强调教育应该为全体人民服务，不论贫富、贵贱、男女，都有平等接受教育的权利。蔡元培积极倡导男女平等教育，支持女子学校的创办和发展，打破了传统教育中对女性的束缚，为女性争取了接受教育的机会，使教育公平的内涵更加丰富。这种对教育公平的不懈追求，体现了近现代教育家对社会正义的坚守和对人民福祉的关怀，是对古代教育家精神的传承与升华。

在教育与社会联系方面，古代教育家早已认识到教育与社会的紧密关系，如孔子希望通过教育来改变社会，孟子主张"达则兼善天下"，鼓励学生积极投身社会。近现代教育家进一步强化了这种联系，将教育视为推动社会变革和发展的重要力量。陶行知提出"生活即教育""社会即学校"的理念，强调教育要与生活实际相结合，以社会为大课堂，让学生在社会中学习和成长，培养学生适应社会、改造社会的能力。他的教育实践紧密围绕社会需求展开，如创办工学团，将教育与生产劳动相结合，培养学生的劳动技能和社会责任感，使学生能够更好地融入社会，为社会的发展做出贡献。蔡元培的"思想自由，兼容并包"教育理念，促进了学术的繁荣和思想的解放，为中国社会的变革培养了大批具有新思想、新观念的人才。这些人才积极参与社会变革，推动了中国政治、文化等领域的发展，体现了教育对社会发展的重要推动作用。

在教育方法和理念上，近现代教育家也在不断创新。古代教育家强调因材施教、启发式教学等方法，近现代教育家在继承这些方法的基础上，结合现代教育理论和实践，提出了更加科学、系统的教育方法。例如，陶行知的

"教学做合一"方法论，强调实践在教育中的重要性，注重培养学生的动手能力和创新精神，打破了传统教育中重理论轻实践的局面。蔡元培在北京大学进行的教育改革，在课程设置、教学方法、学生管理等方面都进行了创新，引入了现代学科体系和教学理念，注重培养学生的自主学习能力和社会责任感，为中国现代教育的发展奠定了基础。

近现代教育家精神体现了对教育事业的高度责任感和使命感。在国家面临内忧外患、民族危亡的关键时刻，近现代教育家以教育救国为己任，积极投身教育改革和实践，为培养具有爱国精神、创新能力和社会责任感的人才而努力奋斗。他们不畏艰难险阻，勇于探索创新，为中国教育事业的发展做出了巨大的努力。

近现代教育家精神在教育公平、教育与社会联系、教育方法和理念等方面，对古代教育家精神进行了传承与创新。近现代教育家的思想和实践，不仅推动了中国教育的现代化进程，还为后世教育家树立了榜样。近现代教育家精神成为教育家精神的重要组成部分，激励着我们在新时代继续为实现教育强国的目标而努力奋斗。

14.2　教育家精神的创新表现

14.2.1　教育理念的创新

（1）从传统教育到素质教育的转变

在教育发展的历史长河中，传统教育理念曾长期占据主导地位。传统教育以知识传授为核心，注重知识的系统性和完整性，强调教师的权威性，学生往往处于被动接受知识的状态。在课堂教学中，教师主要采用讲授法，将知识以灌输的方式传递给学生，学生则通过死记硬背来掌握知识。这种教育理念在一定程度上忽视了学生的个性差异和兴趣爱好，限制了学生的创新思维和实践能力的发展。随着时代的发展和社会的进步，传统教育理念的局限性日益凸显，难以满足社会对创新型人才的需求。

素质教育理念应运而生，它是对传统教育理念的深刻反思和全面革新。素质教育强调培养学生的综合素质，注重学生的全面发展，不仅关注学生的知识学习，还重视学生的思想道德、创新能力、实践能力、身心健康和审美素养等方面的培养。在素质教育理念下，教育的目标是培养具有创新精神、实践能力和社会责任感的全面发展的人。

素质教育理念高度重视学生创新能力的培养。它鼓励学生积极思考、勇于质疑，敢于突破传统思维的束缚，提出独特的见解和解决方案。在教学过程中，教师通过创设问题情境、组织探究活动等方式，激发学生的创新思维。如在科学课上，教师可以提出一些开放性的问题，如"如何利用身边的材料制作一个简易的发电装置"，引导学生自主思考、设计实验方案，并动手操作，在实践中培养学生的创新能力和解决问题的能力。同时，素质教育注重培养学生的创新意识，鼓励学生关注社会热点问题，积极参与科技创新活动，如参加科技竞赛、发明创造活动等，为学生提供展示创新成果的平台。

实践能力的培养也是素质教育的重要内容。素质教育强调把教育与生活实际相结合，让学生在实践中学习和成长。通过组织学生参加社会实践活动、实验操作、实习实训等，提高学生的动手能力和实际操作能力。学校可以组织学生参加社区服务活动，让学生深入了解社会，增强社会责任感；开展实验教学，让学生亲自动手操作实验仪器，培养学生的实验技能和科学探究能力；安排学生进行实习实训，让学生在实际工作岗位上锻炼自己，提高职业素养和实践能力。

为了更好地实现素质教育的目标，教学方法也在不断创新。项目式学习等新型教学方法逐渐被广泛应用。项目式学习以项目为载体，让学生在完成项目的过程中，综合运用多学科知识，学生的团队合作能力、沟通能力和问题解决能力得以提高。

从传统教育到素质教育的转变，是教育理念的一次重大创新，它顺应了时代发展的需求，为培养全面发展的创新型人才奠定了坚实的基础。在新时代，我们应坚定不移地推进素质教育，不断探索和创新教育方法，为学生的成长和发展创造更加有利的条件。

（2）个性化教育理念的兴起

随着教育改革的不断深入，个性化教育理念逐渐兴起，成为满足学生多样化需求的重要教育理念。每个学生都是独一无二的个体，具有不同的学习风格、兴趣爱好、天赋潜能和发展需求。个性化教育理念正是基于对学生个体差异的尊重，强调根据每个学生的特点和需求，为其量身定制教育方案，提供个性化的教育服务，以促进学生的充分发展。

北京市十一学校在课程改革方面进行了积极的探索和实践，为个性化教育理念的实施提供了成功范例。该校构建了丰富多样的课程体系，该体系涵盖国家课程、校本课程和特色课程，为学生提供了广泛的课程选择。在国家课程方面，学校严格按照国家课程标准进行教学，确保学生掌握基础知识和基本技能。在校本课程方面，学校根据学生的兴趣爱好和发展需求，开发了一系列校本课程，如科技创新类课程、人文社科类课程、艺术体育类课程等。这些校本课程丰富了学生的学习内容，满足了学生的个性化学习需求。在特色课程方面，学校开设了大学先修课程、国际课程等，为学有余力的学生提供了更高层次的学习机会。

北京市十一学校实施了分层分类选课走班教学模式。学校根据学生的学科能力和学习水平，将课程分为不同的层次和类别，学生可以根据自己的实际情况选择适合自己的课程。在数学学科，学校设置了基础课程、提高课程和拓展课程，学生可以根据自己的数学基础和学习能力选择相应的课程。同时，学校根据课程的性质和特点，将课程分为不同的类别，如必修课、选修课、活动课等，学生可以根据自己的兴趣爱好选择相应的课程。这种选课走班教学模式打破了传统的班级授课制，让学生能够根据自己的需求和兴趣选择课程，实现了个性化学习。

为了更好地支持个性化教育，北京市十一学校还建立了完善的导师制。学校为每个学生配备了导师，导师不仅关注学生的学习情况，还关心学生的生活、心理和职业发展等方面。导师会定期与学生进行沟通交流，了解学生的学习进展和需求，为学生提供个性化的学习指导和建议。在学生选择课程时，导师会根据学生的兴趣爱好和学科能力，帮助学生制订合理的选课计划；在学生学习过程中，导师会关注学生的学习困难和问题，及时给予帮助和支持；在学生面临职业选择时，导师会引导学生了解自己的兴趣和优势，为学生提供职业规划指导。

北京市十一学校的课程改革取得了显著成效。学生的学习积极性和主动性得到了极大提高，他们能够根据自己的兴趣和需求选择课程，学习更加有针对性和自主性。学生的综合素质得到了全面提升，在科技创新、艺术体育、社会实践等方面取得了优异成绩。学校的教育教学质量也得到了显著提高，得到了社会的广泛认可和好评。

除了北京市十一学校，还有许多学校也在积极探索个性化教育的实践路径。一些学校通过开展社团活动、兴趣小组等方式，为学生提供多样化的学习和发展机会；一些学校利用信息技术手段，建立了个性化学习平台，为学生提供个性化的学习资源和学习支持；一些学校开展个性化评价，根据学生的学习过程和学习成果，对学生进行全面、客观、个性化的评价，激励学生不断进步。

个性化教育理念的兴起，为学生的个性化发展提供了广阔的空间。通过实施个性化教育，能够更好地满足学生的多样化需求，激发学生的学习兴趣和潜能，促进学生的全面发展和个性化成长。在未来的教育发展中，个性化教育理念将得到更加广泛的应用和推广，为培养更多具有创新精神和实践能力的高素质人才做出更大的贡献。

14.2.2 教育方法的创新

（1）信息化教学手段的应用

在当今数字化时代，信息化教学手段已成为教育创新的重要驱动力，为教学带来了前所未有的变革。多媒体、互联网等技术的广泛应用，极大地丰富了教学资源和教学形式，为学生创造了更加生动、有趣、高效的学习环境。

多媒体教学以其独特的优势，在课堂教学中发挥着重要作用。通过运用图片、音频、视频等多种媒体元素，多媒体教学能够将抽象的知识转化为直观、形象的内容，帮助学生更好地理解和掌握知识。例如，在语文教学中，教师在讲解古诗词时，可以通过播放配乐朗诵音频，让学生感受古诗词的韵律之美；展示相关的图片或视频，帮助学生理解古诗词所描绘的意境，从而加深对古诗词的理解和记忆。在科学教学中，对于一些难以用语言描述的实验现象或微观世界，如细胞的结构和功能、化学反应的过程等，借助多媒体动画可以生动地展示这些内容，使学生能够直观地观察和学习，提高学习效果。

互联网技术的发展，为教育带来了革命性的变化。在线课程的兴起，打破了时间和空间的限制，使学生能够随时随地获取优质的教育资源。慕课（MOOC）平台汇聚了来自世界各地顶尖高校的课程，涵盖了各个学科领域，学生可以根据自己的兴趣和需求选择课程进行学习。这些课程通常采用视频讲解、在线讨论、作业提交与批改等多种方式呈现，学生可以与教师和其他学习者进行互动交流，分享学习心得和体会。在线课程还为终身学习提供了便利，无论是在职人员提升专业技能，还是退休人员丰富知识储备，都可以通过在线课程实现自己的学习目标。

　　智慧教室的建设，进一步推动了信息化教学的发展。智慧教室配备了先进的教学设备和智能教学系统，如智能白板、互动教学软件、录播设备等，实现了教学过程的数字化、智能化和互动化。在智慧教室中，教师可以通过智能白板展示教学内容，进行批注、标注等操作，方便学生记录和理解；教师可以利用互动教学软件，组织学生进行小组讨论、课堂测验、投票等活动，及时了解学生的学习情况，调整教学策略；录播设备可以自动录制教学过程，方便学生课后复习回顾，也为教师进行教学反思和教学研究提供了素材。

　　信息化教学手段的应用，不仅提高了教学效率和质量，还促进了学生的自主学习和创新思维的发展。通过利用互联网资源，学生可以自主探索知识，拓宽视野，培养自主学习能力，提高信息素养。在信息化教学环境中，学生可以通过在线讨论、小组合作等方式，与同学进行交流和协作，共同解决问题，培养团队合作精神和创新能力。

　　然而，信息化教学手段的应用面临一些挑战。如部分教师对信息技术的掌握程度有限，难以充分发挥信息化教学手段的优势；网络环境的稳定性和安全性问题，可能影响在线教学的顺利进行；信息化教学资源的质量参差不齐，需要教师进行筛选和整合。因此，为了更好地应用信息化教学手段，需要加强对教师的信息技术培训，提高教师的信息技术应用能力；加强网络基础设施建设，保障网络环境的稳定和安全；建立健全信息化教学资源的评价和管理机制，提高资源的质量。

　　信息化教学手段的应用是教育创新的重要体现，为教育教学带来了新的机遇和挑战。在未来的教育发展中，应充分发挥信息化教学手段的优势，不断探索和创新教学模式，为学生提供更加优质、高效的教育服务，培养适应时代发展需求的创新型人才。

（2）项目式学习与合作学习的推广

　　项目式学习和合作学习作为现代教育中极具创新性和实效性的教学方法，正逐渐在教育领域得到广泛推广和应用。它们以其独特的教学理念和方法，为学生提供了更加丰富、多元的学习体验，有效地促进了学生综合能力的提升。

　　项目式学习是一种以学生为中心的教学方法，它让学生通过参与一个具有实际意义和挑战性的项目，来探究和解决真实的问题或者完成一项复杂的任务。在项目式学习中，学生不再是被动地接受知识，而是主动地参与学习过程，通过自主探究、合作交流等方式，综合运用所学知识和技能，解决实际问题，从而培养学生的创新能力、合作能力、批判性思维和问题解决能力等重要素养。

以某中学开展的"校园文化建设"项目式学习为例，学生在教师的引导下，以小组为单位，深入探究校园文化的内涵和特色。他们首先对校园的历史、建筑、师生活动等方面进行了详细的调查和研究，收集了大量的资料和信息。然后，小组成员根据收集到的资料，共同讨论并确定了校园文化建设的主题和方向，如"传承历史，创新未来""弘扬传统文化，打造特色校园"等。在确定主题后，学生分工合作，分别负责设计校园文化标识、编写校园文化故事、策划校园文化活动等。在设计校园文化标识时，学生充分发挥自己的创意和想象力，运用所学的美术知识，设计出多个富有创意的标识方案。经过小组讨论和筛选，最终确定了一个最能体现校园文化特色的标识。在编写校园文化故事时，学生深入挖掘校园的历史和文化，采访了学校的老教师、校友等，收集了许多感人的故事和事迹，并将这些故事编写成生动有趣的文本，展现了校园的独特魅力。在策划校园文化活动时，学生考虑到不同年级、不同兴趣爱好的学生需求，设计了丰富多彩的活动形式，如校园文化节、传统文化讲座、艺术展览等。在整个项目实施过程中，学生遇到了许多问题和困难，如资料收集不全面、设计方案不符合要求、活动策划存在漏洞等。但他们并没有退缩，而是通过查阅资料、请教专家、小组讨论等方式，积极寻找解决问题的方法。最终，学生成功地完成了校园文化建设项目，不仅为校园增添了浓厚的文化氛围，还在项目实施过程中锻炼了自己的综合能力。

合作学习强调学生之间的互动与协作，通过小组合作的方式，共同完成学习任务。在合作学习中，学生相互交流、相互启发、相互帮助，共同进步。合作学习能够培养学生的团队合作精神、沟通能力和人际交往能力，让学生学会倾听他人的意见和建议，尊重他人的观点和想法，学会与他人合作，共同解决问题。

例如，在数学教学中，教师可以将学生分成小组，让他们共同完成一个数学项目，如"测量校园操场的面积"。在项目实施过程中，小组成员需要分工合作，有的负责测量操场的长和宽，有的负责记录数据，有的负责计算面积，有的负责撰写报告。在测量过程中，学生可能会遇到各种问题，如测量工具的精确度不够、测量方法不正确等。这时，小组成员需要共同讨论，寻找解决问题的方法。通过合作学习，学生不仅掌握了数学知识和技能，还提高了团队合作能力和解决问题的能力。

项目式学习和合作学习相互融合，能够更好地发挥它们的优势。在项目式学习中，学生通过合作学习的方式，共同完成项目任务，能够提高项目的完成质量和效率；在合作学习中，引入项目式学习的理念，让学生围绕一个具体的项目进行合作学习，这样能够激发学生的学习兴趣和动力，进而提高学习效果。

项目式学习和合作学习的推广，为学生的学习和成长提供了新的途径和方法。这些教学方法的应用，能够培养学生的综合能力，提高学生的综合素质，为学生的未来发展奠定坚实的基础。在未来的教育教学中，应进一步加强项目式学习和合作学习的融合，不断完善教学方法，为学生创造更加优质的教育环境。

14.2.3　教育评价的创新

（1）多元化评价体系的构建

多元化评价体系的构建是教育评价创新的重要举措，对促进学生全面发展具有至关重要的作用。传统的教育评价往往以考试成绩作为唯一的评价标准，这种单一的评价方式具有很大的局限性。它过于注重知识的记忆和再现，忽视了学生在学习过程中的努力、进步及其他方面能力和素质的发展，无法全面、准确地反映学生的学习情况和综合素质。随着教育理念的更新和教育改革的推进，人们逐渐认识到构建多元化评价体系的必要性。

多元化评价体系强调评价主体的多元化，即除了教师评价，还应鼓励学生自评、互评，以及家长和社会参与评价。学生自评能够让学生对自己的学习过程和成果进行反思，提高自我认知和自我管理能力。例如，在完成一篇作文后，学生可以根据教师提供的评价标准，对自己的作文从立意、结构、语言表达等方面进行自我评价，分析自己的优点和不足，从而有针对性地改进。互评则可以促进学生之间的交流与合作，让学生从他人的角度看待自己的学习，拓宽思维视野。在小组合作学习中，学生可以相互评价对方在团队中的表现，如合作能力、沟通能力、贡献度等，相互学习，共同进步。家长作为学生成长过程中的重要陪伴者，对学生的学习和生活情况有深入的了解，他们的评价可以为教师提供更多关于学生的信息，帮助教师更好地了解学生的学习背景和家庭环境对学生的影响。社会参与评价则可以使教育与社会需求紧密结合，让学生了解社会对人才的要求，明确自己的发展方向。

评价内容的多元化是多元化评价体系的重要特征。它不仅关注学生的学业成绩，还注重学生的综合素质，包括思想道德、创新能力、实践能力、身心健康、艺术素养等方面。在评价学生的思想道德时，可以通过观察学生在学校和社区的行为表现，如是否遵守纪律、是否关心他人、是否积极参与公益活动等，以此为依据对学生进行评价。对于学生的创新能力，可以通过学生在科技创新活动、学科竞赛中的表现，以及在课堂上提出的创新性观点和解决方案等对学生进行评价。对于学生实践能力，可以通过学生参与实验操作、社会实践活动、实习实训等情况来进行评价，考查学生的动手能力、实际操作能力和解决实际问题的能力。对于学生的身心健康，主要是对学生的身体素质、心理健康状况等方面进行评价，可通过体育测试、心理健康问卷调查等方式进行。对于学生的艺术素养，则可以通过学生在音乐、美术、舞蹈等艺术课程中的表现，以及参加艺术活动、比赛的成果等进行评价。

评价方式的多元化同样不可或缺。除了传统的纸笔测试，还应采用多种评价方式，如课堂表现评价、作业评价、项目评价、成长记录袋评价等。通过课堂表现评价可以及时了解学生在课堂上的学习状态、参与度、思维活跃度等情况，教师可以通过观察学生的课堂提问、回答问题、小组讨论等表现对学生进行课堂表现评价。作业评价不仅关注作业的完成情况，还注重对学生作业过程中的思考方法、创新思维等方面进行考查。项目评价则适用于项目式学习，通过对学生在项目实施过程中的表现，如团队合作能力、沟通能力、问题解决能力等进行评价，全面了解学生的综合能力。成长记录袋评价是一种过程性评价方式，它收集学生在学习过程中的各种作品、成果等，能够直观地反映学生的成长历程和进步情况。

综合素质评价的实施是多元化评价体系的重要体现。以某中学为例，该校建立了完善的综合素质评价体系，从品德发展与公民素养、学业水平与学习能力、身心健康与艺术素养、社会实践与创新能力等多个维度对学生进行评价。在品德发展与公民素养方面，通过学生自评、互评、教师评价及家长评价等方式，对学生的道德品质、行为习惯、社会责任感等进行评价。在学业水平与学习能力方面，除了考试成绩，还综合考虑学生的课堂表现、作业完成情况、学习态度等因素。在身心健康与艺术素养方面，通过体育测试、心理健康评估、艺术作品展示等方式对学生进行评价。在社会实践与创新能力方面，通过学生参与社会实践活动、科技创新活动、社团活动等的情况对学生进行评价。学校将综合素质评价结果作为学生评优评先、升学推荐等的重要依据，激励学生全面发展。

多元化评价体系能够全面、客观、准确地评价学生的学习和发展情况，为学生提供更有针对性的反馈和指导，激发学生的学习兴趣和动力，促进学生的全面发展。在未来的教育发展中，应进一步完善多元化评价体系，不断探索和创新评价方法和手段，使其更好地服务于教育教学和学生的成长。

（2）过程性评价的重视

过程性评价作为教育评价创新的重要内容，日益受到教育界的广泛关注。它与传统的终结性评价不同，更加注重学生在学习过程中的表现，关注学生的学习过程、学习方法、学习态度等方面，能够全面、动态地反映学生的学习情况，为教学改进和学生发展提供更有价值的信息。

例如，在某中学的语文教学中，教师实施了一套较为完善的过程性评价方案，对学生的学习态度、课堂表现、作业完成情况及阶段性测验进行了重点评价。

①在学习态度方面，教师通过日常观察，对学生的出勤情况、课堂纪律遵守情况、学习的主动性和积极性等进行评价。对于经常主动参与课堂讨论、积极回答问题的学生，给予较高的评价；对于学习态度不端正，经常迟到、早退或在课堂上开小差的学生，及时进行引导和教育，并记录在评价档案中。

②课堂表现是过程性评价的重要内容。教师需要观察学生在课堂上的参与度、思维活跃度及与同学的合作能力。在小组讨论环节，观察学生是否能够积极发表自己的观点、倾听他人的意见、与小组成员协作完成任务。对于在课堂上能够提出独特见解、积极参与讨论并对小组讨论有积极贡献的学生，给予相应的加分鼓励。同时，教师还会关注学生的发言质量，包括语言表达是否清晰、逻辑是否严谨、观点是否有深度等，对表现优秀的学生进行表扬和鼓励。

③作业完成情况是过程性评价的关键指标。教师不仅要关注学生作业的完成质量，还要注重作业的完成过程和方法。对于按时完成作业、书写工整、答案准确的学生，给予肯定和表扬；对于作业中出现的错误，教师会认真分析原因，帮助学生找出问题所在，并要求学生及时订正。对于能够主动探索

多种解题方法、在作业中展现出创新思维的学生，给予额外的奖励。此外，教师会定期对学生的作业进行总结和反馈，让学生了解自己在作业中的优点和不足，明确努力的方向。

④阶段性测验是检验学生学习成果的重要方式之一，在过程性评价中占有一定比重。教师会根据教学进度，定期进行阶段性测验，了解学生对知识的掌握情况。测验后，教师会对学生的成绩进行分析，不仅关注学生的分数，还注重分析学生在各个知识点上的得分情况，找出学生的薄弱环节，为后续的教学提供参考。同时，教师会与学生一起分析试卷，帮助学生总结经验教训，指导学生改进学习方法。

在实施过程性评价的过程中，教师还注重与学生的沟通和反馈。定期与学生进行一对一的交流，了解学生在学习过程中的困难和需求，及时给予帮助和支持。同时，教师会将评价结果及时反馈给学生，让学生了解自己的学习进展和存在的问题，鼓励学生制订改进计划，不断提高自己的学习水平。通过实施过程性评价，该中学的语文教学取得了显著成效。学生的学习积极性和主动性明显提高，他们更加注重学习过程中的自我反思和自我调整，学习方法也得到了改进。教师能够及时了解学生的学习情况，根据学生的实际需求调整教学策略，提高了教学的针对性和有效性。学生的语文成绩和综合素质都得到了全面提升，不仅知识掌握得更加扎实，在语言表达、思维能力、合作能力等方面也有了明显的进步。

对过程性评价的重视，能够更好地促进学生的学习和发展。实施过程性评价能让学生在学习过程中感受到自己的努力和进步得到认可，增强了学生的学习自信心和成就感。同时，为教师提供了丰富的教学反馈信息，有助于教师不断改进教学方法，提高教学质量。在未来的教育评价中，应进一步加强过程性评价的应用和研究，不断完善评价体系，使其更好地服务于学生的成长和教育教学的发展。

14.3　影响教育家精神形成与创新的因素

14.3.1　社会发展需求的推动

社会发展需求是推动教育家精神形成与创新的重要动力源泉。在不同的历史时期，社会发展对教育提出了不同的要求，促使教育家不断思考和探索，从而形成和创新了教育家精神。

在古代社会，教育往往侧重于培养符合统治阶层需要的人才，以维护社会的稳定和秩序。孔子所处的时代，社会动荡不安。为了恢复社会秩序等，孔子提出了"仁"的思想，主张通过教育培养有道德、有学问的人，以实现社会的和谐与稳定。他的教育理念和实践，体现了对社会发展需求的深刻洞察和积极回应。在封建社会，科举制度成为选拔人才的主要途径，教育的目的主要是培养能够通过科举考试进入仕途的人才。因此，教育家注重对学生进行儒家经典的传授和道德教育，培养学生的应试能力和道德修养。

随着近代中国社会的变革，民族危机日益加深，救亡图存成为时代的主题。社会发展对教育提出了新的要求，即培养具有现代知识和技能、能够适应社会变革的人才。陶行知、蔡元培等教育家，积极倡导教育改革，提出了一系列具有创新性的教育理念和方法。陶行知提出生活教育理论，强调教育要与生活实际相结合，培养学生的实践能力和创新精神；蔡元培提出"思想自由，兼容并包"的教育理念，主张打破传统教育的束缚，培养具有独立思考能力和创新精神的人才。他们的教育理念和实践，都是为了满足社会发展对人才的需求，推动社会的进步和发展。

在当代社会，随着科技的飞速发展和经济全球化的深入推进，社会对人才的要求越来越高。不仅要求人才具备扎实的专业知识和技能，还要求人才具有创新能力、实践能力、团队合作能力和国际视野等综合素质。为了满足社会发展对人才的需求，教育家不断创新教育理念和方法，注重培养学生的综合素质。素质教育理念的提出，强调培养学生的创新精神、实践能力和社会责任感，促进学生的全面发展；个性化教育理念的兴起，关注学生的个体差异，为学生提供个性化的教育服务，满足学生的多样化需求。同时，教育家还积极推动教育信息化，利用现代信息技术手段，丰富教学资源，创新教学方法，提高教学质量。

社会发展需求的变化促使教育家不断反思和改进教育，推动了教育家精神的形成与创新。在未来的发展中，随着社会的不断进步和科技的持续创新，社会对教育的需求也将不断变化。教育家将继续关注社会发展需求，勇于创新，不断丰富和发展教育家精神，为培养适应时代发展需求的高素质人才做出更大的贡献。

14.3.2 教育改革政策的引导

教育改革政策在引导教育家精神的形成和创新方面发挥着关键作用。以新一轮基础教育课程改革（以下简称新课改）政策为例，它对教师提出了一系列全新的要求，有力地推动了教育家精神的发展与创新。

在新课改的背景下，教育理念发生了深刻的变革，这促使教师树立以学生为中心的教育理念。传统的教育理念往往侧重于知识的传授，而新课改强调学生的主体地位，注重培养学生的自主学习能力、创新思维和实践能力。这就要求教师在教学过程中，充分尊重学生的个性差异和兴趣爱好，鼓励学生积极参与课堂教学，主动探索知识。教师要关注学生的学习过程和学习体验，引导学生学会学习，培养学生的终身学习意识。例如，在语文课堂上，教师不再是单纯地讲解课文，而是组织学生进行小组讨论、角色扮演等活动，让学生在互动中理解课文内容，提高语言表达能力和思维能力。这种以学生为中心的教育理念，体现了教育家精神中对学生个体的尊重和关爱，激励教师不断探索适合学生发展的教育方法。

新课改对教师的专业素养提出了更高的要求。教师不仅要具备扎实的学科知识，还要掌握先进的教育教学理论和方法，具备较强的教育科研能力。为了适应这一要求，教师需要不断学习和更新自己的知识结构，积极参加各种培训和学习活动，提升自己的专业水平。教师要深入研究教育教学中的问题，探索创新教学方法和策略，以提高教学质量。在数学教学中，教师可以运用项目式学习等方法，激发学生的学习兴趣，培养学生的数学思维和解决问题的能力。同时，教师要关注学科前沿动态，将最新的知识和研究成果融入教学，拓宽学生的视野。这种对教师专业素养的要求，促使教师不断追求卓越，体现了教育家精神中勤学笃行、求是创新的躬耕态度。

在课程开发与实施方面，新课改赋予教师更多的自主权，要求教师具备课程开发和整合的能力。教师不仅是课程的执行者，还是课程的开发者和设计者。教师要根据学生的实际情况和教学目标，开发适合学生的校本课程，丰富课程资源。教师还需要整合各种课程资源，将学科知识与生活实际相结合，提高课程的综合性和实践性。在开发校本课程时，教师可以结合学校的特色和学生的兴趣爱好，开设如机器人编程、书法、绘画等课程，满足学生的多样化需求。在课程实施过程中，教师要注重引导学生积极参与，培养学生的实践能力和创新精神。这种课程开发与实施的要求，激发了教师的创新意识和创造力，体现了教育家精神中勇于创新的品质。

评价体系的改革也是新课改的重要内容，它引导教师树立多元化的评价观念。传统的评价体系往往以考试成绩为主要评价标准，而新课改强调评价的多元化，包括评价主体的多元化、评价内容的多元化和评价方式的多元化。评价主体不仅有教师，还包括学生、家长和社会；评价内容不仅关注学生的学业成绩，还注重学生的综合素质，如创新能力、实践能力、社会责任感等；评价方式除了考试，还包括课堂表现评价、作业评价、项目评价、成长记录袋评价等。这种多元化的评价体系，能够全面、客观地评价学生的学习和发展情况，为教师提供更丰富的教学反馈信息，有助于教师调整教学策略，促进学生的全面发展。教师在评价学生时，要注重发现学生的优点和进步，及时给予鼓励和肯定，激发学生的学习动力。这种多元化的评价观念，体现了教育家精神中对学生全面发展的关注和重视。

教育改革政策，如新课改政策，通过对教师在教育理念、专业素养、课程开发与实施、评价体系等方面提出新的要求，有力地引导了教育家精神的形成和创新。这些政策促使教师不断更新教育观念，提升专业素养，勇于创新，关注学生的全面发展，为培养适应时代发展需求的创新型人才贡献力量。

14.3.3　传统文化的传承与创新

中华优秀传统文化源远流长、博大精深，为教育家精神提供了丰富的滋养。从孔子的"有教无类""因材施教"，到孟子的"得天下英才而教育之"的教育理想，这些传统教育思想蕴含着深刻的教育智慧和人文精神，成为教育家精神的重要源泉。在新时代，如何传承和创新这些优秀的传统文化，使其更好地融入现代教育，是我们需要深入思考的问题。

在教育理念方面，中华优秀传统文化强调"以人为本"，关注人的全面发展。这一理念与现代教育所倡导的素质教育理念高度契合。在孔子的教育思想中，注重培养学生的品德、智慧、体魄和美感，强调"君子不器"，即培养的人才不应仅仅局限于某一专业领域，而应使其具备全面的素养。在新时代，我们应传承这一理念，将其融入教育教学，注重培养学生的综合素质，促进学生的全面发展。在课程设置上，应增加人文社科类课程的比重，加强对学生的品德教育、审美教育和心理健康教育，培养学生的社会责任感、创新精神和实践能力。

在教学方法上，中华优秀传统文化中蕴含着许多值得借鉴的方法。如启发式教学，孔子主张"不愤不启，不悱不发"，强调在学生积极思考但尚未想通时，给予适当的启发和引导，激发学生的思维能力。在现代教育中，我们应传承这一教学方法，鼓励学生积极思考、主动提问，培养学生的自主学习能力和创新思维。在课堂教学中，教师可以通过创设问题情境、组织小组讨论等方式，引导学生自主探究，培养学生的合作能力和解决问题的能力。

传统文化的传承还体现在对教育价值观的坚守上。中华优秀传统文化强调教育的社会价值，认为教育不仅是个人成长的途径，还是为社会培养人才、推动社会进步的重要手段。在新时代，我们应继续弘扬这一价值观，引导学生树立正确的学习目标，培养学生的社会责任感和家国情怀。在教育教学中，教师可以通过讲述历史故事、介绍"时代楷模"等方式，激发学生的爱国热情，培养学生为国家和社会贡献力量的意识。

在传承传统文化的同时，我们应注重创新，使其适应新时代的发展需求。随着科技的飞速发展和社会的不断进步，教育面临着新的机遇和挑战。我们应结合现代教育技术和教育理念，对传统教育思想和方法进行创新和发展。利用互联网技术，开展在线教育等，打破时间和空间的限制，使更多的人能够享受到优质的教育资源；将传统的教育方法与现代的教育技术相结合，如利用多媒体技术、虚拟现实技术等，丰富教学内容和形式，提高教学效果。

传统文化的传承与创新是教育家精神发展的重要内容。我们应深入挖掘中华优秀传统文化的内涵，将其与现代教育相结合，在传承中创新，在创新中发展，为培养适应新时代需求的高素质人才提供精神动力和文化支撑。

14.3.4 教育家个人的特质与追求

教育家个人的特质与追求在教育家精神的形成过程中起着至关重要的作用。以苏霍姆林斯基为例，他的责任感、创新意识等特质，深刻地影响了他的教育理念和实践，进而形成了独特的教育家精神。

苏霍姆林斯基对教育事业怀有强烈的责任感。他深知教育对于学生成长和社会发展的重要性，因此始终将学生的利益放在首位，全身心地投入教育工作。他在担任帕夫雷什中学校长期间，不仅关注学生的学业成绩，还关心学生的全面发展。他每天早早来到学校，与学生一起参加晨练，了解学生的生活情况。他经常深入课堂，亲自授课，观察学生的学习状态，及时发现并解决学生在学习中遇到的问题。他还会与学生进行一对一的交流，倾听他们的心声，帮助他们解决生活和学习中的困惑。这种对学生的高度责任感，使他在教育实践中不断探索和创新，努力为学生创造更好的教育环境。

创新意识是苏霍姆林斯基的一个重要特质。他敢于突破传统教育的束缚，提出了许多具有创新性的教育理念和方法。他强调教育要尊重学生的个性差异，关注学生的兴趣爱好和特长，主张让每一名学生都能在自己的兴趣领域中找到成功的喜悦。为了实现这一目标，他在学校开设了丰富多彩的兴趣小组，如绘画小组、音乐小组、文学小组、科技小组等，让学生根据自己的兴趣选择参加。在教学方法上，他倡导启发式教学，注重培养学生的思维能力和创新能力。他认为，教师的任务不仅是传授知识，还要引导学生自主思考、探索和发现。在课堂上，他会提出一些开放性的问题，鼓励学生发表自己的见解，培养学生的独立思考能力和创新精神。

苏霍姆林斯基还具有强烈的求知欲和不断学习的精神。他广泛阅读各种教育书籍和文献，汲取先进的教育理念和方法，并将其融入自己的教育实践。他不断反思自己的教育教学过程，总结经验教训，不断改进自己的教育方法。他积极参加各种教育研讨会和学术交流活动，与其他教育家分享经验，共同探讨教育问题。这种不断学习和进取的精神，使他的教育理念和方法始终保持着先进性和创新性。

苏霍姆林斯基的教育实践取得了显著的成效。在他的领导下，帕夫雷什中学成了一所具有特色的学校，培养出了一大批优秀的学生。他的教育理念和方法不仅在苏联国内得到了广泛的推广和应用，还对许多国家的教育产生了深远的影响。他的著作《给教师的建议》《把整个心灵献给孩子》等，成为教育领域的经典之作，被翻译成多种语言，在全球范围内广泛传播。

苏霍姆林斯基的责任感、创新意识、求知欲和不断学习的精神等，共同塑造了他独特的教育家精神。他的教育理念和实践，为我们提供了宝贵的经验和启示，激励着我们在教育工作中不断追求卓越，为培养全面发展的人才贡献自己的力量。

14.4 教育家精神的传承与发展路径

14.4.1 加强教师教育与培训

（1）完善教师教育体系

完善教师教育体系是传承与发展教育家精神的重要基础。在课程设置方面，应注重优化课程结构，增加教育理论课程的深度和广度，让教师深入理解教育的本质、目的和方法。除了传统的教育学、心理学等基础课程，还应开设教育哲学、教育社会学、教育史等课程，使教师从多学科视角认识教育，为其教育实践提供坚实的理论支撑。加大教育实践课程的比重，提高实践教学的质量和效果。通过增加教育见习、实习的时间，教师可以在真实的教育环境中锻炼自己的教学能力。在教育见习中，教师可以观察优秀教师的教学过程，学习他们的教学方法和技巧；在实习中，教师可以亲身体验教学的各个环节，积累教学经验，提高解决实际问题的能力。同时，可以开展教育实践基地建设，与中小学、幼儿园等建立长期稳定的合作关系，为教师提供更多的实践机会和平台。

（2）开展教育家精神专题培训

开展教育家精神专题培训，对于提升教师对教育家精神的理解和践行能力具有重要意义。在培训内容上，应全面涵盖教育家精神的内涵、历史渊源、当代价值等方面。深入解读我国特有的教育家精神的六个方面，即心有大我、至诚报国的理想信念，言为士则、行为世范的道德情操，启智润心、因材施教的育人智慧，勤学笃行、求是创新的躬耕态度，乐教爱生、甘于奉献的仁爱之心，胸怀天下、以文化人的弘道追求，让教师深刻领会其精神实质。专题培训通过讲述我国教育史上的著名教育家，如孔子、孟子、陶行知、蔡元培等的教育思想和实践，使教师了解教育家精神的历史传承和发展脉络。同时，结合当代教育实践中的案例，分析教育家精神在解决实际教育问题中的应用，让教师认识到教育家精神的现实价值。在培训方式上，可以采用多样化的形式，如专题讲座、案例分析、小组讨论、实地考察等。邀请教育专家、学者举办专题讲座，系统阐述教育家精神的内涵和价值；通过分析具体的教育案例，引导教师思考如何在实际教学中践行教育家精神；组织小组讨论，让教师分享自己的经验和见解，促进教师之间的交流与合作；安排实地考察，让教师参观具有教育家精神的学校或教育机构，亲身感受教育家精神的实践成果。通过这些培训方式，激发教师对教育家精神的学习热情，提高教师的参与度和积极性，使教师能够更好地将教育家精神融入日常教学。

14.4.2　营造良好的教育生态

（1）加强学校文化建设

学校文化建设对教育家精神的传承起着至关重要的作用。校园文化活动作为学校文化建设的重要载体，能够为教育家精神的传承提供丰富的土壤和生动的实践平台。

校园文化活动能够营造浓厚的教育氛围，潜移默化地影响学生的价值观和行为习惯。学校通过举办各种文化活动，如校园文化节、读书节等，将教育家精神融入其中，让学生在参与活动的过程中，感受到教育家的思想和精神力量。在校园文化节上，可以设置以"传承教育家精神"为主题的展览，展示中国历代教育家的生平事迹、教育理念和教育成就，让学生了解教育家为教育事业所做出的贡献，激发学生对教育的热爱和对知识的追求。举办读书节，推荐与教育家精神相关的书籍，组织读书分享会，让学生在阅读和交流中，深入理解教育家精神的内涵，培养学生的阅读兴趣和思考能力。

校园文化活动能够培养学生的综合素质，促进学生的全面发展。在科技节中，开展科技创新比赛、科普讲座等活动，鼓励学生积极参与科技创新，培养学生的创新精神和实践能力，这与教育家精神中注重培养学生创新能力的理念相契合。举办艺术展览、文艺演出等活动，提高学生的艺术修养和审美能力，丰富学生的精神世界。通过组织各类体育比赛，增强学生的体质，培养学生的团队合作精神和竞争意识。这些活动的开展，有助于培养学生的综合素质，使学生在德、智、体、美、劳等方面得到全面发展，符合教育家精神对学生全面发展的要求。

校园文化活动能够促进师生之间的交流与合作，形成良好的师生关系。在活动中，师生共同参与，相互学习，相互交流，增进彼此之间的了解和信任。在社团活动中，教师作为指导者，与学生一起探讨问题、解决问题，共同完成社团任务。这种互动式的交流与合作，不仅能够提高学生的学习效果，还能够营造和谐的教育氛围，为教育家精神的传承提供良好的人际关系基础。

学校可以通过校园文化活动，传承和弘扬中华优秀传统文化，增强学生的文化自信。举办传统文化讲座、传统节日庆祝活动等，让学生了解中华优秀传统文化的博大精深，感受传统文化的魅力。在端午节举办包粽子比赛、诗词朗诵会等活动，让学生在参与活动的过程中，了解端午节的历史渊源和文化内涵，传承中华民族的传统美德。通过这些活动，培养学生对传统文化的热爱和传承意识，使中华优秀传统文化在校园中得以延续和发展，这也是教育家精神中弘扬传统文化、以文化人的具体体现。

加强学校文化建设，开展丰富多彩的校园文化活动，对于传承教育家精神具有重要意义。通过校园文化活动，能够营造良好的教育氛围，培养学生的综合素质，促进师生交流与合作，传承和弘扬中华优秀传统文化，使教育家精神在校园中生根发芽，为学生的成长和发展提供强大的精神动力。

（2）促进教育公平与质量提升

教育公平与质量提升是教育发展的核心目标，对教育家精神的发展具有不可忽视的重要性。教育公平是社会公平的重要基础，它关乎每一个学生的发展机会和未来命运。教育家精神强调对每一个学生的关爱和尊重，追求教育的公正性和平等性，确保每个学生都能享受到优质的教育资源。只有实现教育公平，才能让不同地区、不同阶层的学生站在同一起跑线上，接受良好的教育，从而激发他们的潜力，实现自身的价值。

在偏远地区，由于地理位置偏远、经济发展相对落后，教育资源匮乏，师资力量薄弱，当地学生接受教育的质量远远低于城市的学生。为了解决这一问题，国家出台了一系列政策，如提出"特岗计划"，鼓励优秀大学毕业生到偏远地区任教，为当地学校注入新鲜血液，提高教学质量；推出"教育扶贫"项目，项目通过资助贫困学生、改善学校办学条件等方式，让贫困地区的学生能够顺利完成学业。这些政策的实施，使偏远地区的学生能够享受到更加公平的教育机会，缩小了城乡教育差距，体现了教育公平的理念，为教育家精神在这些地区的传播和发展提供了条件。

教育质量的提升是教育家精神的重要体现。教育家始终关注教育质量，致力于培养学生的综合素质和创新能力，使学生能够适应社会发展的需求。为了提升教育质量，国家和地方政府不断加大对教育的投入，改善学校的硬件设施，如建设现代化的教学楼、实验室、图书馆等，为学生提供良好的学习环境。加强教师队伍建设，通过提高教师待遇、开展教师培训等方式，吸引优秀人才投身教育事业，提高教师的专业素养和教学水平。

国家还积极推动教育改革，出台了一系列政策，如新课改，强调培养学生的创新精神、实践能力和社会责任感，注重学生的全面发展；高考改革，打破了传统的评价模式，实行"3+1+2"模式，增加了学生的选考科目，更加注重学生的兴趣和特长，为学生提供了更多的发展机会。这些政策的落实，促进了教育质量的提升，也为教育家精神的发展提供了政策支持和实践空间。

促进教育公平与质量提升是教育事业发展的重要任务，也是教育家精神的重要体现。通过落实相关政策，能够为每一个学生提供公平的教育机会，提高教育质量，培养出更多具有创新精神和实践能力的人才，推动教育家精神的传承和发展，为实现中华民族伟大复兴的中国梦提供有力的人才支撑。

14.4.3　推动教育国际交流与合作

（1）借鉴国际先进教育理念

在全球化的时代背景下，积极借鉴国际先进教育理念，对于丰富和发展教育家精神具有重要意义。芬兰的教育模式以其卓越的教育质量和独特的教育理念，在全球范围内备受关注，为中国教育提供了宝贵的借鉴经验。

芬兰教育强调以学生为中心，注重培养学生的综合素质和创新能力。在芬兰的学校里，教师会根据每个学生的特点和需求，制订个性化的教育计划，关注学生的学习进度和心理状态，为学生提供及时的支持和指导。这种以学生为中心的教育理念，与我国教育家精神中关注学生个体发展的理念相契合，提醒中国教育工作者要尊重学生的个性差异，因材施教，激发学生的学习兴趣和潜能，让每个学生都能在教育中得到充分的发展。

在课程设置方面，芬兰教育注重跨学科学习和实践能力的培养。芬兰的学校会开设一些综合性的课程，如"现象教学"课程，让学生围绕一个社会现象或实际问题，综合运用多个学科的知识进行探究和解决。这种课程设置打破了传统学科之间的界限，培养了学生的综合思维能力和解决实际问题的能力。例如，在"现象教学"课程中，学生可能会研究"城市交通拥堵问题"，他们需要运用数学知识分析交通流量数据，运用地理知识了解城市布局和交通规划，运用社会学知识探讨人们的出行习惯和社会需求，通过跨学科的学习和研究，提出解决交通拥堵问题的方案。这种跨学科学习和实践能力培养的理念，对中国教育具有重要的启示。中国教育可以借鉴芬兰的经验，在课程设置中增加跨学科课程的比重，引导学生运用多学科知识解决实际问题，提高学生的综合素养和实践能力。

芬兰教育还高度重视教师的专业发展。芬兰的教师都经过严格的选拔和培训，具有较高的专业素养和教育教学能力。教师在教学过程中拥有较大的自主权，他们可以根据教学目标和学生的实际情况，自主选择教学内容和教学方法。同时，芬兰的教育部门会为教师提供持续的培训和支持，帮助教师不断更新教育理念和教学方法，提高教学质量。芬兰的教师教育体系注重培养教师的教育研究能力，鼓励教师开展教育教学研究，探索适合学生发展的教育方法和策略。这种对教师专业发展的重视，为中国教育提供了有益的借鉴。中国可以加强教师教育体系建设，加强对教师的培训和考核，为教师提供更多的学习和发展机会，激励教师不断提升自己的专业素养和教育教学能力。

通过对芬兰教育模式的研究和分析，中国教育可以汲取其中的精华，将其融入我国教育家精神的内涵，不断丰富和发展我国教育家精神。同时，借鉴国际先进教育理念，有助于推动中国教育改革，提高教育质量，培养出更多具有国际视野、创新能力和社会责任感的高素质人才，以适应全球化时代的发展需求。

（2）传播我国教育家精神

在国际教育交流的广阔舞台上，我国教育家精神正逐渐崭露头角，通过多种途径和方式向世界传播，展现出独特的魅力和价值。孔子学院作为中国文化传播的重要窗口，在传播我国教育家精神方面发挥着不可替代的重要作用。

孔子学院在全球范围内广泛开展汉语教学活动，这不仅是语言的传授，还是我国教育家精神的传递。在汉语课堂上，教师通过讲解中国的历史文化、文学经典等内容，向外国学生展现中国教育家的思想和理念。当讲解《论语》时，教师会介绍孔子的教育思想，如"有教无类"体现了教育公平的理念，认为人人都有接受教育的权利；"因材施教"则强调根据学生的不同特点和能力进行有针对性的教育，关注学生的个体差异。这些教育思想让外国学生深刻感受到中国教育家对教育事业的热爱和对学生的关怀，体会到我国教育家精神中蕴含的人文关怀和智慧。

除了课堂教学，孔子学院还举办丰富多彩的文化活动，如中国传统文化讲座、书法绘画展览、传统节日庆祝活动等。在这些活动中，我国教育家精神得到了生动的体现。在中国传统文化讲座中，专家学者会介绍中国古代教育家的生平事迹和教育成就，讲述他们为了教育事业不懈努力、无私奉献的故事，让外国友人了解中国教育家的高尚品德和坚定信念。在书法绘画展览中，通过展示中国传统艺术作品，传达中国文化中追求卓越、精益求精的精神，这也是我国教育家精神在艺术教育领域的体现。在传统节日如春节、中秋节等的庆祝活动中，外国学生可以亲身参与活动，感受中国文化的独特魅力，同时也能体会到我国教育家精神中对文化传承和弘扬的重视。

孔子学院的教育实践不仅传播了我国教育家精神，还促进了中外教育的交流与合作。许多外国学生在孔子学院学习后，对中国教育产生了浓厚的兴趣，他们通过与中国教师和学生的交流互动，深入了解中国的教育体系和教育方法。一些外国教育机构也开始关注我国教育家精神，与孔子学院开展合作研究和交流活动，共同探讨教育的发展和创新。通过这些交流与合作，我国教育家精神得到了更广泛的传播和认可，为世界教育的发展贡献了中国智慧和力量。

除了设立孔子学院，中国还积极参与国际教育组织和教育会议，与世界各国分享我国教育家精神和教育改革经验。在国际教育研讨会上，中国教育专家会介绍中国在推进素质教育、促进教育公平、培养创新人才等方面的实践和成果，展示我国教育家精神在当代教育中的应用和发展。这些分享和交流活动，让世界各国更加了解中国教育，也为我国教育家精神的传播开辟了新的渠道。

我国教育家精神在国际教育交流中不断传播，通过孔子学院等平台和国际教育交流活动，向世界展示了中国教育的独特魅力和价值。未来，随着中国教育的不断发展和国际影响力的提升，我国教育家精神会在全球范围内得到更广泛的传播和弘扬，为促进世界教育的发展和人类文明的进步做出更大的贡献。

14.5　政策建议

我国教育家精神将在教育发展中发挥更为关键的引领作用。在教育理念方面，将更加注重培养学生的创新思维和批判性思维，以适应知识经济时代对创新型人才的需求。随着科技的飞速发展，知识更新的速度不断加快，传统的以知识记忆为主的教育模式已无法满足时代的要求。未来的教育将更加注重引导学生学会思考、学会质疑，培养学生独立思考和解决问题的能力。教师将通过创设开放性的问题情境，鼓励学生提出独特的见解和解决方案，激发学生的创新潜能。

14.5.1　教育方法方面

在教育方法方面，信息技术与教育教学的深度融合将成为趋势。随着人工智能、虚拟现实、大数据等技术的不断发展，教育教学将迎来更多的创新机遇。人工智能可以根据学生的学习情况和特点，为学生提供个性化的学习建议和指导；虚拟现实技术可以为学生创造沉浸式的学习环境，增强学生的学习体验；大数据技术可以帮助教师分析学生的学习数据，了解学生的学习行为和学习需求，从而优化教学策略。未来的教育将充分利用这些技术手段，提高教学的效率和质量，为学生提供更加优质的教育服务。

14.5.2　教育评价方面

在教育评价方面，将更加注重学生的全面发展和个性差异。未来的教育评价将不再仅仅以考试成绩作为唯一的评价标准，而是会综合考虑学生的学习过程、学习态度、创新能力、实践能力等多个方面。评价方式将更加多元化，除了传统的考试评价，还将引入表现性评价、档案袋评价等多种评价方式，全面、客观地评价学生的发展情况。同时，将更加关注学生的个性差异，尊重学生的兴趣爱好和特长，为学生提供个性化的评价和反馈，促进学生的个性化发展。

14.5.3　国际教育交流方面

在国际教育交流方面，我国教育家精神将在全球教育舞台上发挥更大的影响力。随着中国综合国力的不断提升，中国教育在国际上的地位会日益提高。我国教育家精神所蕴含的教育理念、教育方法和教育价值，将为世界教育的发展提供有益的借鉴。未来，中国将积极参与国际教育规则的制定，推动构建更加公平、合理的国际教育秩序。通过开展国际教育交流与合作项目，分享中国教育改革和发展的经验，为解决全球性教育问题贡献中国智慧和力量。同时，引进国外先进的教育理念和教育资源，促进中外教育的交流与融合，提升中国教育的国际竞争力。

我国教育家精神的传承与创新对于未来教育发展具有重要意义。我们应坚定信心，积极探索，不断推动教育理念、教育方法和教育评价的创新与发展，为培养德智体美劳全面发展的社会主义建设者和接班人，实现中华民族伟大复兴的中国梦而努力奋斗。

结　语

教育家精神作为一种深植于教育实践的内在力量，对当代教育的发展具有深远的意义和影响。

首先，教育家精神强调了对教育理想的执着追求，这种精神激励着教育工作者在面对复杂教育环境时，依然能够坚守初心，为学生提供高质量的教育。它不仅提升了教育工作者的职业使命感，还促使整个教育行业形成积极向上的氛围。

其次，教育家精神倡导创新与变革，这为当代教育改革提供了思想动力。在快速变化的社会环境中，教育体系需要不断调整以适应新的需求。教育家精神鼓励教育者勇于突破传统框架，探索新的教学方法和教育模式，从而推动教育的持续进步。

最后，教育家精神对学生成长具有潜移默化的影响。教师作为学生的重要榜样，其教育理念和精神状态直接影响学生的学习态度和价值观。当教师秉持教育家精神时，学生更有可能培养出积极的学习态度、强烈的社会责任感和创新精神，这些品质对于他们未来的发展至关重要。

总之，教育家精神不仅塑造了教育者的职业形象，还深刻影响着教育质量和学生发展，为当代教育注入了持久的精神动力。

本研究在探讨教育家精神的过程中，尽管通过文献综述和案例分析取得了一定的成果，但仍存在一些局限性。首先，研究主要集中于对国内外已有文献的梳理，对于新兴教育家精神的实践案例覆盖不足，这可能导致对当代教育家精神发展动态的把握不够全面。其次，由于教育家精神涉及的学科广泛，本研究在跨学科分析上仍有待深入，特别是在社会学、心理学等领域的融合研究上存在一定的不足。

在未来的研究中，首先应加强实证研究，通过更多的实地调研和访谈，深入了解不同文化背景下教育家精神的具体表现及其影响因素。其次，随着教育技术的不断发展，未来研究可以进一步探讨教育家精神在数字化教育环境中的应用与发展。再次，跨学科的合作研究应得到加强，通过引入更多学科的理论与方法，丰富对教育家精神的理解，从而为教育实践提供更为多元的理论支持。最后，考虑到教育家精神在不同教育阶段和教育领域中的差异性，未来的研究还可以细化到具体的教育情境中，如基础教育、高等教育及职业教育等领域，以期为各类教育工作者提供更为精准的指导与借鉴。

参考文献

［1］北京市教育科学研究所.陈鹤琴教育文集（上卷）［M］.北京：北京出版社，1983.

［2］本刊评论员.传统文化中的教育精神［J］.人民教育，2015（10）：1.

［3］仓万林.访徐利治先生：谈数学教育研究和数学文化等问题［J］.中学数学教学参考，2018（23）：2-5.

［4］曹健.古代中国的美育实践与美育意识［J］.戏剧之家，2020（6）：147.

［5］陈桂生.教育学的建构［M］.长沙：湖南教育出版社，1998.

［6］陈剑，谭好哲."心为主，技为从"与中国现代艺术教育精神营构［J］.天津社会科学，2021（4）：114-122.

［7］陈军，何炳钦.倾情演绎中国梦九龙湖上绘华章——"世界最大建筑环境陶艺青花群"设计大师何炳钦教授访谈［J］.陶瓷科学与艺术，2017，51（6）：4-8.

［8］陈秀云.陈鹤琴与教育家精神［J］.南京晓庄学院学报，2011，27（2）：1-7.

［9］陈训先.杜国庠对中国教育一大贡献［J］.汕头大学学报，1989（3）：22-23.

［10］程方平.五四精神对近现代中国教育家的引领［J］.教育家，2019（17）：1.

［11］程斯辉，刘立德.新中国著名大学校长教育家精神的当代价值［J］.河北师范大学学报（教育科学版），2024，26（2）：21-26.

［12］程禹文.傅任敢教育文选［M］.北京：教育科学出版社，1990.

［13］传馨.行走在文学教育与新闻教育的沃土上——访延安大学文学与新闻传播学院院长梁向阳教授［J］.今传媒，2016，24（11）：1-4.

［14］崔玉祥，李大勇.王大珩教育与科学技术思想是我国高等工程教育发展的宝贵财富［J］.高等工程教育研究，2013（5）：94-101.

［15］代小芳.民国著名中学校长办学理念与实践研究［D］.武汉：武汉大学，2019.

［16］刁珊珊.曹正对当代中国古筝教材建设的贡献［D］.北京：中国音乐学院，2015.

［17］董姣姣.论李叔同"先器识而后文艺"的艺术教育思想［J］.美与时代（中），2018（7）：85-86.

［18］窦道阳.马克思主义历史观视域下朱熹爱国精神研究［D］.南京：南京信息工程大学，2012.

［19］杜时忠，冯建军，刘铁芳，等.笔谈：中国教育家精神与现代教育［J］.现代大学教育，2024，40（1）：1-13，111.

［20］杜威.民主主义与教育［M］.王承绪，译.北京：人民教育出版社，2001.

［21］段会冬，姚颖，刘巧巧，等.教育家精神的时代内涵与生成路径（笔谈）［J］.湖南第一师范学院学报，2023，23（6）：44-58.

［22］段玉凤.校长必须做师生的精神楷模——我的校长文化观［J］.中国基础教育研究，2008（7）：3-5.

［23］樊冬梅.中国近代普通中小学科学教育（1878—1922）［D］.上海：华东师范大学，2006.

［24］冯殿华，娄淑华.教育家精神：中国传统教师文化的新时代传承［J］.改革与开放，2024（6）：64-72.

［25］付晗.中国民族音乐对大学生民族精神教育的影响［J］.戏剧之家，2016（6）：178.

［26］高山."无为而治"管理伦理思想对当代中国高等教育管理的启示［D］.长沙：中南大学，2003.

［27］龚鹏飞.教育家精神与教育学的时代之问——《教育学是什么——胡德海教育随笔》评介［J］.中国教育科学（中英文），2024，7（3）：150-153.

［28］顾明远.论中国传统文化对中国教育的影响［J］.杭州师范学院学报（社会科学版），2004（1）：1-9.

［29］顾明远.中国教育的文化基础［M］.太原：山西教育出版社，2004.

［30］郭戈."把整个的心献给儿童"——儿童教育家陆静山的一生考述［J］.中国教育科学（中英文），2022，5（3）：106-122.

［31］郭丽平.现代教育家卢作孚的事业与教育思想研究［D］.保定：河北大学，2006.

［32］郭树芹.古代文学与大学生人文素养教育实践［J］.今日中国论坛，2013（17）：258-260.

［33］郭振有.中国教育家要有中国精神中国风格［J］.辽宁教育，2015（18）：1.

［34］韩天鹏.孔子的教育思想对当今德育的意义［J］.中国校外教育，2016（S2）：8.

［35］贺荣敏.纪念人民艺术家刘文西先生——再论刘文西精神［J］.西北美术，2020（2）：14-18.

［36］侯奇焜.人文精神与科学精神并重的和谐教育模式思考——从斯诺"两种文化"的论说谈起［J］.中南大学学报（社会科学版），2012，18（4）：179-183.

［37］胡崇芝.中国近代杰出的"通才"艺术教育家——李叔同［J］.考试周刊，2008（16）：185-186.

［38］胡嘉怡.大学人文教育现状与对策研究［J］.科技信息（学术研究），2007（26）：69-70.

［39］胡晓风，等.陶行知教育文集［M］.2版.成都：四川教育出版社，2007.

［40］湖南省长沙师范学校.徐特立文集［M］.长沙：湖南人民出版社，1980.

［41］黄飞玲.论叶圣陶的儿童文学与儿童教育［D］.长沙：湖南师范大学，2013.

［42］黄书光.论海派教育家的创新务实与人本追求［J］.四川师范大学学报（社会科学版），2020，47（2）：83-89.

［43］黄伟.刘文典文献学成就研究［D］.合肥：安徽大学，2015.

［44］惠曦，沈永强.中国传统文化价值观对中国传统教育价值取向的影响［J］.西昌师范高等专科学校学报，2001（3）：95-100，111.

［45］贾树华，姜潮，赵耀，等.教育程度与婚姻对乳腺癌妇女精神障碍影响的多元Logistic分析［J］.健康心理学杂志，2003（4）：286-290，294.

［46］蒋纯焦，李瀚文.论中国特有的教育家精神的历史逻辑与实现路

径［J］.思想理论教育，2024（1）：106-111.

［47］金磊，刘建民，刘锦标.梁思成建筑精神及其现代启示："纪念梁思成诞辰105周年"系列活动的思考［J］.建筑创作，2006（6）：20-29.

［48］金姗.郭沫若的浪漫主义文学思想在现代朝鲜的译介与评价［J］.中国轻工教育，2013（5）：31-33.

［49］靳健.中国语文教育发展史论：中西文化对话视野的国学学习哲学［M］.北京：高等教育出版社，2014.

［50］黎建明.廖建华：从艺术家到教育家［J］.艺海，2004（6）：58-59.

［51］李秉德.教学论［M］.2版.北京：人民教育出版社，2001.

［52］李方.弘扬教育家精神，建构中国教育学自主知识体系——人民教育家于漪先生访谈［J］.北京教育学院学报，2024，38（2）：1-5.

［53］李华平.为中国气派语文教育学奠基——于漪语文教育思想文化价值研究［J］.语文教学通讯，2018（31）：11-15.

［54］李戬，葛琛，郑富兴.文化视野下的当代中国德育——"第四次中国道德教育高层论坛"综述［J］.教育科学研究，2006（10）：61-62.

［55］李丽.生态危机与中国文学——从《文化苦旅》看精神危机的解救［J］.语文学刊，2008（1）：108-110.

［56］李梦卿，李兴海，刘晶晶.教育家精神引领下高职院校高质量教师思政工作研究［J］.中国职业技术教育，2024（20）：32-41.

［57］李姗.刘德海琵琶新技法与人文主义关怀［D］.西安：西安音乐学院，2013.

［58］李泽厚.中国现代思想史论［M］.北京：东方出版社，1987.

［59］李卓.李可染的艺术精神和创新性［J］.东方收藏，2024（5）：91-93.

［60］廉文澄.写出历史人物的精神世界——简评董平《伟大的教育家范仲淹》［J］.西安教育学院学报，2002（4）：87-88.

［61］梁洁.浅谈传统文化对现代教育的影响［J］.课程教材教学研究（教育研究），2022（Z2）：7-9.

［62］梁漱溟.中国文化要义［M］.上海：上海人民出版社，2018.

［63］刘海恒.当代中国的优秀传统文化教育——评《中国传统文化中的教育价值研究》［J］.中国教育学刊，2023（1）：137.

［64］刘海燕.教育家精神的时代意蕴与践行理路［J］.教育研究，2023，44（12）：121–129.

［65］刘庆昌.教育家精神及其中国特质［J］.教育发展研究，2024，44（2）：25–33.

［66］刘铁芳，于宗助.在古今中西之间探寻中国教育的精神气象——教育部长江学者特聘教授刘铁芳访谈［J］.社会科学家，2022（7）：3–8，161.

［67］刘晓静.论李斯特的艺术成就与创新精神［J］.中国成人教育，2010（12）：146–147.

［68］卢利亚.儒家"和而不同"的思想与企业家精神的培育［J］.企业家天地下半月刊（理论版），2007（9）：78–79.

［69］陆道坤，蒋雅静.民国时期教育中国化的艰难探索——朱家骅教育思想研究［J］.现代教育论丛，2015（5）：70–78.

［70］吕丹，吕映.文学家的教育情怀与教育家的文学情怀——论陶行知的儿童文学创作［J］.齐鲁学刊，2020（2）：153–160.

［71］吕品昌.革命峥嵘岁月艺术生命传薪——美术教育家宁璘先生的艺术人生［J］.美术，2021（5）：61–64.

［72］吕平.语文教学中实施中国传统文化教育的研究［J］.文学教育（下），2021（1）：166–167.

［73］骆风.造就卓越人才：北京大学博士生家庭教育探析［M］.北京：商务印书馆，2003.

［74］马然.思政教育与企业家精神培育融合研究［J］.甘肃教育，2022（7）：24–28.

［75］马小红.历史教育是当代中国发展的一种精神动力［J］.社科纵横，2010，25（3）：88–89.

［76］毛经文.历史因真实而崇高——基于家国情怀讲好孔子故事［J］.中国教师，2018（1）：48–52.

［77］乃森，顾黄初.影响中国20世纪的语文教育大家于漪［J］.语文教学通讯，2007（26）：66.

［78］潘昊辉.论中国优秀传统文化在大学生思想政治教育中的意义和应用［D］.郑州：河南大学，2014.

［79］潘懋元，王伟廉.高等教育学［M］.福州：福建教育出版社，1995.

［80］潘雪瑶.温儒敏语文教育思想研究［D］.洛阳：洛阳师范学院，2024.

［81］庞立生，李铁铮.中国特有的教育家精神的本质内涵与价值旨趣［J］.东北师大学报（哲学社会科学版），2023（6）：8-14.

［82］彭雅静.中国传统文化与教育对人的影响与反思［J］.中州大学学报，2007（2）：68-69.

［83］戚良德，马玥.“启智润心、因材施教的育人智慧”文化内涵与价值意蕴［J］.中国高等教育，2023（20）：33-36.

［84］钱穆.中国学术通义［M］.北京：九州出版社，2012.

［85］秦俊巧.南京国民政府时期教育家办大学研究［D］.保定：河北大学，2013.

［86］邱东.薪火相传哲晖永耀——追忆佟哲晖教授的学术贡献、教育管理和学术精神［J］.中国统计，2014（12）：33-34.

［87］曲铁华.一部匠心独具的中国基础教育史研究力作——评黄书光等著《文化差异与价值整合——百年中国基础教育改革进程中的思想激荡》［J］.河北师范大学学报（教育科学版），2013，15（3）：1.

［88］史现明.赵九章对科学家精神的贡献——协同精神与敢为人先的科学教育家典范［J］.自然辩证法研究，2022，38（11）：102-108.

［89］史云波.杜威中国之行对“五四”思想界的影响［J］.江苏大学学报（社会科学版），2003（2）：23-28.

［90］宋思伟，刘振佳.古代士君子儒中国近现代的人格蜕变与转型——以近现代山东省著名教育家、曲阜师范学校原校长范明枢为案例［J］.济宁学院学报，2009，30（3）：90-93.

［91］宋文霞，侯红霞.教育家精神与乡村教师专业发展［J］.中小学管理，2024（2）：9-12.

［92］宋以国，王阳.以教育之爱涵养教育家精神：教育逻辑与实践进路［J］.内蒙古师范大学学报（教育科学版），2024，37（5）：47-53.

［93］苏玲.文学闻读与儿童心灵［J］.学校党建与思想教育（下半月），2003（8）：62.

［94］苏蔓.试论苏轼与中国传统文化精神［J］.四川教育学院学报，2000（9）：22-23，34.

［95］孙培青.中国教育史［M］.上海：华东师范大学出版社，1992.

［96］唐好林.论孔子为学思想对大学生人生教育的影响［J］.佳木斯职业学院学报，2017（6）：90.

［97］陶西平.不懈的追求——当代中国民办教育家的历史使命［J］.基础教育论坛，2015（Z1）：6-9.

［98］田建荣.教师教育者的教育家精神弘扬与培育——以陕西师范大学教育系时期的老教师为例［J］.当代教师教育，2024，17（2）：6-14.

［99］王宝强.论潘天寿美术教育思想及其当代意义［D］.重庆：西南大学，2006.

［100］王东莉.论中国文化精神对思想政治教育的影响与启示［J］.教学与研究，2001（11）：64-68.

［101］王珩.人性论与先秦管理思想［D］.西安：陕西师范大学，2000.

［102］王佳.中国传统文化管理思想与现代高校思想政治教育的文化管理创新研究［D］.合肥：安徽大学，2011.

［103］王路，王林.默而识之，学而不厌，诲人不倦——美术家、艺术教育家王曼硕的艺术与生平［J］.美术观察，2012（5）：118-119.

［104］王囡囡.陶行知将杜威"教育即生活"思想中国化的历程及当代启示［D］.沈阳：沈阳师范大学，2014.

［105］王天笑，邢一士.当前我国教育家精神研究述评与展望［J］.郑州轻工业大学学报（社会科学版），2024，25（6）：93-100.

［106］王资博，申恩慧.论中国特有的教育家精神作为"师魂"内蕴的逻辑理路［J］.河北农业大学学报（社会科学版），2024，26（1）：117-126.

［107］魏玲玲.浅谈班级管理中的创新意识［J］.教育现代化，2020，7（51）：108-111.

［108］吴刚.新时代的教育与教育家精神［J］.教育参考，2023（5）：10-12.

［109］吴举宏.弘扬教育家精神，不负伟大新时代［J］.福建教育，2024（11）：1.

［110］席格.颜之推的处世哲学与美学思想［J］.中国文学研究，2018（1）：96-105.

［111］夏燕靖.色妍笔健培桃有李——作为艺术家和教育家的颜文樑［J］.

中国美术，2019（4）：11-23.

［112］肖寒芝.中国传统文化与大学生文化素质教育［J］.学习月刊，2011（10）：25-26.

［113］肖家脉.陈独秀思想与中国传统文化［D］.合肥：安徽大学，2007.

［114］肖羽洪.以史为镜：教育家精神的价值意蕴与践行之道［J］.教学月刊·中学版（教学管理），2024（Z2）：50-53.

［115］徐传武.试谈我国"家教"的优良传统［J］.菏泽师专学报，1996（3）：43-46.

［116］徐倩.艺术课程培养具有中国文化艺术精神的公民第二届全国艺术课程与教学高峰论坛举行［J］.上海教育，2015（16）：12.

［117］徐泳霞.蔡元培、林风眠的交往与合作对中国美术教育的影响［J］.艺术百家，2009，25（6）：254-256.

［118］许慧逸，陆吉健."人民教育家"于漪：最好的家教是"言传身教"［J］.家庭教育，2022（1）：41-43.

［119］阎乃胜.杜亚泉与中国近代科学教育［D］.上海：华东师范大学，2011.

［120］杨东平.中国教育公平的理想与现实［M］.北京：北京大学出版社，2006.

［121］杨华.李大钊青年教育思想与实践述略［J］.当代青年研究，2009（5）：70-74.

［122］杨帅，沈绍伟，廖文.科学家精神融入大学生劳动教育：内恰逻辑、价值导向与实践路径［J］.通化师范学院学报，2024，45（7）：75-80.

［123］姚雯雯.中国教育的文化基础研究［M］.北京：冶金工业出版社，2019.

［124］叶隽.清民之际教育变革的另类风景——《世态与心态——晚清、民国士人日记阅读札记》所引发的学术思考［J］.教育学报，2024，20（1）：187-196.

［125］优才教育研究院.中国古代教育名著名篇快读［M］.成都：四川大学出版社，2013.

［126］于强.杨昌济德育思想研究［D］.重庆：西南大学，2014.

［127］于洋.求真意志与艺道襟怀——20世纪美术史语境中的宋步云及其

艺术〔J〕.美术研究，2021（2）：7-14.

〔128〕于漪，李瑾瑜.教师发展的若干现实问题及其破解之道——专访人民教育家于漪先生〔J〕.教师发展研究，2022，6（4）：21-40.

〔129〕袁振国.教育政策学〔M〕.南京：江苏教育出版社，2001.

〔130〕曾艳兵.大学精神与班主任之作为〔J〕.中国图书评论，2018（11）：62-66.

〔131〕张波.试论高校体育文化下学生人文精神的培养〔J〕.中国成人教育，2010（2）：75-76.

〔132〕张岱年，程宜山.中国文化精神〔M〕.北京：北京大学出版社，2015.

〔133〕张华.中国教育需体现民族文化的美丽精神〔J〕.教育发展研究，2007（18）：6.

〔134〕张静互.论二程的"为己之学"及其对朝鲜教育理念的影响〔J〕.江南大学学报（人文社会科学版），2002（5）：75-78.

〔135〕张铭，李醒醒，孙艳.教育强国时代的教育家精神：何谓与何为〔J〕.中国教师，2023（9）：39-42.

〔136〕张姝雯.新时代艺术类大学生工匠精神传承与发展研究〔J〕.大观（论坛），2024（3）：151-153.

〔137〕张亚群，冯寅.陶行知的文化观念及其教育影响〔J〕.河北师范大学学报（教育科学版），2018，20（5）：28-33.

〔138〕张洋.浅析欧洲音乐教育家在中国的教育经历及其对中国的影响〔J〕.戏剧之家，2021（1）：104-105.

〔139〕赵国宏.20世纪中国文学教育中"鲁迅的存在"——评《鲁迅与20世纪中国文学教育》〔J〕.语文建设，2020（19）：88.

〔140〕赵晓林.中国近代农民教育研究〔D〕.杨凌：西北农林科技大学，2011.

〔141〕郑金洲.教育文化学〔M〕.北京：人民教育出版社，2019.

〔142〕郑静婉.中国传统文化对现代教育的影响〔J〕.襄樊职业技术学院学报，2010，9（1）：125-127.

〔143〕中华职业教育社.黄炎培教育文选〔M〕.上海：上海教育出版社，1985.

［144］钟启泉.现代课程论［M］.上海：上海教育出版社，1989.

［145］周爱群，刘嵘，高明文.江苏省城镇化进程中城乡文明的差异研究［J］.科技资讯，2018，16（35）：224-230.

［146］周爱群，刘嵘.城镇化进程中农村进城务工人员心理问题及对策研究——以江苏省为例［J］.岳阳职业技术学院学报，2016，31（6）：39-43.

［147］周爱群.“厚植发展优势”背景下高职院校文科生科学精神的培育［J］.职教通讯，2016（32）：11-14.

［148］周爱群.江苏省城镇化发展对高职教育资源布局的需求研究——基于周恩来职业教育思想中统筹城乡发展的布局理念［J］.市场周刊（理论研究），2014（3）：34，80-82.

［149］朱盼，孙斌栋.中国城市的企业家精神——时空分布与影响因素［J］.人文地理，2017，32（5）：105-112.

［150］朱盼.文化多样性对中国城市企业家精神的影响研究［D］.上海：华东师范大学，2018.

［151］朱小蔓.情感教育论纲［M］.北京：人民出版社，2008.